法刑
学事

刑事法学博士文库

陈忠林◎ 总主编

本书得到了教育部人文社会科学研究青年基金和
中央高校基本科研业务费专项资金的资助

犯罪被害人国家补偿制度基本问题研究

董文蕙◎著

中国检察出版社

内容摘要

本书着力于犯罪被害人国家补偿制度的理论基础之论证与理论体系之构建，立足于我国国情，探究我国犯罪被害人国家补偿制度立法的可行路径，设计出与我国的经济、政治、社会发展相适应的犯罪被害人国家补偿制度。

作为被害人权利运动的产物，犯罪被害人国家补偿制度，指的是对于遭受犯罪侵害身受重伤或死亡而不能从犯罪人或其他途径获得刑事损害赔偿的被害人，由国家通过一定程序对之进行物质给付以不完全填补其损害的制度。该制度是社会事故国家补偿的一种类型，属于司法领域里的国家补偿。

关于犯罪被害人国家补偿制度的理论基础，目前有多种学说，但每种学说都有无法自圆其说的矛盾。本书认为，犯罪被害人国家补偿制度的理论基础可从内生性理论根据和外生性理论根据两个维度进行探究。

犯罪被害人国家补偿制度的内生性理论根据是权利与义务视角下的“优位法益多重保护说”。犯罪被害人国家补偿请求权的权利属性与正当性根据在于：基本权利具有受益权功能，国家对此负有保护义务和给付义务，而且此种义务是多层次的，就犯罪被害人的基本权利而言，国家对于被害人的保护义务应是一个系统，预防犯罪和惩罚犯罪，只是此种基本权利之保护义务的一部分，因此对犯罪被害人的刑事法保护并非国家履行保护义务的终点，若被害人因犯罪被害而丧失人性尊严之基本生活需求标准时，基于受益权的主张，得向国家请求物质给付，此为国家保护义务体系中的被害补偿之保护。但这种保护是有限制的，只有生命权和健康权遭受侵害的被害人而不是所有的被害人都能获得补偿，此种限制性保护的正当性可以追溯到刑法上对生命和健康法益之“优位法益”的多重保护而得以证成——在国家“垄断”暴力的背景下，针对侵害生命和健康的犯罪行为允许被害人采取“合法暴力私力救济”，对放弃生命和健康的被害人承诺不能排除行为人的犯罪性，因此，被害人因遭受生命和健康重大损害通过适用刑法应该获得的刑事损害赔偿无法实现的情况下，刑法的此种特殊、多重保护还将进一步延展，这便是犯罪被害人国家补偿法得以产生以及将生命和身体健康法益受到损害的被害人作为补偿对象的正当性根据之所在，亦即本书所谓的“优位法益多重保护说”——国家对遭受伤亡的犯罪被害人给予补偿也是基于对被害人的“优位法益”的保护，是刑事法保护的续接，是多重法律保护体系的一部分。

犯罪被害人国家补偿制度的外生性理论根据在于风险社会视阈中“危险共担说”。我们身处被害危险日益加剧的“风险社会”，因此刑法理论正在变迁，犯罪预防策略也产生转变，认真对待被害人的权利和需求成了犯罪预防体系的一个有机组成部分；对危险的共同恐惧有利于形成团结一致的机制，因此集体应对危险的“危险共担”思路纵贯犯罪（被害）风险控制的全过程，包括了对犯罪被害人保护在内的复杂犯罪控制系统获得了现实世界的真切“守望”；而对犯罪被害人的国家补偿是该系统的组成部分，是风险社会中应对被害危险的现实选择，被害补偿因此被视为一种社会利益。“危险共担说”论证了犯罪被害人国家补偿制度的外生性根据，是对“优位利益多重保护说”的进一步论证，两者兼容并蓄，形成“优位利益多重保护之危险共担说”，此说可为犯罪被害人国家补偿制度的理论基础。

犯罪被害人国家补偿制度属于司法领域的国家补偿，有其自己独立的法律品格：既具有部分社会法性质，又与刑事司法制度具有不可分割的联系，因此是具有刑事法色彩的新型社会法制度；被害补偿制度是一种对其他制度进行补充的法律制度，属于刑事政策的有机组成部分，具有防控犯罪、增进人民司法信赖、促进刑罚轻缓化改革等多方面的价值内涵。本制度应体现四大基本原则：补偿法定原则、补偿必要原则、补偿妥当原则、补偿及时原则。

为了保障犯罪被害人国家补偿制度不被滥用或者不符合目的的不妥当运用，需要规范被害补偿的排除与限制适用，这是被害补偿法理论和实务中最复杂的问题，“被害人可归责事由”和“被害补偿的妥当性考量”。

“被害人可归责事由”指的是实质性引发了犯罪人加害行为的被害人行为或者是对于犯罪被害后果的发生具有促成作用的被害人行为，基于每个人都应对自己的行为负责的原理，应由被害人对自己行为产生的结果负责，国家的补偿义务因此得以免除或减少。“实质性引发”指的是犯罪人基于自由意志实施的犯罪加害行为是由于被害人行为激发的，两者之间具有引起与被引起的实质性因果关系，此种引发关系应符合时空聚合性条件。“对被害后果的发生具有促成作用”的被害人行为，指的是被害人行为并没有对加害人行为起实质性引发作用，但是为犯罪加害提供了便利条件或者促成了犯罪被害后果的发生，最典型的是被害人自陷犯罪被害情境的行为。

“被害人可归责事由”关涉是否补偿以及补偿多少的判断，运用类型化方法，按照被害人行为对其被害结果的原因力之大小层级可将犯罪互动场域中的被害人行为分为五个“差序化类型”（降序排列），其在刑法和补偿法领域的法律意义是：（1）攻击行为。刑法上：若反击人的行为构成无过当防卫的，反击人（防卫人）不构成犯罪不负刑事责任；若加害人（反击人）行为构成正当防卫的，应减轻或免除处罚。补偿法上：应拒绝补偿。（2）（非暴力、胁迫）不法侵害行为。刑法上：若未达无过当防卫之紧迫程度但可引发正当防卫场域，加害人行为构成防卫过当，应减轻或免除处罚；若不具有正当防卫之紧迫性，加害人行为构成犯罪，建议实务中应从轻或减轻处罚（目前法律未规定为量刑情节）。补偿法上：应拒绝补偿。(3) 自我损害行为。刑法上：应减轻处罚；补偿法上：应拒绝补偿。(4) 挑惹行为。刑法上：加害人行为构成犯罪，被害人行为达高度挑惹层级，对加害人可酌情从轻或减轻处罚（目前法律未规定为量刑情节），中低度的挑惹不能作为量刑情节。补偿法上：高度挑惹行为，拒绝补偿；中低度挑惹行为，部分补偿。(5) 自陷危险行为。刑法上：不能减少加害人的刑事责任。补偿法上：自陷危险的违法犯罪行为以及严重过失行为，拒绝补偿；自陷危险的中低度过失行为，给予部分补偿。

"被害补偿的妥当性考量"指的是被害补偿之裁定要考察与被害人有关的各种事项，依一般社会观念对是否补偿以及补偿额度进行的有关妥当与公平的综合性判断。妥当性考量是以"被害人可归责事由"判断为前置性基础的通盘性的、统领全局式的判断，是并非单一向度的而是双向度的综合性判断，需要斟酌多方面的特殊事由特殊考量——如果给予补偿被认为是不符合公平正义的，将拒绝或减少补偿；或者相反，虽然有诸如"被害人可归责事由"等拒绝补偿之事由，但存在补偿之非常紧迫性，若不给予补偿将被认为是不符合公平正义的，应给予部分补偿。此种双向度的考量是被害补偿法作为一种新型社会法的性质所决定的。妥当性考量所依据的"一般社会观念"，实质就是源于人类社会自然情感并在人类长期的文化发展和历史变迁中形成的"常识、常理、常情"。对于社会生活的基本道义的坚守、对自然情感的呵护和对普遍伦理的维持，应对被害补偿之妥当性考量具有统领意义。

我国现有的地方性被害人救助实践并不规范，是将"补偿"与"救助"之概念混同使用的。从现实性来看，我国当下尚不具备满足实施犯罪被害人国家补偿法需要的经济和制度条件，但在立法需求却相当急迫的情况下，可考虑“相对”满足此种需求的法律制度——“被害人国家救助制度”作为过渡，等条件成熟后，再制定单独的被害补偿法。作为过渡阶段的被害人国家救助制度应是兼采一般社会救助制度和被害国家补偿制度相关因素的“紧急司法救助”制度，此制度可以基本满足当下的特困被害人救助之需要。经过5~10年的发展，我国的社会保障水准和经济发展水平应该有较大程度的飞跃，再加上犯罪被害人国家救助实践积累了丰厚的经验成果以及广泛的社会共识，到那时应该具备进行被害补偿法立法的现实条件，在此时节上应出台我国的《犯罪被害人国家补偿法》。

我国的犯罪被害人国家补偿法应采取实体与程序于一体的立法体例，其法律规范应当蕴涵被害补偿法的价值理念和基本原则，在立法技术上，应摒弃粗放型的立法模式，而是在平衡各方法益的同时，对被害补偿的相关制度和环节作出周圆而理性的安排，制定出一部内容完整、规定翔实、便于操作的被害补偿法。具体制度可作如下设计：

补偿经费的来源方面，除了政府税收预算之主体来源之外，罚金、(犯罪人）监所劳动收入、刑罚没收之财产、追缴的赃款赃物等均可充作补偿金，社会捐助亦可作为补充。市、地区一级以上人民政府要建立起犯罪被害人国家补偿专项资金，中央和地方实行分级筹集，单独核算，专款专用。补偿专项资金由被害补偿机构统一管理和发放，各级政府的财政、审计部门负责对之进行监督。

关于补偿范围，应以生命、身体健康法益受到重大损害之结果为基准设定，无刑事责任能力人造成的伤亡之被害情形，应纳入补偿范围。补偿对象应为受重伤害的直接被害人和死亡者之遗属，遗属应以直接被害人的亲属和其受扶养人为限。

关于补偿的排除与限制条件，可参照“被害人可归责事由”

之论述结论进行规定。被害补偿的妥当性考量之部分，可作如下规定：(1) 被害人与犯罪加害人有亲属关系或其他密切关系的，不予补偿；(2) 被害人不积极报案，或者怠于协助司法机关追诉犯罪，或者怠于与补偿机关合作的，不予补偿；(3) 被害人事后承认或容忍该犯罪行为者，或者被害人对犯罪加害人或其亲属实施了加害生命或身体健康之复仇行为的，不予补偿；(4) 例外规定：虽具有上述应不予补偿之情形，但死亡被害人之遗属陷入生存困境具有补偿之非常紧迫性的，应给予部分补偿；(5) 其他绝对排除补偿情形之规定：为获得遗属补偿金，遗属被害人故意杀害前序位之遗属被害人的，或因相互斗殴遭受重伤或死亡的，不予补偿。

补偿金分“遗属补偿金”、“重伤补偿金”两类。我国的被害补偿法不适宜将补偿金最高额度直接规定为一个具体的数额，而应该以一个基数乘以一定之倍数来进行计算，平衡各个方面的因素，职工平均工资是一个相对公平合理的可选基数。国家支付被害人补偿金后，于补偿金额之范围内对加害人或其他应负赔偿责任之人享有代位求偿权。代位求偿权由犯罪被害人补偿审议委员会行使。

关于补偿机构的设置，市、地区一级司法行政部门应设置最基层的补偿机构——“犯罪被害人补偿审议委员会”；设立于省、自治区、直辖市司法行政部门的补偿机构为“犯罪被害人补偿复审委员会”，受理不服被害补偿委员会决定的复议申请并作出复议决定。最高级别的补偿机构设立于司法部，其职权主要是指挥、协调和监督全国范围内的被害补偿工作。县一级不设补偿机构。考虑到被害补偿事务的专业性，补偿机构应采合议制的方式作出补偿决定以及行政复议，其人员组成应由具有一定执业年限的律师、法官、检察官、医师或者是对犯罪学、被害人学、刑法学、刑事政策学、医学具有一定研究的学者共同组成。

补偿程序包括补偿案件的申请、审理、决定以及不服决定的救济程序四个方面。在受理了补偿申请后，补偿委员会将对与补偿决定有关的事实进行调查和审议，其他机关、团体应该配合与协助。补偿委员会经过审查，自受理之日起一定时间期限内以合议制的方式作出决定。申请人对补偿决定有异议的，可向被害补偿复审委员会提起行政复议。

目　录

引　言

一、选题背景、意义及研究目的

长久以来，“以犯罪（人）为中心”建构的刑法理论大厦以及刑事司法实践将犯罪被害人“遗忘”了。以我国的法律实践为例，目前对于犯罪的反映还是仅仅停留在单一的预防犯罪和惩罚犯罪层面，通过对犯罪人判处刑罚并被要求执行刑事附带民事诉讼判决以赔偿被害人的损害，至于被害人是否因为刑事附带民事判决获得利益填补，国家不再过问。事实上，大多数情况下，因为罪犯没有经济赔偿能力，犯罪被害人得不到任何赔偿。在“邱兴华案”中，2006年12月28日上午，残忍杀害11人的邱兴华被执行死刑，5名被害人家属之前分别向法院递交了民事诉状，要求邱兴华在经济上赔偿他们的损失，因为法庭上邱兴华一句“我愿意赔，但我没钱”的真实表述，他们陷入了绝望。这些被害人都是处于社会底层的贫困人群，突然而至的横祸让他们承受了家破人亡的巨大痛苦，孤儿寡母生活顿失依靠，孤立无援的惨况无不令人哀伤动容。“艾绪强案”中，他在北京王府井劫杀的哥连撞9人造成3死6伤的惨剧，被法院以抢劫等罪项判处死刑并赔偿死者家属和伤者经济损失共100余万元，但艾绪强没有任何可供执行的财产，被判赔的100余万元根本无法执行。情急之下，受害人家属甚至提出卖掉艾绪强身体器官以支付赔偿的荒唐想法。[①] 据广东省高级人民法院的统计显示，该省受害人无法获得经济赔偿的比例高达75%，截至2006年底，广东省无法执行的刑事被害人赔偿金额高达数亿元。[②] 广东省东莞市中级人民法院的数据显示，该地区2003—2006年533个附带民事诉讼案件中，被告人在判决生效后主动赔偿被害人经济损失的为零，因得不到赔偿而向法院申请对犯罪人强制执行的案件有266件，约占提起附带民事诉讼总案数的49.9%；而真正有财产可供执行的案件只有34件，只占总案数的6.3%；实际强制执行到位的标的额平均只占到申请执行标的额的2%。相对判决所确认的权益进行救济的约占到赔偿总额的0.75%。[③]

在犯罪被害发生之后的刑事诉讼过程中，为了程序的需要，犯罪被害人往往充当了“证据炮灰”，被一遍又一遍地要求回忆其犯罪被害的过程，造成了“第二次伤害”，然而刑事司法的结果除了因罪犯被判处刑罚在一定程度上满足了被害人内心的报应情感以外，刑事损害赔偿的希望却很难获得实现。对此，台湾著名刑法学者黄荣坚批判道：刑罚这种东西在现实中能够给我们带来什么？这种功能的极限，理论上也应该就是刑罚的极限。然而在我们所习惯的刑法学的学习领域中，以及在整个社会对于刑罚这种东西的意识中，我们一直是在想着要如何刑罚的问题，却忽略根本的问题——刑罚了以后又如何？[④]

---

① “邱兴华案受害人家属贫困潦倒，赔偿遭遇法律白条”，2007年1月4日，http://news.sina.com.cn/c/1/2007-01-04/083811949318.shtml. 2009年5月26日最后访问。“狂徒王府井劫杀的哥3死6伤，听到死刑竟露笑意”，2006年5月30日，http://news.xinhuanet.com/legal/2006-05/30/content_4621441.htm. 2009年5月26日访问。

② 田雨：《最高法：积极开展刑事被害人国家救助》，载《新华每日电讯》2007年9月15日第3版。

③ 广东省中级人民法院、西南政法大学诉讼法研究中心联合课题组：《关于建立刑事被害人司法救济制度的调研报告》。

④ 黄荣坚：《刑罚的极限》，台北元照出版公司1999年版，序言第1页。

特别是在犯罪造成了被害人死亡或者重伤而又无法获得刑事损害赔偿的情况下，不仅仅是被害人本人遭受了灭顶之灾，丧失了重建生活的前提，其家属也因此饱受巨大痛苦。在被害人死亡的情况下，生前靠其抚养的遗属还可能面临着基本的生存问题，这意味着人的生存权因犯罪被害面临危机；一些被害人感到自己受到了强烈的非公平对待因此对社会感到绝望，"恶逆变"为犯罪加害人而报复社会。可见，建立在刑罚惩治手段基础上的现代刑事司法并没有解决犯罪所带来的严重人际冲突，作为犯罪的"两极"之一极的被害人，他们所遭受的精神伤害和物质损害并没有得到修复。

国家法律可以为保障犯罪人在刑事司法程序中的权利以及提高其复归社会的能力作出精心的制度设计并投入大量的成本，其基本的生活尚能得到保障；犯罪被害人或其遗属却被丢弃一边，他们默默承受着求助无门的窘境而独自饮泣、黯然神伤，甚至连基本的生活都陷入困境，这不能说是符合公平正义的。既然犯罪不可消灭，因而在一定程度上犯罪被害是不可避免的社会现象，国家不能保护到每一个公民都免受犯罪的侵害，那么，除了惩罚犯罪人之外，国家就至少还应该为遭受了犯罪侵害的被害人做点什么，应超越刑事法保护层面为被害人提供其他层面的法律保护。

国家有维护每一个公民"符合人性尊严生活"的义务，遭受犯罪侵害而重伤或死亡的犯罪被害人及其遗属所承受的巨大痛苦和灾难，不能说是"符合人性尊严生活"的，因此给予得不到损害赔偿的犯罪被害人具体有效的经济扶助，则是对犯罪被害人最基本的权利保护。虽然金钱无法完全弥补犯罪对于被害人的所有伤害，但是却不失为减低犯罪被害最为具体的做法。因为金钱的补偿，不仅可以弥补被害人的经济损害，同时也可借以缓和被害人所遭受的精神创伤，降低对犯罪人的仇恨感，弥合创伤并尽快重建生活。因此，从20世纪60年代开始，英国、美国、德国、日本等国家陆续建立犯罪被害人国家补偿制度，给予犯罪被害人以金钱补偿，作为犯罪被害人保护体系的最基础部分。

近几年来，我国的司法实践开始关注到被害补偿制度建立之必要性和迫切性，最直接的现实原因是我国近年来施行的死刑改革，减少和限制死刑适用的法律实践与中国根深蒂固的“欠债还钱，杀人偿命”之一般社会观念存在很大的冲突，特别是因犯罪侵害而死亡之被害人的遗属，他们承受着丧失亲人的巨大痛苦，内心涌动的仇恨和悲痛使他们无法接受“杀人犯”不被判处死刑的结果，而且在大部分“命案”中，由于犯罪人经济窘困没有赔偿能力，被害人根本得不到任何赔偿。于是，刑事司法机关特别是人民法院受到了来自于被害人遗属的巨大压力，他们不断缠讼、上访、聚集请愿，甚至去法院自杀、自残。如何消解这种冲突成了一个亟待解决的问题。

在这样的现实背景下，一些地方的人民法院“不得不”筹措经费，给予被害人一定的物质补偿以缓和矛盾。这种探索性实践从2004年山东省淄博市在全国首创刑事被害人救济之先河开始，山东、浙江、湖北、四川、江苏、广东等十几个省份的城市陆续开展了犯罪被害人救济的试点工作。但这种救助实践是在压力下被动为之，目的是为了让被害人息诉罢访，同时因为补偿经费严重不足显系杯水车薪之窘况，因此，救助工作随意性大，不具有规范性，往往是“会哭的孩子有奶吃”，法院工作人员根本不敢向所有的被害人“声张”尚有被害人救助之事。总之，目前全国的地方性被害救助实践基本上处于“无法可依”的状态。“在我国，刑事被害人国家救济几乎是与构建社会主义和谐社会同时出现的一个话题。由于该话题政治意蕴的宏大，化解‘涉法信访’等现实社会矛盾的急迫，人们对构建相关理论体系和立法体系缺乏足够的关注。受此影响，我国部分地区开展的刑事被害人救助实践是一种欠缺理论准备和统一规范的实践”。[1]

尽管刑事被害人救济工作试行的效果并不理想，甚至是举步维艰，但通过探索性实践，社会各个层面对该项工作的认识提升到了一个前所未有的高度。最高人民法院和最高人民检察院对地方性的被害人救助、补偿工作持肯定态度，并对建立被害人救助制度给予了宏观指引和工作规划。2007 年 1 月，最高人民法院在部署 2007 年工作时提出要研究建立“刑事被害人国家救助制度”；2007 年 1 月，《最高人民检察院 2007 年刑事申诉检察工作要点》提出要试点建立“刑事被害人补偿机制”；2009 年 3 月，最高人民法院发布的《人民法院第三个五年改革纲要（2009—2013）》将“建立刑事被害人救助制度”作为“改革和完善司法救助制度”的一个部分。

在我国，犯罪被害人权利救济之补偿、救助制度的建立对于构建社会主义和谐社会的治国理想具有重要而深远的意义。和谐社会是全体人民“各尽其能”、“各得其所”、“和谐相处”的社会，应该是一个有能力解决和化解利益冲突并由此实现利益大体均衡的社会。法律是对社会资源、权利、利益等进行的制度性分配，因此法律制度的制定是防止利益格局失衡的前提和基础，直接关系到建设和谐社会的成败。犯罪被害犹如人为灾难，无疑是社会中最不和谐的因素之一，特别是在被害人遭受犯罪侵害而丧失生命或身受重伤却得不到任何刑事损害赔偿的情况下，利益格局严重失衡造成的冲突和矛盾已经达致不和谐的极致状态，不仅让受害人丧失了有人性尊严的生活，还危及着社会的和谐运行和长治久安。因此，制定规范而统一的被害人权利救济之制度是构建和谐社会必然的制度选择。

虽然我国各地已经开展的被害人救助工作称谓各异，“刑事被

① 陈彬：《由救助走向补偿——犯罪被害人救济路径的选择》，载《中国法学》2009 年第 2 期，第 181 页。

害人补偿”、“刑事被害人救助”、“犯罪被害人司法救助”、“刑事被害人援助”和“刑事被害人救济”等术语被不加区分地混同使用，但总体而言，尚停留在对特别困难的被害人的基本的生存救助，与世界上其他国家施行的犯罪被害人国家补偿制度相比，是有很大差异的。最高人民法院规划的“刑事被害人救助制度”是作为“司法救助制度”、“司法为民工作机制”的一个组成部分，也同样与其他国家施行的犯罪被害人补偿制度存在很大不同。

而一些学者则主张我国的被害人救济工作应建立的是犯罪被害人国家补偿制度。比如，2006年12月30日，在时任江西省人民检察院检察长孙谦的主持下，由最高人民检察院刑事申诉检察厅、江西省人民检察院、北京大学、中国政法大学等专家共同起草的《刑事被害人国家补偿法建议稿》出台。2007年两会期间，作为全国人大代表的孙谦，向大会提交了“关于制定《中华人民共和国刑事被害人国家补偿法》的议案”。①

那么摆在我们面前的一个重大现实问题就是：被害人救济立法的路径选择及选择之后的具体制度建构问题，亦即我国对被害人的保护立法应该选择“被害人补偿”还是“被害人救助”，还是由“被害人救助”渐进式地过渡到“被害人补偿”，还是选择建立一个符合被害人补偿法原理、与当前经济发展水平相适应之补偿标准的被害人补偿制度框架，然后随着社会经济发展水平以及其他制度的配套跟进而进行相应的修订和完善？进一步的追问就是：被害人国家补偿法的理论根据和原理是什么？“被害人救助”是否符合被害人补偿法原理？“被害人救助”有无单独立法的必要？上述系列问题涉及一个非常复杂的思考和论证过程：首先是在理论基础与理论体系的论证层面，必须考察此种制度建构是否符合法律原理和理

① 卢希起：《刑事被害人国家补偿制度研究》，中国检察出版社2008年版，第287—303页。

论根据；其次在客观因素方面，它既要考虑国家的财政预算，平衡各种相互作用的社会和政治力量，更要考量所处的社会和时代之背景，其中的社会文化、价值观念、社会心理等因素均要作为重要的变量给予考察和研究。

因此，关于犯罪被害人国家补偿制度的理论基础之探寻与论证、我国被害人权利保护立法的路径选择以及制度设计都是颇具理论意义和现实意义的重要课题。任何一部法律的出台，其理论准备都是浩瀚而复杂的工程。事实上，从1964年世界上第一部犯罪被害人国家补偿法出台至今已有近半个世纪的时间，而该法律的诸多理论问题尚存在激烈争议。故，关于我国被害人国家补偿法的理论准备工作应是一件必须立即着手的重要研究工作。

本书以“犯罪被害人国家补偿制度”为研究对象展开研究，探寻其基本理论问题，厘清与之相关涉的其他制度之关系，论证我国的犯罪被害人权利保护之立法路径选择，并建构与我国经济、社会、文化发展相适应的犯罪被害人国家补偿制度，以期对我国的犯罪被害人补偿立法以及实践工作有所贡献。

二、研究现状

从世界范围来看，从20世纪40年代开始，被称为“被害人学之父”的德国犯罪学家亨悌、加拿大精神医师艾连贝格和以色列律师门德尔逊对被害人的研究引起了强烈反响，被害人的研究正式成为一个独立之学术研究领域并在国际上得到肯定，国家被害人学研讨会陆续召开。随着国家人权事业的发展，国际社会对被害人权利的关注从20世纪80年代有了实质性的开始，尤其是联合国于1985年在第7届联合国犯罪预防和罪犯处遇大会（United Nations Congress on the Prevention of Crime and Treatment of Offenders）中通过《为罪行和滥用权力行为受害者取得公理的基本原则宣言》

(Declaration of Basic Principles of Justice for Victims of Crime and Abuse of Power)，确立了犯罪被害补偿制度之建立为各国应努力方向。世界发达国家的被害补偿法得以施行并在实践中不断完善，相应的学术研究文献颇为丰富。德国学者汉斯·约阿希姆·施耐德主编的《国际范围内的被害人》从国际视野对被害人展开的研究产生了重大的学术影响，英国学者詹姆斯·迪南所著的《解读被害人与恢复性司法》从恢复性司法的视阈对被害人补偿制度进行了阐释，将对被害人的补偿看做基于预防主义的现代刑事政策的一个组成部分。日本学者大谷实、齐藤正治合著的《犯罪被害给付制度》和齐藤诚二的著作《被害人补偿制度的基本问题》对犯罪被害人补偿制度的基本理论问题作了系统的理论论证，也具有重要的学术影响。

中国台湾地区的学者许启义曾在日本师从国际被害者学会会长宫泽浩一教授，研究英、美、德、日发达国家的被害补偿法理论与实务，并参与了台湾地区的《犯罪被害人保护法》之立法起草工作，其著作《犯罪被害人保护法之实用权益》对世界主要发达国家的被害补偿法的主体内容作了概括介绍，主要是对台湾地区的《犯罪被害人保护法》之具体内容进行了逐条分析和阐释，具有较高的学术参考价值。台湾学者谢协昌的博士论文《犯罪被害人保护体系之研究》对被害补偿制度的基本问题作了全面的探讨，引用了大量来自日本学者的学术成果，同时也有自己一些精辟独到的见解。但是两位学者对犯罪被害人补偿制度的理论根据之论证则并无创新，许启义对此问题的立场则是语焉不详，① 谢协昌在此问题上则综合了"社会福利说"、"刑事政策说"以及犯罪防制考量的诸观点，并没有深入探究被害人国家补偿请求权的权利属性并构建

① 许启义：《犯罪被害人保护法之实用权益》，台北永然文化出版公司 2001 年版，第 24—28 页。许启义在关于犯罪被害补偿制度之理论基础的论述中，罗列了各种理论学说，却没有明确表述自己持何种观点。

完整的理论体系。[①]

我国大陆学界对被害人学的研究只有20多年的时间，而对犯罪被害人国家补偿制度的研究只是最近几年的事情，但已有的研究文献不可谓不多。总体而言，绝大多数文章还停留在制度介绍的层面上，于宏大叙事中却是空泛无物，人云亦云，乏善可陈。一些学者停留在自己学科偏好的角度未经严谨的理论考究就得出某一个在笔者看来实在是有失偏颇的结论。当然，也有一些学者结合中国的具体国情对我国的犯罪被害人补偿制度之立法设计作了系统的研究，其中不乏务实而中肯的见解。专著方面，赵可的《犯罪被害人及其补偿立法》主要内容是对被害人的类型研究和对世界各国的被害补偿立法之介绍；卢希起的《刑事被害人国家补偿制度研究》在对各国立法例考察的基础上，对我国的被害补偿立法作了粗略的制度设计。两部关于被害补偿制度的专著都对被害人补偿制度的理论根据问题欠缺深入思考和体系论证，完全忽略了对被害补偿法的性质与定位的探讨；对被害补偿法适用的具体复杂问题几无涉猎，比如什么情况下成立被害人对其被害有可归责事由因而应该拒绝或减少补偿，补偿裁量在哪些情形下应该考虑被害人的特殊情况依据一般的社会观念进行妥当性考量，等等。综上，目前我国大陆学界对于被害补偿制度的理论研究在深度与厚度方面都是比较欠缺的，中国的犯罪被害人国家补偿制度的理论论证与制度设计还有非常巨大的努力空间。

三、基本思路及主要创新

本书的主体内容和创新部分主要体现在：对于犯罪被害人国家

---

① 谢协昌：《犯罪被害人保护体系之研究》，中国政法大学2007年博士学位论文，第54—56页。

制度的理论基础之论证和理论体系的构建；论证确立了犯罪被害人国家补偿法的性质与定位以及基本原则；对被害人的行为分别在刑法领域和被害补偿法领域展开系统深入的类型化研究；对被害补偿的妥当性考量展开了纵横捭阖的论述。

（一）基本思路

全书共有七章。第一、第二、第三章是关于被害补偿制度的基础理论之论述；第四、第五章是关于被害补偿的排除和限制条款，也是被害补偿法适用中最复杂的问题；第六、第七章是关于我国的犯罪被害人国家补偿制度立法的路径探索与制度建构。

第一章“犯罪被害人国家补偿制度的形成及基本概念”是对世界各国和地区的被害补偿制度的概貌扫描以及基础性概念的辨析，关涉本制度的“元研究”。第二章关于“犯罪被害人国家补偿制度的理论基础”之论证关乎被害补偿制度的理论根据问题，涉及被害补偿制度的正当性和理论自洽性。采用不同的理论学说为根据建构的被害补偿制度存在重大差异，我国的被害补偿制度应该以什么学说为理论根据，显然是一个根本性的基础问题。本部分内容是在对已有理论学说进行评述和批判的基础上，提出本篇论文关于犯罪被害人国家补偿法的理论基础之观点，构建犯罪被害人国家补偿法的理论体系，在观点和论证路径方面都尝试着超越已有的学说进行创新，是整篇文章的理论基础部分，对全书的理论框架具有统摄意义。第三章“犯罪被害人国家补偿制度的性质定位与基本原则”也是一个基础理论问题，决定着被害补偿制度建构之基本价值向度与具体制度设计。

第四章“犯罪被害人国家补偿制度的排除与限制条款之一——被害人可归责事由”是被害补偿法理论中最复杂的问题之一，需要对样态复杂的被害人行为进行类型化考察分析方能作出判断。第五章“犯罪被害人国家补偿制度的排除与限制条款之二——被害补偿的妥当性考量”也是被害补偿法理论中最复杂的问题之一，涉及被害补偿决定之具体的、综合性的、全局性的判断，只有深刻领会被害补偿法的基本价值蕴涵和立法意旨，方可作出被认为符合公平正义的补偿决定。第四章和第五章的内容涉及被害补偿法的核心问题——是否补偿以及补偿多少，关乎能否实现补偿法之立法目的的根本问题，也是非常复杂的问题，因此于本篇论文中单列两章予以详细论述。此两部分内容之复杂性决定了补偿机关的工作人员必须具备相当的专业背景，这也是为什么不能将被害补偿纳入一般的社会救助制度的重要原因之一。

第六章“我国犯罪被害人救助的实践与立法”，则是立足于我国国情，探寻我国犯罪被害人权利保护立法的可行性方案。第七章“我国犯罪被害人国家补偿制度的立法设计”则论述了我国被害补偿制度的具体立法设计问题，结合中国国情并借鉴其他国家补偿法实践的有益制度因素，构建我国的犯罪被害人补偿制度。

（二）主要创新

1. 关于犯罪被害人国家补偿制度的理论基础之论证，本书在观点和论证路径方面都尝试着超越已有的学说进行创新，分别从内生性根据和外生性根据之不同视角探寻犯罪被害人国家补偿法的理论根据。其基本思路和主要创新观点如下：

借助宪法学解释的理论进路，从基本权利作为“客观的法”所要求的国家保护义务以及作为“主观的法”所要求的国家之给付义务两个方面论述了犯罪被害人国家补偿请求权的权利属性与正当性根据。国家对犯罪被害人进行补偿的根据并不在于国家未履行好保护义务或者“保护失败”而承担责任，而在于犯罪被害人的刑事司法保护并非国家保护义务的终点，被害补偿本身就是国家保护义务体系的一部分。进一步从刑法学的理论视角，以“法益侵害”这一基本的犯罪本质切入，从“合法暴力私力救济”（正当防卫）之实然规定和对放弃生命和身体健康的被害人承诺不能排除行为人的犯罪性的角度，探寻到刑法对于生命和健康法益之“优位法益”进行了特别的、多重的保护，由此得出了“优位利益多重保护”的论说，推导出了国家对遭受伤亡的犯罪被害人给予补偿也是基于对被害人的“优位法益”的保护，此种保护是刑事司法保护的续接和延展，启动补偿保护的事实根据在于犯罪被害人的基本权利已经受到侵害却无法从刑事司法程序中得以修复。“优位法益多重保护”之论说可谓犯罪被害人国家补偿制度的内生性理论根据，被害补偿请求权之权利属性及其正当性得以证成。

犯罪被害补偿法的外生性理论根据，则是从我们身处的“风险社会”为切入点，考察了呈普遍连带的风险社会中的犯罪被害危险和被害人的特征，分析了风险社会刑法理论的变迁以及犯罪预防策略的转变，探究到认真对待被害人的权利和需求成了犯罪预防体系的一个有机组成部分。由此得出结论：对危险的共同恐惧有利于形成团结一致的机制，因此集体应对风险的“危险共担”思路纵贯犯罪（被害）风险控制的全过程，包括了对犯罪被害人保护在内的复杂犯罪控制系统获得了现实世界的真切“守望”，而对犯罪被害人的国家补偿是该系统的组成部分，是“风险社会”中应对被害危险的现实选择，被害补偿因而被视为一种社会利益。此为“危险共担”之论说，可谓犯罪被害人国家补偿的外生性根据，是对“优位利益多重保护”之论说的进一步具体和现实的论证。

2. 关于犯罪被害人国家补偿制度的性质和定位：犯罪被害人国家补偿制度属于司法领域的国家补偿，既具有社会法性质，又与刑事司法制度具有不可分割的关系，因此是一种具有刑事法色彩的新型社会法制度，是对其他制度的补充，属于刑事政策的有机组成部分。

3. 关于“被害人可归责事由”的理论论述是本篇论文的又一个创新部分，文章对被害人行为在刑法中的量刑意义和被害补偿法领域的归责意义作了系统深入的“差序类型化”研究，推导出了被害人行为在两大法域的不同归责原则和具体的量化指引意义。对于刑事法和补偿法实践都具现实性意义和建设性价值。在研究方法上，采用了所谓的“差序化类型”研究，是作者运用类型化方法，对犯罪互动场域中的被害人行为进行分析，按照被害人行为对其被害结果的作用力（原因力）之大小层级将其分为五个“差序化类型”，这种分类也相应地反映了被害人行为对于加害人刑事责任影响的程度之高低差异。笔者借用费孝通先生“差序格局”概念中的“差序”之语词表述，将此种被害人行为类型划分称为被害人行为的“差序化类型”，旨在强调此种分类对于被害补偿实务中判断“被害人可归责事由”从而裁量补偿金之给付的量化指引意义，以及于刑法领域中被害人行为作为量刑情节对刑罚判决的量化指引意义。借助此“差序化类型”研究方法，本书对犯罪互动场域中纷繁复杂的被害人行为进行了条分缕析的研究，内容表述能够脉络清晰、层次清楚。该“差序化类型”研究的结论运用了表格和图像的形式表述出来，被害人的各种类型的行为在刑法量刑和补偿裁量层面上的法律意义一目了然。

4. 关于“被害补偿之妥当性考量”的理论论述，得出了以下创新观点：妥当性考量是以“被害人可归责事由”判断为前置性基础的通盘性的、统领全局式的判断；妥当性考量是并非单向度的而是双向度的综合性判断，需要斟酌多方面的特殊事由特殊考量——如果给予补偿被认为是不符合公平正义的，将拒绝或减少补偿；或者相反，虽然有诸如“被害人可归责事由”等拒绝补偿之事由，但存在补偿之非常之紧迫性，若不给予补偿将被认为是不符合公平正义的，应给予部分补偿。

5. 关于我国犯罪被害人补偿制度的立法路径之探索，得出结论是应由“救助”过渡至“补偿”，作为过渡阶段的我国犯罪被害人国家救助制度的定位是：兼采一般社会救助制度和犯罪被害人国家补偿制度相关因素的“紧急司法救助”制度，亦即要与一般的社会救助制度区分开来，但又应该在救助力度和水平上与一般的社会救助制度保持基本协调和平衡；应具备一定程度的被害人补偿法的雏形以及一些可以被合理“移植”的制度因素。

四、研究方法

1. 比较研究。我国学界对犯罪被害人国家补偿制度的研究只是最近几年的事情，而美、英、德、日等先进国家的研究则颇有时日，而且已经制定并施行的补偿法案及其法律细则陆续落实到实践，相关的研究成果极为丰富，对于我们的学术研究和被害人国家补偿立法具有极高的参考价值。因此本书参酌了美、英、日、德等国家的相关学术资料及实务做法，作为研究的基础，亦即以比较法的研究方法。

2. 跨学科研究。犯罪被害人国家补偿法具有社会法性质，同时又与刑事司法存在天然的亲缘关系，并牵涉行政法，所以其理论基础之构建涉及了多个法学学科的基础理论。本书跨越了宪法学、刑法学、刑诉法学、社会法学、犯罪学、被害人学、行政法学、社会学、心理学、伦理学等学科。

3. 案例分析研究。犯罪被害人国家补偿法的实务性很强，真实的生活世界是纷繁复杂的，每一个补偿之裁决都要面对一个鲜活复杂的案件。故将抽象的理论运用至真实的案例进行分析阐释，或者是引用一个国外补偿法实践中已经做出的典型判例来说明一个观点，是本书的一个重要研究进路。亦即本书的案例分析研究方法。

4. 类型化研究。类型化方法是一种重要的规范学研究进路。正如卡尔·拉伦茨所言：当抽象的一般概念及其逻辑体系不足以掌握某生活现象或意义脉络的多样表现形态时，大家首先想到的辅助思考形式是“类型”。[1] 本书的规范学研究需要考察犯罪场域中复杂多样的被害人行为以及各种特征的犯罪被害情形，其研究均需要借助此种类型化方法，以达到条分缕析之效。此为本书采取的类型化研究方法。

5. 调查研究。目前，我国一些地方的司法机关已经开展了被害救助、补偿的试点工作。本书的研究走访了公检法等机关并同相关法学专家和律师、法官等进行深度访谈，了解有关机关开展被害补偿实践的情况以及存在的难点问题，同时，通过问卷调查等方式了解民众对被害人国家补偿制度的认识与态度。

① ［德］卡尔·拉伦茨：《法学方法论》，陈爱娥译，商务印书馆2004年版，第388页。

第一章　犯罪被害人国家补偿制度的形成及基本概念

第一节　犯罪被害人国家补偿制度的起源与变迁

有犯罪即有被害人，被害人的角色和地位在人类历史的长河中伴随着社会演进与历史沧桑也经历了起伏跌宕之变迁。台湾学者张平吾等认为被害人角色的变迁历程按时间先后顺序可描述为：作为刑罚执行者角色；作为犯罪起诉者角色；逐渐受遗忘的被害者；再度受重视之被害者。① 与之相应，关于被害人损害之赔偿（补偿）的理论认识和制度实践也经历了巨大变化。日本学者宫泽浩一则总结认为，犯罪被害补偿制度的起源与发展，可分为“被害人之黄金时期”、“被害人之衰退时期”、“被害人之复活时期”三个时期说明之。②

参考以上表述，笔者认为犯罪被害人角色和地位的发展与演化过程可分为三个时期：被害人的兴盛时期、被害人被“遗忘”的时期以及被害人被重新“发现”和“承认”之时期。而必须特别指出的是，关于被害人的国家补偿制度则是在其中第三个时期中得

---

① 黄富源、张平吾：《被害者学新论》，台湾铭传大学出版社2008年版，第1—4页。

② 许启义：《犯罪被害人保护法之实用权益》，台北永然文化出版公司2001年版，第15—20页。

以萌芽和发展的。以下详述之。

一、被害人的兴盛时期

所谓被害人的兴盛时期，自公元前2250年左右，巴比伦颁布汉谟拉比法典时期至罗马帝国灭亡止。本时期对犯罪的处理实行“同态复仇”，被害人是作为刑罚执行者的角色。在法律上，将日耳曼之“血仇”及汉谟拉比法之“以牙还牙、以眼还眼”之观念，制度化为“同害报复”之赎罪金，用以满足被害人或其家族报复要求。被害人及被害人遗属可对加害人、加害人家族及其所属之氏族施加报复，并可获得对方支付的“赎罪金”。此种法律涵盖整个古代文明，包括埃及法典、“查理可斯法典”（the laws of Zaleukos)、罗马帝国“罗马十二铜表法”（Roman Twelve Tables)。

二、被害人被“遗忘”的时期

从中世纪至近代，随着社会发展和国家组织的完善，执行刑罚的司法权成为国家主权的一部分，国家公诉制度和专设公诉人制度达到完备而鼎盛的状态，被害人早已不再是刑罚执行者，并逐渐丧失了起诉的权利。被害人的创伤与损害无人问津，甚至在刑事司法体系中，为满足既定诉讼程序，被害人沦为了“证据炮灰”，遭受着二次伤害。定罪量刑的考量因素主要在于刑罚威慑性，亦即犯罪者是否能改悔向善，对国家及社会法益保护的关注远远高于被害人损害之恢复。此种情形下，对于被害人遭受的损害，若犯罪加害人无赔偿能力，被害人即无从获得救济，只能黯然神伤独吞苦果。此一时期持续时间相当久，刑事司法成为对犯罪者的公正，犯罪被害人被国家刑事司法制度“遗忘”了。

三、被害人被重新“发现”和“承认”的时期

被害人被重新“发现”和“承认”之时期又以第二次世界大战为界分为前后两个时期。前期，从19世纪末至20世纪第二次世界大战结束；后期，即为“二战”后至今。在此期间，犯罪被害人开始从“遗忘”的角落被“发现”和“承认”，被害人的权利保护问题开始受到关注和重视。理论界开始对被害人展开研究，并发展形成了“被害人学”这一门新型学科。被害人之国家补偿立法在各个方面的推动下开始蓬勃开展起来。

（一）理论发展

19世纪下半叶以来，犯罪实证学派开始重视犯罪的环境因素并研究犯罪之个人及社会原因，发现对于无端因犯罪被害死亡者之遗属或受伤丧失劳动能力而造成生活困难之人，或因此失去经济上所依赖之人无以维持生活者，如国家不伸出援手给予救济，被害人可能因此生活陷入困境转而铤而走险，以致犯罪。此种因犯罪被害转而成为犯罪原因之现象，逐渐受到重视，而学术界以意大利实证学派学者菲利及加洛法罗的研究为代表。菲利及加洛法罗在1878年在瑞典斯德哥尔摩召开的国际刑法及监狱会议以及1885年在罗马召开之同一会议上，呼吁应由国家资金救济犯罪被害人，建议设立“罚金金库”以救济犯罪被害人。

菲利在其著作《犯罪社会学》中阐述了他对于被害人补偿的观点：“国家应当对被害人的权利负责，并且使被害人的权利及时得到满足……犯罪的民事责任并不仅仅是私人的事情，而应当成为像刑事责任一样的社会责任……国家必须赔偿个人因国家不能预防的犯罪给其造成的损失（就像在公害中所承认的那样），然后再从

罪犯那儿把这笔钱追回来。”[①] 菲利之观念于 1936 年古巴制定“社会防卫法”而获得实现，该法规定财物主管机关应设赔偿金库，赔偿被害人之损失，并向犯罪人求偿。但是此制度却因基金不充裕而未能完全实现。

（二）被害人学的诞生

被害人在很长一段的历史时期里被遗忘了，在以犯罪人为中心的刑法学、犯罪学的研究中，被害人仅在犯罪对象、犯罪的成因以及犯罪与被害的关系对于犯罪的影响方面得以附带论及。一直到 19 世纪三四十年代开始，在西方国家有研究者陆续提出被害人研究之相关议题，才使被害人之研究逐渐发展成一个新兴和独立的研究领域。

德国的犯罪学家亨悌（Hans von Hentig）于 1941 年发表了《犯罪人与被害人的互动关系》（*Remarks on the Interaction of Perpetrator and Victim*）一文，为最早专文论述被害人问题的文章，被认为是奠定被害人学成为专门学科的基础，在被害人学历史上具有里程碑意义。亨悌在 1948 年还发表了《犯罪人及其被害人》（*The Criminal and His Victim*，1948）一书，他提出应对被害人展开有组织及科学的研究，并强调被害人研究的必要性而主张应将被害人的存在因素作为犯罪原因的研究，此观点被国际间公认为首开将被害人因素加入犯罪原因研究主张之先河。加拿大精神医师艾连贝格（Henry Ellenburger）在 1954 年发表《犯罪人和被害人间的心理学上的关系》的论文当中，将被害人从其精神、心理上的特性作更

① ［意］恩里科·菲利：《犯罪社会学》，郭建安译，中国人民公安大学出版社 2004 年版，第 281—283 页。

深一层的分析，除了被害人特性的进一步了解外，更将其类型化。[①] 以色列律师门德尔逊（BenjaminMendelsohn）在罗马尼亚的首都布加勒斯特（Bukarest）发表一场题为“新的生物、心理、社会领域：被害人学”（New Bio－psycho－social Horizon：Vicimology）的演讲，[②] 第一次正式提出“被害人学”一词，在世界各国引起极大反响。从此，被害人的研究正式成为一独立之学术研究领域。上述三人因对被害人学所作的开拓性的学术贡献，被称为“被害人学之父”。

（三）犯罪被害人国家补偿立法之开端

1957年7月7日，英国社会改良家弗莱（Margery Fry）女士在《观察报》上发表一篇名为《被害人之正义》（*Justice for Victims*）的文章，讲述了一位年轻力壮的青年人遭受两名强盗袭击身受重伤双目失明而无法工作的案件。该案中，加害人在刑事责任上被法院判决有期徒刑，在民事责任上被判应付11500英镑之损害赔偿金，每周分期付5先令，如此被害人需生活442年，如以受刑人在监狱作业所得劳作金之金额慢慢支付赔偿金，需要200年时间方能清偿完毕。通过该案例，说明犯罪被害人在国家政策上之悲惨遭遇，建议由国家补偿犯罪被害人之损害，引起英国政府及劳工党之重视。

英国内政部于1959年发表以《变动社会中之刑罚》（Penal Practice in a Changing Society）为题之白皮书，其中论及“对于犯罪者加以处罚，是否真能满足被害人的要求？对于犯罪被害人的立

① ［日］宫泽浩一：《被害人学の三人の父亲》，时の法令第1269期，1985年12月，第41页。转引自谢协昌：《犯罪被害人保护体系之研究》，中国政法大学2007年博士学位论文，第11页。

② 董鑫、朱启昌、廖钟洪：《刑事被害人学》，重庆大学出版社1993年版，第30页。

场实在有深入讨论的必要。尤其是对于无理由而受到犯罪者攻击的被害人，国家有救济的义务。且由于国家不能保护被害人免予犯罪之害，所以对于犯罪被害人有救济义务并能予以救济者，乃专指国家而已”。[①] 此后政府又在1961年版的犯罪白皮书中报告关于暴力犯罪之被害人予以补偿之观点。之后，在1964年版的犯罪白皮书中三度提出对于暴力犯罪被害人予以补偿之论点，并对国会提出建立一实验性补偿制度的劝告。[②] 而新西兰率先于1964年制定《犯罪被害人补偿法》，英国随即于1964年6月24日通过《犯罪损害补偿计划》（*Criminal Injuries Compensation Scheme*），并于1964年8月1日公布实施，成为继新西兰之后世界上第二个实施由国家对于犯罪被害人给予经济上补偿的国家。1965年，此一制度影响澳洲及美国等英语系国家，1970年初，瑞典采纳此制度后，欧洲各国也相继采行此制度。

从世界范围来看，随着国际人权事业的发展，国际社会对被害人权利的关注是从20世纪80年代才有了实质性的开始，被害人学逐渐成为一门新兴独立之学科也在国际上获得了肯定，国家被害人学研讨会等活动陆续召开，尤其联合国于1985年在第7届联合国犯罪预防和罪犯处遇大会中通过《为罪行和滥用权力行为受害者取得公理的基本原则宣言》，确立了犯罪被害补偿制度之建立为各国应努力的方向，使被害人的补偿请求权得以从法律上具体化，该宣言第12条明确指出：“当无法从罪犯或其他来源得到充分的补偿时，会员国应设法向下列人等提供金钱上的补偿：（a）遭受严重罪

---

① ［日］宫泽浩一：《被害人补偿の制度－1》，时の法令第1336期，1988年8月，第75页。转引自谢协昌：《犯罪被害人保护体系之研究》，中国政法大学2007年博士学位论文，第22页。

② ［日］小川太郎：《犯罪による被害人の救济制度—英米法系を中心に》，ジュリスト第575号，1974年11月15日，第42页。转引自谢协昌：《犯罪被害人保护体系之研究》，中国政法大学2007年博士学位论文，第22页。

行造成的重大身体伤害或身心健康损害的受害者；（b）由于这种受害情况使受害者死亡或身心残障，其家属，特别是受扶养人。”

截至目前，已有新西兰、英国、美国、加拿大、澳大利亚、瑞典、奥地利、芬兰、德国、荷兰、法国、日本、韩国等国家建立了犯罪被害补偿的法律制度，我国的香港和台湾地区也进行了相关立法并有效实施。

第二节 各国犯罪被害人国家补偿制度简介①

一、英国

英国于1964年6月24日通过《犯罪损害补偿计划》（Criminal Injuries Compensation Scheme），并于1964年8月1日即开始公布实施，后经多次修正，但一直未有补偿法之制定，直到1995年11月8日英国国会方通过《刑事损害补偿法》（Criminal Injuries Compensation Act，1995）作为刑事损害补偿计划之法源，最新的补偿计划于同年12月12日经国会审议通过，自1996年4月1日起生效。实施地区包括英格兰（England）、苏格兰（Scotland）、威尔士（Wales）。②

英国最初之补偿计划的补偿金额计算是参照普通法（Common

① 本节内容资料主要参考了许启义的专著《犯罪被害人保护法之实用权益》中关于各国立法例的介绍，台北永然文化出版公司2001年版；参考了赵可主编：《犯罪被害人及其补偿立法》“附录”中对各国立法例的介绍，群众出版社2009年版，第265—367页。

② 罗明通：《英国犯罪被害人保护制度之研究》，（台湾）“法务部”编印《犯罪被害人保护研讨会实录》，1995年6月，第11页以下。罗明通译：《英国1990年刑事伤害补偿计划》，载（台湾）“法务部”印行《犯罪被害人保护之研究》，1995年10月，第269页。转引自许启义：《犯罪被害人保护法之实用权益》，台北永然文化出版公司2001年版，第35页。

Law）有关损害赔偿之计算方式，程序复杂且费时，造成案件迟延及行政资源之浪费，久为当事人所诟病。新制则改采定额制（tariff based system），补偿金之数额系就被害人伤亡之程度分级分别定其额度，例如伤害乃依被害人之轻重程度分为25级，第1级为1000英镑，第25级为25英镑。如此简单明了，计算方便，可缩短审核计算时间。[①] 现将英国新的补偿计划介绍如下：

（一）补偿对象

1964年以后犯罪被害受伤害者和被害死亡者之遗属。

（二）补偿要件

直接因下列行为被害而死伤者：暴力犯罪行为（含纵火、投毒）；非法进入铁道；逮捕或企图逮捕犯人或犯罪嫌疑人，防止或企图防止犯罪行为，或帮助警察人员为上述行为。

（三）得不补偿之事由

申请人有下列情形时，得不予补偿其损害之一部或全部：1. 未报案；2. 未协助追诉犯罪；3. 未提供刑事损害补偿局有关被害案件之资料，或未为必要之协助；4. 对于被害之发生有可归责事由者；5. 其他斟酌申请人之个性、身份，认为支付补偿金有失妥当者。

（四）扣除项目

下列金钱即给付均应自补偿金中扣除：1. 已受领或得受领之英国社会福利；2. 已受领或得受领其他国家之社会福利或其他相

---

① 许启义：《犯罪被害人保护法之实用权益》，台北永然文化出版公司2001年版，第36页。

关之给付；3. 已受领或得受领保险费之给付。

（五）补偿审议机关

新制之刑事损害补偿机关为刑事损害补偿局（Criminal Injuries Compensation Authority），该局为一非政府部门之公共组织，负责补偿申请案件之审核及补偿金之发放。

（六）不服决定之救济程序

不服补偿决定时，于收到决定书90日内，书面向刑事损害补偿局申请复议；不服复议之决定时，可于收到复议决定书30日内，向刑事损害补偿上诉机构（Criminal Injuries Compensation Appeal Panel）申请上诉。

二、美国

美国加州政府领先于其他州，首先于1965年制定《暴力犯罪被害人补偿法》（State Compensation for Innocent Victims of Violent Crime Statute），规定了对遭受暴力犯罪侵害之无辜被害人为一定金额内之补偿。此后，其他各州陆续制定犯罪被害人补偿法。现简要介绍如下：

（一）中央与地方之整合与分工

1984年美国的《犯罪被害人法》（the Victim of Crime Act，简称VOCA）规定，联邦以各州上年补偿经费的60%之额度，补助各州推动州内被害人补偿，使各州补偿制度之实施能应对地方需要外，并能兼顾联邦政府之规定与需求。

（二）被害人的司法合作义务

补偿金之支付，要求警方理解显示当事人已于犯罪发生后立即向有关单位报案，如有事实证明当事人未能与执法人员充分合作，可拒绝或减少或撤销补偿金。

（三）补偿项目

各州补偿之项目，均包括因被害无法工作之薪资损失、医疗费用、复健费用、死亡被害人丧葬费及应受死亡被害人扶养之父母或子女之扶养费。目的在于解决被害人及其家属生活之危机，给予真正需要帮助之被害人即时之协助。

（四）扣除项目

犯罪被害人所得的加害人赔偿、政府伤残补助、社会安全基金之医疗医药补助、暂时事业补助、雇主之补助及保险理赔之后，应在补偿金额度内予以扣除。

（五）补偿机关

各州因补偿理念之差异及财政能力之不同，执行补偿机关或设于社会福利部门，或设于检察部门，或设立于专责之补偿机关。

三、德国

1976年5月11日西德联邦议会通过《暴力犯罪被害人补偿法》，1984年12月31日修正过一次。现简要介绍如下：

（一）补偿对象

补偿对象包括本人及其遗属。原则上此等被害人及其遗属以德国人或欧盟国家之国民为限，外国人所属之国家若与德国订有互惠规定者，亦为补偿对象。

（二）补偿要件

在适用地区方面，犯罪地仅局限于德国法域之内或德国船只或航空器以内者，始可请求被害补偿。在被害人之行为方面，凡因自己之有责行为导致犯罪，或未为犯罪之告发或告诉者，或与犯罪侦查机关未能合作者，均不得申请补偿。过失犯罪之被害人排除于补偿之外。

（三）补偿给付项目

德国的被害补偿给付分为被害人给付与遗属给付两类，两者的给付项目是不同的。对被害人之给付项目有：医疗及复健给付；生活保障给付。对遗属之给付项目有：医疗给付；遗属年金；被害救济给付；丧葬费及死亡津贴。

（四）主管机关

德国被害人补偿法是由德国联邦劳工及社会福利部起草并从事解释工作，实际补偿工作则由各邦的地区补偿局负责执行。

联邦劳工及社会福利部就补偿法之执行方法，对各邦劳工及社会福利部做原则上之指导，如各邦对法律之适用有歧见时，由联邦劳工及社会福利部为统一之解释，各邦劳工及社会福利部则负责联邦与本邦间之协调联系，传达联邦劳工及社会福利部相关通告，并协调、解决各地区补偿局之冲突。

（五）申请、审查和决定程序

地区补偿局为直接负责受理、决定补偿申请案件之机关。申请者应直接向犯罪地之地区补偿局申请。地区补偿局须审查是否有报案资料、医疗诊断资料等，以确定被害程度及康复能力。其他机关如警察机关、医疗机关有配合协助的义务。为保持审查标准之一致性，申请案件由地区补偿局局长或副局长裁决。

四、日本

日本继欧美先进国家之后，于 1980 年 5 月 1 日公布《犯罪被害人等给付金支给法》，是第一个建立犯罪被害补偿制度的亚洲国家。该法从 1981 年 1 月 1 日起施行。现简要介绍如下：

（一）补偿对象

补偿对象为因故意犯罪行为被害而死亡者之法定遗属或重伤害者本人，且以具有日本国籍或在日本有住所者为限。

（二）补偿金额和种类

关于补偿金额，该法第 9 条规定，为依政令规定算定之给付基本额，乘以政令所定之倍数所得之数额；得受遗属补偿金之遗属有二人以上者，其金额为再除以其人数所得之金额。补偿金（给付金）分遗属补偿金和障害补偿金，均一次性给付。

（三）补偿金（给付金）之减额或不支给

有三种情形将导致补偿金之减额（即部分不支给）或不支给（即全部不支给）：该法第 6 条规定，因支给补偿金依一般社会观念认为有失妥当者；该法第 7 条规定，因其他法令之支给而减额或不支给者；该法第 8 条规定，因已受损害赔偿而减额或不支给者。

（四）补偿决定机关与申请补偿程序

日本法未另设补偿决定之专职机构，由既有之地方公安委员会作为补偿裁定机关。申请补偿者应向住所地之地方公安委员会提出申请，在时效上，自知悉犯罪被害发生之日起经过2年，或自犯罪被害发生之日起经过7年则不得申请。

（五）暂时补偿金之支给

地方公安委员会若因加害人不明或被害人之伤害程度不明以至于不能速为决定时，得于政令所定数额范围（给付金额之1/3）内先为支给暂时补偿金（假给付金）之决定。

（六）不服决定之救济

日本法关于不服决定之救济程序，采取的是“行政救济前置主义”，申请人不服地方公安委员会之决定，须先向国家公安委员会申请复审，仍不服者，得向法院提起行政诉讼。

（七）补偿金受领权利之时效与保护

受领补偿金之权利如2年间不行使，则因时效而消灭。补偿金受领权利，不得让与、供担保或扣押，并且不得课以任何捐税。

（八）经费来源

犯罪被害补偿所需经费，由政府（警察厅）逐年编列预算支应。

五、韩国

韩国继日本之后，于1987年11月28日制定公布《犯罪被害人救助法》，于1988年7月1日起施行，是亚洲第二个建立被害补偿制度的国家。1990年为了限缩救助条件进行了一次修正。现简要介绍如下：

（一）救助对象

救助对象包括两类：故意犯罪被害死亡者之遗属；犯罪被害受重伤者本人。

（二）救助范围

救助范围包括以下三种情形：加害人不明或无资力赔偿；犯罪被害因而生计陷于困难；于自己或他人刑事案件之侦查、审判程序中提供、陈述有关证据资料或作证被害。

（三）救助金之种类即支给方式

救助金为遗属救助金和障害救助金（即重伤救助金）两种，均一次性支付。遗属救助金支给法定第一顺位之遗属，同一顺位之遗属有两人以上时，均分之；障害救助金支给被害人本人。

（四）救助金之不支给

有下列情形之一者，得不支给救助金之一部或全部：1. 被害人与加害人有亲属关系（包括事实婚姻关系）时；2. 被害人引起犯罪，或对该犯罪之发生，被害人有可归责事由时；3. 其他依社会通念认为不支给救助金之全部或一部为妥当时。

（五）救助金之扣除

以下两种情况应扣除相应额度的救助金：因犯罪被害依国家赔偿法或其他法令得领受之金钱给付；因犯罪被害已受领损害赔偿之给付。

（六）求偿权之行使

国家支给救助金后，得代位行使受救助人之损害赔偿请求权；

此项求偿权，得就受刑人（加害人）之劳作金行使之。

（七）救助金之额度

救助金之额度，立法机关授权行政机关参酌被害人或遗属之生计情形与受伤程度决定之。遗属救助金最高额为1000万韩圆；障害救助金依障害等级支给相应的额度：一级为600万韩圆，二级为400万韩圆；三级为200万韩圆。

（八）救助审议机关

犯罪被害救助审议机关设于地方检察厅。

（九）不服决定之救济程序

韩国犯罪被害人救助法并未规定不服救助决定之救济程序，故对于补偿决定不服的，应依一般行政救济程序请求救济。

六、评述

从上文介绍的主要发达国家的犯罪被害人补偿制度可以看出，各国的法律制度基本框架是大致相似的，比如都规定了补偿对象、补偿要件、补偿项目、补偿机关、救济程序等，而且补偿对象大都规定为身受重伤和死亡的被害人。而在此大致相似的基础上，各个国家的被害补偿制度在具体层面上又有所差异，比如扣除项目有所不同，补偿的排除和限制条件有所不同，补偿金的支付额度也各不相同。这与各国的法律传统、经济发展等各方面存在差异相关，更重要的是这与各国被害补偿法律制度所依据的理论根据不同有关。

韩国法定位于“救助”，因此要求补偿对象应是被害人因犯罪被害因而生计陷于困难，其他国家的补偿法则没有对被害人的经济状况作出规定；但韩国法的救助对象又不限于典型的被害人，还包括了在刑事司法程序中提供作证而被害的人。而英、美、德、日均没有对证人作证被害的补偿进行明确规定。

关于补偿的被害人义务方面，英、美、德都有规定被害人的合作义务，而日本和韩国则没有就此作出规定。补偿机关的设置规定各不相同，这与各国的政治体制和司法制度密切相关。

在对被害人的行为进行归责方面，各国补偿法都作出了规定，但是各国的具体实施细则和实际操作则有较大差异。英国法、美国法的被害人可归责事由范围比较宽泛，这与英美国家的立法者并不认为获得国家的被害补偿是被害人的权利而是国家出于道义责任的“恩赐”与“优惠”有关，因此，补偿金的支付取决于补偿基金的可利用性，当补偿基金不足时，补偿机关会被命令或者要求以“不适格”为由减少或者拒绝给付。德国法对被害人行为进行归责的范围则最为限缩，这与德国的被害补偿法的法理依据是“社会国”原则有关，根据该原则，被害人主张被害补偿则是基于相当于“社会权”的权利，因此，由国家提供的社会扶助应该以申请者的需求为最主要的考量而不必考究被害人行为的过错，因此，大量具有过错的被害人也获得了国家的全额补偿，有导致滥用补偿制度的危险。当然，德国是一个高福利的国家，各项社会保障制度相当完善，被害人根据各项社会保障制度便可获得相当的物质给付，无须再申请被害补偿，因此并没有导致大规模的被害补偿申请“浪潮”而被害补偿基金难以支撑的局面。日本法、韩国法关于被害人行为归责的规定则相对适中合理，根据被害人行为对被害结果的作用力之大小层级分别作出“全额补偿”、“部分补偿”、“不予补偿”的规定，值得我国借鉴。

而特别值得一提的是，日本和韩国的补偿制度体例和内容大致相似，特别是其中关于日本法中“依一般社会观念”和韩国法中“依社会通念”的补偿妥当性考量的条款之规定，在笔者看来，充分体现了深受东方儒家文化影响的情理法交融的传统精神特质，这与被害补偿制度旨在增进人民符合人性尊严的生活的价值目标也是曲径通幽的，值得同属于东方亚洲国家的中国借鉴。我国台湾地区的“犯罪被害人保护法”就在很大程度上借鉴了日本法和韩国法，考察该法的规定，笔者认为该法的立法水平已经达到了相当完备的水准，颇有参考价值。

犯罪被害人国家补偿制度是国家功能的高级形态，只有在经济繁荣、文明昌盛、社会进步的情况下，国家才有能力肩负如此复杂而且收益甚微的艰难职责。我国作为一个发展中国家，犯罪被害人国家补偿制度该如何设计？是否能从上述发达国家的被害补偿制度中汲取有益的、可行的制度因素？我国的国情又决定了我国的被害补偿制度之设计应该与其他发达国家有何不同？而这正是本书将要着力探究的问题。

第三节 犯罪被害人国家补偿制度的基本概念

作为被害人权利运动的产物，犯罪被害人国家补偿制度，指的是被害人遭遇犯罪侵害身受重伤或者死亡而又无法从犯罪人或其他途径获得损害赔偿时，由国家向被害人或其遗属进行经济利益支付予以补偿的法律制度。犯罪被害人国家补偿制度以帮扶犯罪被害人为目标指向，“犯罪被害人”、“国家补偿”、“犯罪被害人国家补偿”是被害补偿制度的一组基本概念，对此组概念的界定则是相关理论研究的逻辑原点。

一、犯罪被害人的概念

（一）被害人

所谓被害人，在英、美国家的用语是 victim，其概念最早可追溯至上古时代对于神祇所奉献的生赘，具有宗教意念的牺牲品上，其原始意义乃系指在宗教仪式之中，为满足一种超能力或神证之欲求所致之人或动物。[①]现代关于被害人之含义早已超越宗教意义，比如，拉罗沙（Larousse）将被害人定义为“为某种行为而败于事实或因偶然事件之结果而忍受者”。[②] 扬·里费则认为：“被害人是指一切经历了痛苦和压迫，承受了非正义的不幸结果的人”。[③] 也即，在最广义的意义上，被害人是指伤害或损害结果的承受者，包括因一切自然灾害、事故、不公正对待、犯罪事件引起的伤害或损害，亦即被害人不仅指犯罪被害人。

随着被害人学的兴起，被害人的广义概念受到了越来越多的重视和认可。1980 年第一届被害人学世界会议中，有学者指出被害人学系一门综合科学，因此其研究不应该仅限于犯罪被害人。1991 年第七届国际被害人学讨论会，将许多非属犯罪被害的被害情形列为会议讨论主题，进一步宣示被害人学之研究不应限于犯罪被害。在广义的被害人概念中，除了包含狭义概念下之犯罪所致之被害，还包括其他民事不法、行政不法及其他反社会行为下之被害。因此，在被害人学视野中的被害人包括了但不限于犯罪被害人，其他的诸如自然灾害的被害人、各种事故的被害人均属于被害人学意义上的被害人。

我国的学者在研究中注意到了此种广义、狭义之间的区别，并在使用中加以区分，对犯罪被害人的称谓大多是“犯罪被害人”或“刑事被害人”，而不是直接称其为“被害人”。

---

① 张平吾：《被害者学》，台北三民书局 1996 年版，第 5 页。

② 张甘妹：《犯罪学原论》，台湾汉林出版社 1985 年版，第 333 页。

③ ［德］汉斯·施奈德主编：《国际范围内的被害人》，许章润等译，中国人民公安大学出版社 1992 年版，第 19—20 页。

（二）犯罪被害人

目前，犯罪被害人的概念具有跨学科的特点，国内外学者均从不同的学科角度对其予以定义。

比如，有学者从犯罪学角度认为："犯罪被害人是相对于犯罪人（加害人）而言的，是一个包括受犯罪侵害的个人、社会团体、企事业单位、社会阶层、政府机关等在内的综合概念。"① "犯罪行为所造成的损失或损害即危害结果的承受者"。② 有学者从刑事诉讼的角度认为："犯罪被害人是指正当权利或合法利益遭受犯罪行为直接侵害，并因此参与刑事诉讼，要求追究犯罪嫌疑人、被告人刑事责任的人。"③ "刑事诉讼中的被害人，广义而言，是指自身合法权益遭受犯罪行为直接侵害并有权在刑事诉讼中执行控告职能的当事人；狭义而言，被害人仅指公诉案件的当事人。"④

在犯罪（人）中心论主导下的传统刑法中，对被害人概念的规定几乎是没有的。值得关注的是意大利刑法中的"犯罪被动主体"概念，根据帕多瓦尼教授的理论解释，⑤ "犯罪的被动主体"（或用刑法典的语言来说，"受犯罪侵害的人"），是指受刑法所保护且为犯罪所侵害的利益的所有人。同时，帕多瓦尼认为，"犯罪的被动主体"与"犯罪行为的被动主体"和"犯罪行为的受害人"是不同的概念。"犯罪行为的被动主体"，是指实际承受犯罪行为的人。比如对于意大利刑法典第642条规定的故意毁坏被保险物品

① 康树华主编：《犯罪学通论》，北京大学出版社1998年版，第187页。

② 储槐植等：《犯罪学》，法律出版社1997年版，第120页。

③ 程荣斌主编：《中国刑事诉讼法教程》，中国人民大学出版社1997年版，第104页。

④ 杨正万：《论被害人诉讼地位的理论基础》，载《中国法学》2002年第4期，第167页。

⑤ ［意］杜里奥·帕多瓦尼：《意大利刑法学原理》（注评版），陈忠林评译，中国人民大学出版社2004年版，第88—89页。

或自残身体骗取保险金的犯罪，犯罪行为的被动主体和犯罪人实际上是同一个人，而只有保险人才是犯罪的被动主体。“犯罪行为的受害人”，则是指有权对犯罪行为造成的可赔偿性损失（包括财产性损失或非财产性损失）提出赔偿请求的人（包括在刑事诉讼中作为民事当事人提出赔偿要求）。而“犯罪的被害人”，在帕多瓦尼教授看来，从根本上说，本是一个犯罪学概念，其含义是从犯罪原因和犯罪发展角度来看，实际承担犯罪所造成的损害后果的人。

我国学者王佳明博士受此启发，提出了所谓的“犯罪被害人双层次说”：[①] 从宏观、抽象层面而言，国家作为刑法法益的保有人是所有犯罪恒定的被害人；微观、具体层面而言，每一个具体的犯罪均存在所侵害法益的保有人，可能是自然人、法人组织以及国家。并且进一步认为，在具体犯罪中与犯罪人进行互动的是具体法益的保有人，因此，犯罪被害人即犯罪所侵犯具体法益的保有人。笔者认为，将犯罪被害人定位为法益保有人是具有重要意义的，凸显了犯罪被害人的主体地位，而不是“犯罪对象”之被动的、无足轻重的地位——而这正是犯罪被害人在刑法理论体系中“被遗忘”的最重要原因。

1985 年联合国犯罪预防和罪犯处遇大会通过的《为罪行和滥用权力行为受害者取得公理的基本原则宣言》（Declaration of Basic Principles of Justice for Victims of Crime and Abuse of Power）将被害人定义为：“个人或整体受到伤害包括身心损伤、感情痛苦、经济损失或基本权利的重大损害的人，这种伤害是由于触犯会员国现行刑事法律，包括那些禁止非法滥用权力的法律的作为或不作为造成。”同时还指出：“一个人可被视为被害人，而不论加害于他的犯罪人是否被指认、逮捕、起诉或判罪，亦不论犯罪人与被害人的

---

① 王佳明：《互动之中的犯罪与被害——刑法领域中的被害人责任研究》，北京大学出版社 2007 年版，第 16—19 页。

家庭关系如何。“被害人”一词视情况也包括直接被害人的直系亲属或其扶养人以及出面干预以援助被害人或防止受害情况而蒙受损害的人。”① 可见，该宣言对于犯罪被害人的定义较为宽泛，并不因犯罪加害人是否已经确认或被指控与审判而受影响，目的在于最大限度地保护犯罪被害人的利益。

（三）本书语境中的犯罪被害人

首先要阐明的是，非属于自然人的国家、社会、法人组织等均因承载了法益而可能成为犯罪被害人，比如危害国家安全罪、危害国防利益罪等。但通常来说，非个人法益的犯罪被害是不属于国家补偿所要考虑的事项，当然这与下文中将要论及的“被害补偿范围”有关。因此，囿于本书的研究范围，本书的犯罪被害人是限于补偿法意义上的、个人法益遭受犯罪侵害的自然人之被害人，国家、社会、法人组织等均将被排除在外。

就自然人被害人而言，从上述引述的定义来看，也有广义、狭义的区分。上述 1985 年联合国会议宣言中的犯罪被害人定义就是比较宽泛的，包括直接被害人以及受此影响的非直接被害人，比如直系亲属和受扶养人。其实，在许多学科研究里，犯罪被害人的外延已经由直接遭受犯罪侵害的人扩展到由受犯罪侵害直接和间接影响的人，比如，国外的研究文献中，经常出现“primary victimization”（初级被害，直接被害）和“secondary victimization”（次级

---

① 参见《为罪行和滥用权力行为受害者取得公理的基本原则宣言》，转引自麻国安：《被害人援助论》，上海财经大学出版社 2002 年版，第 156 页。

被害，间接被害)[①] 的表述。

如果从刑法学规范的角度来看，犯罪人与被害人是一对相生相伴的具有对应关系的基本概念，过于宽泛的定义容易动摇犯罪人与被害人的对应关系和对等地位，弱化人们对于被害人的主体认知。因此，将刑法意义上的被害人限定为与“加害人”相对应的直接遭受犯罪侵害的人是比较妥当的，亦即限于直接被害人而不包括间接被害人。

但是广义的被害人定义对于旨在保护被害人利益的补偿法却颇有启发意义，被害补偿的对象与范围的划定取决于该法对犯罪被害人的定义，定义过于限缩就不利于切实保护被害人利益。刑事诉讼法学的研究者们也注意到犯罪被害人定义的扩展对于实现程序正义价值以及保护被害人权利的意义，因此有学者提出了“实体被害人”和“程序被害人”的概念，“前者是指遭受犯罪行为直接侵害的人，如实体被害人亲自参加诉讼，则称其为参诉被害人，而程序被害人是指自身没有遭受犯罪行为的直接侵害，而是由法律拟制的由实体被害人的法定代理人、近亲属或者法律规定的有关机构（团体）担当的参加刑事诉讼的诉讼参与人”。[②]

笔者认为，为了切实保护被害人利益，补偿法意义上的被害人首先是指直接遭受了犯罪行为侵害并因此承担了损害结果的人，也即刑法规范意义上的直接被害人；其次还包括因直接被害人遭受被害而间接遭受伤害或损害的人，比如儿童遭受性犯罪侵害因此承担

---

① “secondary victimization”具有多个层面的意义：首先是指“第二次被害”，指的是被害人遭受犯罪侵害之事实影响其社会生活，比如在诉讼程序中遭受不公正待遇，比如被害人的亲属、所处的社区对其以蔑视等不当态度对待；其次是指“间接被害”，相当于“indirect victimization”之意，主要指直接犯罪被害人的亲属、目击证人等因犯罪行为受到的不利影响，比如遭受性侵害的儿童的父母遭受的精神痛苦，未成年人因父母亲被犯罪杀害而陷入孤苦无助之境地等；再次是指“次级被害”，指的是犯罪对象是非自然人的公司、企业等。具体参见黄富源、张平吾：《被害者学新论》，台湾铭传大学出版社 2008 年版，第 10 页。

② 刘万奇：《犯罪被害人权利研究》，吉林大学 2003 年博士学位论文，第 66—68 页。

了巨大精神痛苦的父母，父母亲遭受杀害而无人抚养的孤儿等。正如加洛法洛指出的那样，被害判定的标准在于被害个人是否有伤害或损害结果发生。[①]

综上，本书关于犯罪被害人概念的界定是：犯罪被害人是直接或间接承受了犯罪损害结果的人。强调犯罪被害结果对于犯罪被害人的意义，这在下文中关于被害补偿范围的论述中将有所体现。

值得一提的是，我国已有的关于被害人补偿的文献中，有的称"犯罪被害人国家补偿"，有的称"刑事被害人国家补偿"，那"犯罪被害人"和"刑事被害人"两者之间是否有所不同呢？有学者认为：由于犯罪学（被害人学）与刑法学（刑事诉讼法学）学科侧重和研究方法的不同，在刑事法学中对犯罪被害人的定义也主要可以从两个方面加以理解：前者侧重于被害人所承受被害事实的描述，名之为"犯罪被害人"；后者侧重规范其法律地位，名之为"刑事被害人"，但事实上，二者并无本质差异，只是反映侧面有所不同而已。[②] 笔者对此持赞同意见，同时，由于被害补偿法侧重的是对被害人承受的被害结果的事实之关注，因此，本书一律采用"犯罪被害人"之称谓。

（四）犯罪被害人的类型

关于犯罪被害人类型，在每一个学科里都依据不同标准作了不同分类，本书不作全面介绍，为了后文的论述需要，在此简要介绍并评述几种关于犯罪被害人的分类。

1. 有学者认为以犯罪性质为分类标准，可将被害人分为：暴力犯罪被害人，财产犯罪被害人，性犯罪被害人和其他犯罪被害人

---

① 黄富源、张平吾：《被害者学新论》，台湾铭传大学出版社 2008 年版，第 10 页。

② 王佳明：《互动之中的犯罪与被害——刑法领域中的被害人责任研究》，北京大学出版社 2007 年版，第 9—10 页。

(包括经济犯罪、职务犯罪、危害社会管理秩序的犯罪的被害人)。[①] 笔者认为，首先，这个分类不够周延，标准并不一致，比如暴力犯罪是按照犯罪行为性质进行的分类，财产犯罪却是按照侵犯的法益性质进行的分类。其次，不符合分类的排他性，相互之间存在比较严重的相互重合：比如，性犯罪中的强奸罪，强制猥亵妇女、儿童罪都属于典型的暴力犯罪，其他犯罪的被害人都有可能是个人财产法益受到侵害的被害人，比如金融诈骗罪、合同诈骗罪等。

2. 按照被害人生理特征分类，可将被害人分为：未成年被害人、女性被害人、老年被害人。[②] 此种分类存在与上述分类相同的不符合周延性和排他性的问题，不再赘述。但是将三类被害人单列出来，却是具有意义的，此三类被害人属于生理上的弱势群体，容易成为犯罪的侵害对象，因此是犯罪学、被害人学重点关注的研究对象。

未成年被害人指的是未满18周岁的被害人，由于未成年人心智及生理发育尚未成熟，具有相当的“被害因素”，针对未成年人的常见犯罪行为主要有拐卖、虐待、遗弃、强奸、猥亵等。

女性被害人是相对于男性被害人而言更易受犯罪侵害的群体，性犯罪和家庭暴力犯罪所针对的往往是女性被害人，她们在遭受性犯罪之后精神损伤非常剧烈，而且更容易在今后的社会生活中遭受“第二次被害”和“第三次被害”；[③] 而家庭暴力的女性被害人长期遭受家庭暴力的折磨和伤害，仇恨和绝望的情绪日积月累，一旦爆发，就会发生“恶逆变”，从被害人转化为加害人。

老年被害人指的是年龄在60周岁以上的被害人，老年人的生

---

① 王志华：《犯罪被害人二次被害研究》，中国政法大学2006年博士学位论文，第13页。

② 王志华：《犯罪被害人二次被害研究》，中国政法大学2006年博士学位论文，第14页。

③ 第三次被害，英文表述为“tertiary victimization”，按照日本学者宫泽浩一的定义，指的是“被害者因第一次及第二次被害而致身心受伤，如不予以适当辅导及照顾而放任不管，许多被害者可能发生自暴自弃而产生自毁行为称之”。转引自黄富源、张平吾：《被害者学新论》，台湾铭传大学出版社2008年版，第11页。

理、心理机能开始退化，辨别能力有所降低，从近些年发生的案件来看，他们成为诈骗犯罪的被害人的概率比一般人更高。

3. 以对被害结果的承担方式为标准，可将被害人分为：直接被害人和间接被害人。此种分类为被害人学所推崇，在有关增进被害人权利保护的研究中也颇受关注。

直接被害人是指法益直接受到犯罪行为侵害的人。间接被害人是指因直接被害人遭受的犯罪侵害而间接受到损害的人。间接被害人从最广义的角度来说，包括了直接被害人的亲属、邻居、朋友、目击证人、办案警察、社区等，但对于直接被害人的被害结果具有痛切感受以及利益攸关的还是直接被害人的亲属和其扶养人，因此，对间接被害人的研究一般局限于此。

其他的分类还有门德尔逊的按照被害人责任程度的被害人分类，以及按照被害是否现实发生分为现实的被害人和潜在的被害人，等等。因与本书的关系不大，不再阐述。

对于本书关于被害人补偿制度的研究而言，上述分类中的“性犯罪被害人”将作为一个特殊类型的被害人予以特别考察，“女性被害人”将在家庭暴力犯罪中予以特别关注。“间接被害人”在被害补偿的对象（妥当性考量）一节的内容中将有所论及。除此之外，公害犯罪和大规模（暴力）犯罪是现代社会出现的新型犯罪，在下文中也将有所论及。

二、国家补偿的概念

何谓补偿？补偿，是指抵消（损失、消耗）；补足（缺欠、差额）。[①] 在现实的日常生活中，我们常常在两种意义上使用补偿的

① 中国社会科学院语言研究所词典编辑室编：《现代汉语词典》，商务印书馆2002年版，第100页。

概念，一是对损害和损失的填补；二是对生活补助费用的一种支付。而在现代法治社会中，“补偿”更多的是与“国家”或“行政”之语汇结合在一起，指向的是“国家补偿”或“行政补偿”，“损害或损失之填补”作为“补偿”的本质意涵应是题中应有之义。

在日本学者看来，“国家补偿，是指因国家或公共团体的活动给私人造成直接或间接的损害或损失时，原则上由国家或公共团体以金钱予以弥补的制度。”①而在我国比较常见的观点是：“国家补偿是指国家通过国家补偿义务机关依法对自然人、法人或者其他组织的正当权益非因公权力主体违法侵害所遭受的损害予以弥补。”②一些学者用行政补偿的概念来指代或近似指代国家补偿的概念，比如有人认为：“行政补偿是国家对行政机关及工作人员的合法行为造成的损失给予的补偿。”③通观学界关于国家补偿的诸多定义，尽管具体表述略有差异，但并无实质分歧，大多认为国家补偿或者说行政补偿，是国家对合法（行政）活动或行为给公民或者组织的合法权益造成损失所进行的给付救济。

通过上述关于国家补偿概念之引述，我们可以很清晰地将“国家补偿”和“国家赔偿”区分开来：国家赔偿是由于代表国家的国家机关以及工作人员的违法行为而产生了损害后果，因而承担损害赔偿责任，是一种过错责任；国家补偿导因于合法行为产生的损失，是一种非过错责任，具有公平弥补的性质。

一般意义上或者说传统意义上的国家补偿，是以公民或组织遭到国家公权力的“合法侵害”并产生了损失为基础事实和补偿条件。但是，随着人类物质文明、精神文明和政治文明的进步，国家

① 杨建顺：《日本行政法通论》，中国法制出版社1998年版，第591—592页。

② 司坡森：《论国家补偿》，中国政法大学2007年博士学位论文，第1页。

③ 罗豪才主编：《行政法学》，北京大学出版社1996年版，第331页。

建立和国家治理的观念开始发生变化，要求关注保障人民享有实质意义上的平等与自由，进一步强化保障弱势者的基本权利，特别是第二次世界大战结束以后，“衡平补偿”（Billigkeitentschgdigung）的概念开始兴盛，亦即要求立法内容符合社会安全和社会正义，立法者有义务针对互相冲突的利益提供一种可忍受的平衡和可忍受的生活条件，积极为处于社会急难状况中的国民提供扶助，因此，国家补偿的对象已不限于公权力主体的“合法侵害”所致损失，国家补偿的形式和种类开始发生变化，对于并非国家行为“合法侵害”造成的自然灾害、公共安全事故之损失也给予相应补偿。德国在战后制定的“战争补偿法”就是这种变化的典型代表。

也因此，学者司坡森认为国家补偿的传统概念是不够周延的，尚未包括实际上各个国家或地区都在不同程度进行着的一种补偿行为之类型——国家衡平补偿，亦即主要是国家从衡平的要义或者说本质要求即公平、正义或者良心出发，对由于自然事故和社会事故对受害人造成的损害，在没有恒定可反复适用的一般补偿请求权保护立法情形下，通过制定特别立法或者符合法律规定的政策给予受害人的一定数额或特定方式的补偿。[①] 而在该论者看来，衡平补偿又包括：针对弱势群体的“国家福保补偿”；针对自然灾害和战争、经济危机等社会事故受害人的“国家救助补偿”；国家对积极服务社会公益事业者所给予的奖励辅助性的“国家助成补偿”；对老少边穷地区人口的“国家关照补偿”；针对特定时间、特定事件、特定人员遭受的不平和困难给予的带有慰恤、救助性质的

① 参见司坡森：《论国家补偿》，中国政法大学2007年博士学位论文，第9—14页。该论者认为国家补偿应包括三个基本类型：一是国家合法侵害补偿，即因国家公权力合法侵害行为引起的补偿，这是国家对公权力主体的合法侵害行为造成的损害所给予的补偿；二是国家公务受益补偿，即非负有特定公务义务的人出于公益目的非违法从事公务行为导致自身遭受损害的补偿；三是国家衡平补偿。

“国家苦抚补偿”等。[①]

笔者以为，上文所述的“衡平补偿”所包括的类型过于宽泛，事实上针对弱势群体的“福保补偿”、“国家关照补偿”等内容属于社会保障法的内容，这种救济不以填补当事人所受的损失为目标，而仅以保障当事人的基本生存为限。亦即其救济对象并没有遭受来自外力的损害或损失，而是由于收入等原因陷入基本的生活困难，属于“济困扶危”之社会救助或者是增进社会福利的内容，已经不具备“补偿”的“损害或损失填补”之本质意涵。在社会保障制度日益完善的背景下，上述内容由社会保障给付予以调整比国家补偿法的调整更为合理和有效。正如有学者所言：在公法上研究国家补偿法律制度时，对这一部分内容（指本论者所称谓的“社会补偿”，相当于社会保障之给付——笔者注）可并不作为研究的重点，从社会学的角度来讨论其重要性更为科学和合理。[②] 但应该指出的是，无论是社会保障还是国家补偿，最终落实的都是国家针对国民的物质给付，从这一点上讲，两者是存在紧密联系的，也可以在一定程度上说，社会保障之给付属于广义的国家补偿。

如果立足于“补偿”的“损害或损失之填补”之本质意涵，即使将社会保障给付与国家补偿区隔开来，我们仍然可以看到一个不争的事实是：随着经济发展和文明进步，国家补偿的范围已经不仅限于国家“合法侵害”产生的损失，与国家行为无关的自然灾害或重大社会事故产生的损害和损失，国民因此遭受困苦和急难的，国家都在不同程度上予以物质补偿。比如，美国政府对“9·11”事件被害人的补偿，中国政府对“5·12”大地震受灾民众的灾害救助补偿，中国政府对西藏“3·14”事件和新疆“7·5”事件被害人的抚恤补偿，中国政府对“三鹿奶粉案”中“结石宝

① 司坡森：《论国家补偿》，中国政法大学2007年博士学位论文，第64—65页。

② 陈新民：《中国行政法学原理》，中国政法大学出版社2002年版，第272页。

宝”的免费医治，等等。从中可以看出，国家补偿所“补偿”的“损害或损失”之范围已经发生了重大超越和扩展，除了自然灾害之救助之外，公共安全事故、刑事犯罪、战争与动乱等社会事故所产生的受害人均是国家补偿之对象，而这类国家补偿的补偿对象都具有遭受损失并承受着巨大苦痛的特征，颇具上文中司坡森博士所谓的“国家苦抚补偿”之特质。

然而必须指出的是，虽然都以已然发生的损害或损失为基础事实和前提，对社会事故之受害人的国家补偿却不同于自然灾害之国家救助，也即通常意义上的“天灾”与“人祸”的受害人之物质给付其实是有所差异的。在社会保障体系日趋完善的现代社会，一般将自然灾害之救助纳入到“社会救助”的范围，属于社会法调整的范畴，属于满足救助对象基本需求的“单向给付”，申请救助需要满足的唯一条件是已然遭受灾害的事实；而对社会事故被害人的国家补偿则需要满足一定的具体条件，除了已然遭受损失的最基本条件之外，还有诸多条件限制，比如没有从其他途径获得充分赔偿，受害人本人对于被害发生没有过错等，有的甚至还会要求补偿申请人履行相应的义务，比如犯罪被害人之国家补偿一般要求被害人履行及时报案和协助追诉犯罪的义务，因此并不能纳入到社会法的调整范围。由此可见，对自然灾害的国家救助可以从广义的国家补偿体系中分离出去，纳入社会保障法的调整范围；① 但是对于社会事故受害人的物质给付不能纳入社会保障法调整范围，而是属于国家补偿的范围。

综上所述，笔者认为，现代社会的国家补偿是指国家对国家

---

① 国务院法制办于2008年8月公布的《中华人民共和国社会救助法（草案）》将“自然灾害救助”作为一种救助类型纳入社会救助体系予以了规定。参见“国务院法制办就社会救助法公开征求意见（附全文）”，2008年8月16日，http：//news. xinhuanet. com/local/2008－08/16/content_ 9371443_ 1. htm. 2009年6月28日最后访问。

“合法侵害”行为以及社会事故对国民产生的损害所进行的物质给付和损失填补。因此，国家补偿分为国家合法侵害补偿和社会事故补偿两种基本类型。社会事故补偿属于对通常意义上“人祸”之被害人的物质给付，社会事故包括了公共安全（食品、药品、生产等）重大事故、刑事犯罪、战争与动乱等“人祸”。也因此，国家补偿也就不再限于行政领域的国家补偿，还可能包括司法领域的国家补偿，比如对于无从获得刑事损害赔偿的犯罪被害人的国家补偿，对于积极协助抓捕犯罪嫌疑人而牺牲的见义勇为者的国家补偿；还有可能包括军事领域的国家补偿，比如对于战争中的受害平民的国家补偿；还有可能包括外交领域的国家补偿，比如对于在海外执行维和任务而牺牲的维和警察的国家抚恤补偿；等等。

国家合法侵害补偿属于传统意义上的国家补偿。社会事故补偿则超越了传统的国家补偿制度的意涵，具有浓厚的以公力来救助个人的衡平色彩，基于国家政治目标及社会政策而创设。因此，立法者拥有较大的裁量空间，可以斟酌国家所处的经济与社会发展水平、国民对社会正义和社会安全的需求以及国库的财政支付能力等因素，来决定是否给予补偿以及补偿的额度，这与传统的国家补偿路径存在较大差异。

三、犯罪被害人国家补偿的概念

综合上文的分析，笔者认为，犯罪被害人国家补偿，指的是对于遭受犯罪侵害而身受重伤或死亡却不能从犯罪人或其他途径获得刑事损害赔偿的被害人，由国家通过一定程序对之进行物质给付以不完全填补其损害的制度。犯罪被害人国家补偿是社会事故国家补偿的一种类型，属于司法领域里的国家补偿。

本书关于犯罪被害人国家补偿的概念，包含了以下几个关键性内核：

1. 被害补偿的事实基础是：被害人遭受犯罪侵害而身受重伤或死亡，却不能从犯罪人或其他途径获得刑事损害赔偿。也就是说，补偿对象限于生命和身体健康法益遭受重大损害的被害人，而一般的财产法益受到损害的被害人不能纳入补偿范围。同时，补偿的前提条件是无法从犯罪人或其他途径获得刑事损害赔偿，若已经通过诉讼或者刑事和解等程序从犯罪加害人处获得赔偿，或者是依其他社会保障制度、汽车保险制度等获得赔偿和支付的，在该支付额度内，不再予以补偿，从中可以看出，本制度是一种具有补充性质的制度。

2. 被害补偿制度作为补偿制度的一种，蕴涵着关键词“补偿”所具有的“损害或损失之填补”之本质意涵。但是，被害补偿制度除了物质弥补之价值向度之外，还具有抚慰被害人精神创伤的刑事政策价值和功用，因此，被害补偿并不是对加害人赔偿责任的简单替代而给予完全的损害填补，而是“不完全填补其损害”。事实上由国家完全承担本应由犯罪加害人承担的损害赔偿责任也是不具有现实可能性的。

3. 被害补偿制度是集实体与程序于一体的制度。实体方面体现为国家对被害人的物质给付。此种给付要经过一定程序的推进才得以作出。

4. 被害补偿的性质是社会事故国家补偿的一种类型，因而与一般的自然灾害事故补偿区分开来。被害补偿是属于司法领域里的国家补偿，因而与一般的行政给付或者社会保障之给付相区分开来，这是由被害补偿与刑事司法的紧密关系所决定的。

犯罪被害人国家补偿制度的具体内涵和基本原理将在下文中展开详细论述。

第二章　犯罪被害人国家补偿制度的理论基础

第一节　犯罪被害人国家补偿制度的理论基础之争

自1964年新西兰制定了世界上第一部犯罪被害人补偿法后，诸多发达国家和地区也都纷纷立法，但是彼此之间从立法内容到立法体例却有较大差异，受之影响，其法律实践也是风格各异，这源于各国或地区的被害补偿立法所依据的理论基础原本就呈众说纷纭之状。概括起来，犯罪被害人国家补偿制度的理论根据主要有以下五种，下面分别述评之。

一、国家责任说

国家责任说认为：因为国家垄断了刑罚权，禁止个人持有武器防卫和私力救济，因此，国家有责任保护国民免于犯罪的侵害，因此，国民一旦遭受犯罪侵害，就应归咎于国家未履行保护义务和未尽预防犯罪的责任。“被害人取得国家补偿的理论依据是，国家有义务为公民提供保护，被害人的存在说明国家未能保护其公民免遭犯罪的侵害”；[①] 因此，“国家必须赔偿个人因国家不能预防犯罪给

---

① 王若阳：《刑事被害人制度之比较》，载《外国法评译》1999年第2期。

其造成的损失。"[①] 所以，"如果对受到犯罪伤害而陷于困境的被害人不予救助，就不是一个负责任的国家"。[②]此理论将犯罪的发生完全视为国家未尽防止犯罪义务所产生的责任，故谓"国家责任说"。

笔者认为，国家责任说可分解为两个意义层面：第一个层面是社会契约理论引申出国家有义务保护国民不受犯罪侵害的基本观点，即在现代文明国家中，国民将惩治犯罪和暴力防卫的权力委托于国家，国家有义务保护国民不受犯罪侵害。第二个层面其实质是"保护失败理论"，即国民一旦因遭受犯罪侵害，就应归因于国家未履行保护义务和未尽预防犯罪的责任。即"无论具体原因是什么，公民受到了犯罪侵害，就是国家没有尽到防止犯罪发生的责任"。[③]

笔者认为，依据社会契约理论，国家有义务保护国民不受犯罪的侵害，这个观点已为霍布斯等哲学家作了非常经典的论证，也为大多数学者所赞同。但是其理论本身并不能独立地作为被害国家补偿的理论根据。因此，国家责任说的核心和主体内容在于"保护失败理论"，而问题就恰恰出现在这里，引发了学者们激烈的批判。

"保护失败理论"认为犯罪的发生是国家未尽防止犯罪义务所导致的，这是舍弃事实真相的虚妄之言，其间潜藏的论据是国家是可以足够强大直至消灭犯罪的，因此，一旦发生了犯罪，就归因于国家未尽职责。事实上，犯罪学已有的研究结果早已揭示出犯罪作为"文明社会的野蛮现象"是不可避免的，国家只可能将犯罪控

---

① ［意］恩里科·菲利：《犯罪社会学》，郭建安译，中国人民公安大学出版社2004年版，第284页。

② 赵国玲：《犯罪被害人补偿：国际最新动态与国内制度构建》，载《人民检察》2006年第17期，第11页。

③ 赵可主编：《被害者学》，中国矿业大学出版社1989年版，第217页。

制在一定的范围内，消灭犯罪则是不切实际的幻想。即便是穷尽了一切手段，也不可能完全防止犯罪的发生，最典型的就是没有任何预谋的、突发性的激情型犯罪，事实上并没有为国家防止此种犯罪事件留下任何介入空间。所以，一旦发生犯罪就归咎于国家未尽保护义务的说法是不真实和不确切的。正如学者们对保护失败理论进行的批判所言：（保护失败理论）“颠倒了责任与是非，因为是罪犯，而不是国家的错误导致犯罪行为的发生”；①“将犯罪的责任归于国家实为杜撰和虚构，完全忽视了犯罪者的个人意愿。将每一个具体的犯罪都归因于某个特定的政府的过错，这种假设本身也是脆弱无力的。因为，是否成为被害人并不必然依赖于政府的义务或过错，至少对大部分犯罪来说是这样。”②

同时，“保护失败理论”有为保护国民免受侵害而将国家权力过分扩大进而侵犯公民自由的危险。“若将犯罪之发生完全视为国家违反防止义务之结果而责成应负补偿之责，则国家为防止犯罪，而有介入人民生活、干涉或限制人民之自由等实施强力防制行为之必要时，人民势必不得反对，如此将有开民主之倒车，回到高压统治时期之讥”。③

国家责任说将犯罪的发生归因于国家未尽保护义务因而应该赔偿被害人，实质为国家赔偿理论，可能称谓就应是“犯罪被害人国家赔偿制度”，国家成为损害赔偿之义务人，所以有学者批判道：“若将所有犯罪之发生完全视为国家之责任，则和一般国家赔偿请求之理论相同，依现行之国家赔偿法已可作为补偿之依据，实

---

① Lesley J Friedsam, Legislative Assistance to Victims of Crime: The Florida Crimes Compensation Act, *Florida State University Law Review*, Winter, 1984.

② Brooks, *The Case For Creating Compensation Programs to Aid Victims of Violent Crimes*, 11 Tulsa L. J. 1976.

③ ［日］宫泽浩一:《被害人补偿の制度－2》，时の法令第1338期，第59页。转引自谢协昌:《犯罪被害人保护体系之研究》，中国政法大学2007年博士学位论文，第52页。

无另行制定‘犯罪被害人补偿法’之必要。”[①] 台湾学者许启义也持相同观点。事实上，在一个具体的刑事犯罪中，如果国家没有尽到防范、打击犯罪的义务而导致公民遭受犯罪侵害而蒙受损失的，则国家应承担的是有过错的赔偿责任非补偿责任，而这又与犯罪加害人是否能够承担损害赔偿责任没有任何关系，也即是说加害人是否能够切实执行刑事附带民事判决都不影响国家对于被害人的赔偿支付；同时，一个犯罪案件发生了，如何界定国家没有尽到防范、打击犯罪的义务，通常情况下是非常抽象难以具体操作的。

国家责任说还存在无法自圆其说的地方，亦即，对于犯罪被害人的国家补偿既然是国家自己的责任使然，各国和地区的国家补偿制度都无一例外地规定国家在补偿了犯罪被害人之后有权向犯罪人追偿，这在理论上是自相矛盾的。

同时，保护失败理论认为犯罪之所以发生是因为国家保护失败，故需要承担对被害人的补偿责任，“因此对于任何类型之犯罪应均得请求补偿，然而现行实施犯罪被害人补偿制度之国家多仅将补偿范围限定于因暴力犯罪而遭受被害的人，因此，此见解显非各国所采行之立法基础”。[②] 国家责任说意味着所有类型的被害人都有权获得补偿，而不管国家的经济承受能力如何，这会给国家带来不必要的负担，也是不具有操作的现实可能性的。“责成国家对于犯罪之发生负完全之责任，实有悖离现实之嫌”。[③]

因此，有的学者激进地批判道：“根据国家责任说，公民的被

---

① 谢协昌：《犯罪被害人保护体系之研究》，中国政法大学 2007 年博士学位论文，第 52 页。

② 谢协昌：《犯罪被害人保护体系之研究》，中国政法大学 2007 年博士学位论文，第 53 页。

③ ［日］铃木义男：《被害人补偿の诸问题——英米での论议を顾みて－》，原载于植松博士还历祝贺“刑法と科学”法律编，收录于大谷实、宫泽浩一共编：《犯罪被害人补偿制度》，成文堂昭和 51 年出版，第 134 页。

害可以视为国家对其公民未尽到保护职责的一种反应……如果依此逻辑，那么不单是犯罪被害人，就是其他的任何非正常现象的发生，国家都有一定的责任，因为完全可能认为这种现象的发生是因为国家制度不够完善和维护秩序的措施不够到位造成的，这样的话，犯罪人实施了危害社会的行为之后，也可以反过来因为国家没有尽到其教育或诱导职责而要求补偿。"①

由此可见，以"保护失败理论"为基本内容的国家责任说实为"国家损害赔偿理论"，是无法为犯罪被害人国家补偿制度提供理论基础的。因此，国家责任说"目前似已无学者认同，亦无立法例"。②

笔者认为，国家的保护义务是多层次的，国家为犯罪被害人提供补偿是国家在提供刑法保护之后的又一层次的保护，是前者的延展和续接，而不是"保护失败"以后承担的责任，而是其本身就是保护义务的履行。这是由犯罪被害人国家补偿请求权的权利性质决定的。本章第二节将对此进行详细论述，此处不赘言。

二、社会福利说

社会福利说基于人道主义及社会福利考量，认为犯罪被害人在无法从犯罪人处获得应有赔偿时其处境凄惨，相较于老弱病残等给予福利帮扶的弱势群体而言属于特殊的弱势群体，国家应伸出援助之手，给予起码的人道扶助。国家给予被害人补偿体现的是一种道义责任，因此"国家对被害人予以补偿，是社会增进人民福利的

---

① 赵国玲主编：《中国犯罪被害人研究综述》，中国检察出版社 2009 年版，第 67 页。

② 许启义：《犯罪被害人保护法之实用权益》，台北永然文化出版公司 2001 年版，第 28 页。

一项重要任务”[①]，被害补偿是国家一般社会福利的延伸。持社会福利说的论者同时指出：保护被害者即是政府在行善，各项保护措施乃是立法或行政上之一种恩惠或施舍，并非被害人应有的权利。[②]

社会福利说被英美国家学界所推崇，一些学者认为：犯罪被害补偿是国家对国民的施舍（bounty）、优惠（exgratia payments）、最多是帮助被害人的道义责任（at most a “moral responsibility” to assist crime victims）。韩国以及我国台湾地区被害补偿法的“生活保护理论”也与此说相当。

社会福利说将犯罪被害人国家补偿纳入社会福利保障体系中进行理论思考和制度安排，存在销蚀被害人国家补偿制度之独立法律地位的危险，因此也受到了批判。

首先，社会福利制度旨在保障人民的基本需求，关注弱势群体或处于生活贫困的人群。以社会福利说为被害补偿之理论根据，就将犯罪被害之补偿对象限定为“陷入经济窘境”之被害人，因此必须将经济能力是否发生困难作为补偿判断之重要决定性因素。为此将做相关方面的经济调查，不仅增添国家负担，降低效率，而且给已经身心俱创的被害人带来“第二次伤害”。美国补偿法实践就曾经因为对犯罪被害人的经济情况进行调查而遭受广泛批评。

其次，“将犯罪被害人补偿赋予补充现有社会安全体系之不足之社会福利机能，亦有问题产生。盖在社会福利措施完备、经费充足的国家，既有制度可资补偿，因此犯罪被害人补偿制度之补充机能不若期待中明显。而在社会福利措施不十分完备之国家，由于在社会福利方面之财政支持应亦较为有限，因此即使制定此一补充性

---

① 樊学勇：《关于对刑事被害人建立国家补偿制度的构想》，载《中国人民大学学报》1997 年第 6 期，第 62 页。

② 黄富源、张平吾：《被害者学新论》，台湾铭传大学出版社 2008 年版，第 255 页。

之社会福利制度，其实际上所能发挥之效果亦属有限”。① 这一论断为德国的被害补偿法实践所证明。由于德国的社会保险制度相当健全，因而影响了申请被害补偿的意愿或是获准补偿的可能性。“曾有统计显示，在德国，所有被害补偿的申请案件，有高达百分之九十者其损害已由医疗保险机制获得填补，毋庸再予以被害补偿。”② 因此，批评者讥讽该法“虚有其表象征”（Alibi fúr den Sozialstaat）。③

台湾学者许启义先生进一步认为被害补偿制度如采用社会福利说，也即生活保护理论为理论基础，就没有单独立法的必要，“盖如采生活保护理论，充其量只要修正社会福利法规，充实犯罪被害人之社会福利措施即可，要无立专法加以特别保护之必要也”④。

还有学者批判社会福利说“这种理论缺乏法律基础，国家创造这样一个道德义务的权力不应与立法的原因相混淆”，“社会福利理论的问题在于，国家有权力提供一般性福利并不能解释为什么国家也会在这种特定的情况下为犯罪被害人提供福利”。⑤

笔者认为，社会福利说基于福利主义的哲学传统，排他性地关注被害人需求之满足，因之会忽略被害补偿制度与刑事司法制度的关联，人为割裂了“被害”与“犯罪”这一对范畴无法摆脱的联系，因而遭人诟病。事实上，被害补偿制度与刑事司法制度应当具有天然的不可分割的紧密联系，两者之间是具有相互影响的，刑事

---

① ［日］宫泽浩一：《被害人补偿の制度－2》，时の法令第1338期，第59页。转引自谢协昌：《犯罪被害人保护体系之研究》，中国政法大学2007年博士学位论文，第52页。

② Weitraud, aa. O., S. 90ff.

③ Stefanie Kunz, a. a. O., S. 20.

④ 许启义：《犯罪被害人保护法之实用权益》，台北永然文化出版公司2001年版，第28页。

⑤ Lesley J Friedsam, Legislative Assistance to Victims of Crime: The Florida Crimes Compensation Act, *Florida State University Law Review*, Winter, 1984.

司法的判决结果是裁决被害补偿的依据之一，被害补偿之给付有利于刑事司法制度的良好运行并增进人们的司法信赖。以社会福利说为理论基础建构的被害补偿制度是不能顾及被害补偿法的上述特质的。比如，英国1964年施行的《刑事损害补偿方案》采用的是被认为是以被害人为中心的福利模式（Welfare Model），该方案独立于现行刑事司法制度而运作，而没有作出任何提升犯罪人责任的努力，没有关注复杂犯罪场景中被害人自身的行为，也没有考察单纯的经济补偿在是否能够减轻痛苦、恢复道德价值感、克服与刑事司法制度配合的厌恶感等多方面情势；而且，被害人还可以当然享受传统意义上的各种福利。因此，英国的《刑事损害补偿方案》被批评为具有“家长式作风”,①完全忽视了被害补偿对于刑事司法具有的修复性价值与意蕴。

三、社会保险说

社会保险说从“危险分散”的观点立论，认为犯罪是一种社会必然现象，不可避免。诚如法国社会学家涂尔干所云：“对于社会而言，犯罪是一种必然性与正常现象，犯罪是在社会之复杂化与个人之自由下无法避免之结果。”② 因此，犯罪被害人及其亲属乃在此社会中被机会选中的不幸者，对此种不幸，不应由被害人独自忍受，而应由社会全体成员来共同分担。如放任不管不顾，对于被害人显失公平，有违社会正义，更重要的是，社会中的每一个人都是潜在的犯罪被害人。

---

① Shapland, J. Victims, the criminal justice system and compensation. Unpublished report to the Home Office, discussed at p. 308 in P. Rock (1990) Helping Victims of Crime: The Home Office and the Rise of Victim Support in England and Wales. Oxford: Clarendon Press. 1981.

② 转引自谢瑞智：《刑事政策原论》，台北文笙书局1978年版，第57页。

采此说的学者们更进一步明确指出，运用保险之原理，将税金作为保险费，而待犯罪发生时，将损害转嫁到社会全体，故应由国家予以补偿，此谓“保险说”。[①] 因此人民向国家缴纳的税金实际上是在购买保险，以应对犯罪被害危险。国家与公民之间实际上以默示方式签订了保险契约，一旦遭受犯罪侵害，在符合保险契约约定的条件下，被害人享有从国家获取一定物质补偿的权利，国家负有依保险契约给付一定金额的义务。此种保险类似工伤、医疗等社会保险，属于一种附加的社会保险。

犯罪被害人国家补偿理论的先驱，英国刑事古典学派的代表人物边沁，是该理论的最早的代表者。边沁不仅主张建立对犯罪被害人的国家补偿制度——公费补偿制度，并认为“这种公费补偿责任建立在一条公理之上——一笔钱款分摊在众人中，与在一个人或者少数人身上相比，对每个捐献者而言，实在微不足道。犯罪所造成的灾难与自然灾难别无两样，如果由于房屋火灾被保险，房屋主人可以安心的话，如另外又能对抢劫损害保险，他会更为高枕无忧”。[②]台湾学者蔡墩铭先生在反对国家责任说的基础上赞同社会保险说，他认为：“须进一步考虑本法草案（指台湾地区的1992年“犯罪被害人补偿法草案”——作者注）既为社会保险立法，如何与过去和未来的相关社会保险法配合的问题。譬如汽车强制保险……应避免与本法有相抵触之情形。”[③]

社会保险说中关于“危险分散”之观点认为犯罪系社会中不可避免之产物，犯罪被害是一种存在于人们生活中的一种风险，犯罪被害人是被机会选中之不幸者，对于这些不幸者所遭遇的不幸应

---

① ［日］大谷实、齐藤正治：《犯罪被害给付制度》，有斐阁1982年版，第51—53页。

② ［英］吉米·边沁：《立法理论——刑法典原理》，李贵芳等译，中国人民公安大学出版社1993年版，第61—62页。

③ 许启义：《犯罪被害人保护法之实用权益》，台北永然文化出版公司2001年版，第25页。

由社会给予分担。笔者认为此说是具有相当合理性的。正如前文所述，犯罪是不可避免的社会现象，这一结论已为犯罪学研究所证实。更加之现代工业社会已经是名副其实的“风险社会”，被犯罪侵害之风险以及其内容与方式亦随着物质生活的丰富和科学技术的发展在发生扩张和变化，同时，现代社会中人与人之间、人与社会之间的联系比以往任何时候都更为密切，体现出强烈的社会连带性。因此，犯罪被害的风险与不幸由国家与社会对之进行分散，是由犯罪的普遍规律和现代国家和社会的结构所决定的，是符合社会现实性的，也是具有现实可能性的。对此，笔者在本章第三节中将详细论述。

但是，笔者不能赞同所谓的“保险说”。社会保险的受益以已经缴纳保险费为前提，显然，这与被害补偿制度不论纳税与否均可作为补偿对象之考量不相符合。依据犯罪被害人国家补偿法，被害人是基于犯罪被害而没有获得赔偿之事由得向国家直接主张物质给付，是否纳税根本不是考量内容，更何况，被害人国家补偿更倾向于对没有纳税能力和义务的弱势群体提供特别保护，比如，未成年人和老年人。因此，社会保险说也遭受广泛批判。

首先，既然国家补偿是保险责任，为什么就应该由国家而不是由社会性的保险机构来充当保险人呢？社会保险说无法回答这个问题，犯罪被害国家补偿的性质亦由此变得模糊不清。其次，由于犯罪被害人补偿制度具有补充其他制度之性质，若依其他制度得受补偿的时候，则不给予补偿，但是，假若基于社会保险而认为补偿金是一种“保险给付”，此时一旦有保险事故发生自应予以给付，为什么又能够因有其他给付而不予补偿呢？

四、刑事政策说

刑事政策说将犯罪被害人之国家补偿纳入刑事政策的框架进行

思考，将被害补偿看做犯罪防控体系的组成部分。由于过去的刑事政策多着眼于犯罪人之人权保障的议题，关于犯罪被害人问题在刑事政策之研究却付之阙如。因此，持该说的学者们认为，由犯罪人及被害人两方面之刑事政策加以观察，只关注犯罪人的刑事政策不仅显有失衡，且不利于犯罪人之社会复归，为求刑事政策的均衡性及合理性，消除或缓和犯罪被害人的报复心理，避免犯罪被害人寻求私力救济，有效达到犯罪人社会复归之刑事政策目的，因此，基于刑事政策之考量，国家应对于犯罪被害人施与补偿。

"平衡保护说"、"犯罪预防说"的理念与刑事政策说大致相同：认为国家有义务将因犯罪而打破的均衡重新归于平衡，以预防被害人及其家属对加害人进行报复而犯罪。[①] 因此，应给予被害人以补偿。

刑事政策说从平衡保护犯罪人与被害人之间的利益立论，主张在保障犯罪人人权的同时，也要保障被害人的权益，从而矫正被破坏的正义，笔者认为该观点是具有相当的合理性的。但是，该观点的论述没有从本源上探究犯罪被害人国家补偿请求权的权利属性及其正当性根据，停步于应世性的观察，主要目的在于舒缓公众怒气、安抚公众和恢复刑事司法体系的可信赖度，其论证显得甚为薄弱，还需进一步深究和完善。

五、政治利益说

政治利益说认为国家提供补偿是为了获得国民对执政者的好感和支持。"国家之所以提供补偿，是因为补偿本身非常流行，国家补偿不仅赢得了被害人对司法制度的支持，而且赢得了那些未被犯罪侵害，不需要国家补偿但因知道该项制度的存在因而感到很安全

---

① 王思源：《犯罪被害人的权利与救济》，法律出版社2008年版，第85页。

的公民的支持”。[①] 现行司法制度只是一味地保护被告人的利益，漠视犯罪被害人的利益，由此造成被害人和被告人利益的失衡，无法赢得被害人的信任，致使其不愿与司法机关进行合作。因此，“国家补偿作为政治工具可以赢得公众和被害人对刑事司法制度的支持和在预防、追诉犯罪中的更广泛的合作”。[②]

政治利益说是从功用与效能的角度阐述了被害人补偿立法所带来的额外好处，而非补偿的内在理论基础。从中似乎可以窥见政治迎合的气息，以及对被害人获得国家补偿作为一种权利的蔑视和忽略，被害人有可能再次成为政治的工具而丧失主体地位。虽然我们不能否认每一次立法都有来自于现实政治的考量，但这本身并不能成为立法的内在的理论根据。

除了上述最主要的五种理论学说，还有其他诸如“诉讼参与说”、“宿命说”等学说，但主要思想观点与上述学说大同小异，并无太多的独立理论价值，不再单独叙说。

六、小结

综上所述，犯罪被害人国家补偿的理论基础目前还是众说纷纭、莫衷一是。每一种学说都基于论者自己的学术视角偏好，探究到一些颇具合理性的论断，但是，每一种学说却都面临着无法解决和应对的理论追问，无法自圆其说。看来，以上述任何一种单一的学说作为被害补偿的理论基础是不太可能的。但是，我们认为，每一种理论之间并非水火不容、非此即彼的关系，每一种理论当中的

① *Susan Kiss Sarnoff*, Paying For Crime: The Polices and Possibilities of Crime Victim Reimbursement, *Praeger Publishers*, 1996, pp. 12 – 13.

② Peggy M . Tobolowsky, Crime Victim Rights and Remedies, Carolina Academic Press, 2001, p. 159.

合理性内核可以为我们所兼采并蓄。而在上述理论中，笔者认为“社会保险说”中的“危险分散”理论是具有相当合理性的，为本书的观点之提出与论证提供了启发，这在下文中将有论及。“国家责任说”虽因“保护失败理论”广受批判，“摇旗呐喊”也许显得有些“不遗余力”，但其鲜明的基本立场——国家具有正向责任去关注和保护被害人作为一个特殊弱势群体的权利，对被害人国家补偿的理论论证和立法推动亦具相当的理论贡献。

同时，笔者认为，目前各种理论学说都不能作为犯罪被害人国家补偿的理论依据的最大原因是：被害人国家补偿请求权作为一种权利的根本属性没有被正本清源，理论上的阐述往往模糊不清，有的学说根本没有论及，更有甚者是直接拒绝承认这是一种权利。笔者认为，犯罪被害人国家补偿法作为关切被害人境遇与需求的法律，其理论基础的论证无法回避关涉法律正当性根据的根本性范畴——权利。因此，在提出本书关于犯罪被害人国家补偿法理基础的观点之前，本书将探究犯罪被害人国家补偿请求权作为一项权利的基本问题。

第二节　犯罪被害人国家补偿制度的内生性根据——权利与义务视角下“优位法益多重保护”之论说

现代法律应以解放人为出发点、以发展人为使命、在充分重视人的主体性基础上承认并充分保障个人的利益与需要。“在法律上对人的权利的承认、尊重和保护的实质就是对人本身的承认、尊重和保护”。[①] 人作为人所应享有的权利是任何一部良善之法所必须探究的元命题，现代法治社会从本质上讲是权利本位的社会。“权

① 齐延平：《人权与法治》，山东人民出版社2003年版，第222页。

利本位的法律文化以权利为法的逻辑起点、轴心、重心，主张义务来源于、从属于、服务于权利，即应当以对权利的确认、保护和实现为宗旨平等地设定、分配、强制义务”。[①] 因此，犯罪被害人国家补偿法作为关切被害人境遇与需求的法律制度，其理论基础的论证无法回避关涉法律正当性根据的根本性范畴——权利，这也是其内生性根据之所在。

附带一提的是，此处的“内生”之语词表达的是“内在的生成”之意；下文中将有“外生性根据”之表述，“外生”是与“内生”相对应的语词，则指“外在的生成”之意。笔者认为此种表述要比“内在”、“外在”对中心词“根据”的修饰更为贴切，更切近于事物的本质与内核。

犯罪被害人国家补偿法律制度调整的是犯罪被害人与国家之间的关系，犯罪被害人和国家分别是此种法律关系的两大主体。犯罪被害人，是处于一种特殊境遇中的人，从刑法学的角度来说，指的是受到犯罪行为侵害的人。虽然关于犯罪的定义有多种表述，但如从受害人的角度来看，最直接的客观事实是，犯罪首先是对人的基本权利的侵犯。人处于国家与社会关系之中，因此，对于人的基本权利的侵犯，也是对全体公民的基本权利和国家法律制度的威胁与破坏。我国著名学者陈忠林教授认为，以保护全体公民人权为限度而被迫剥夺犯罪人的人权，是现代国家行使刑罚权的唯一根据，此亦即现代国家刑罚的本质。因此，刑事法以全体公民的人权与公民个人的基本人权为调整对象；刑罚以维护全体公民人权而被迫剥夺限制作为个人的犯罪人的人权为内容。[②] 由此可见，进入刑事法领域中的犯罪人与被害人，都是以基本权利与国家权力发生着互动

① 张文显：《法哲学范畴研究》，中国政法大学出版社 2001 年版，第 254 页。

② 陈忠林总主编：《刑事法学博士文库》，中国检察出版社 2008 年版，总序第 8 页。

关系。

笔者认为，犯罪被害人国家补偿法所要解决的核心问题就是基本权利受到犯罪侵害后的被害人要从国家获得物质给付的问题，其本质也是关于被害人的基本权利和国家权力（义务）的关系问题。因此，犯罪被害人国家补偿法的正当性根据与理论基础亦只能从这种个人权利与国家（权力）义务的这一对根本法哲学范畴中探究并证成。故，也必须强调和论证犯罪被害人之国家补偿请求权的权利属性，必须探寻这种权利的正当性根据在何处。这种探寻只有从（个人）权利—（国家）义务的关系开始，而宪法中关于基本权利的属性与功能的解释机制为我们开辟了一种可行的理论进路。

在此之前，我们有必要检视已有的理论研究和实践是如何论述和对待被害人国家补偿请求权的权利属性的。

一、犯罪被害人国家补偿请求权的理论纷争与实践现状

从世界范围来看，国际社会对被害人权利的关注是从 20 世纪 80 年代有了实质性的开始，其中，1985 年通过的联合国《为罪行和滥用权力行为受害者取得公理的基本原则宣言》第 12 条明确规定：当无法从罪犯或其他来源得到充分的赔偿时，会员国应设法向其提供金钱上的补偿。这是一个具有里程碑意义的国际宣言，使被害人的补偿请求权得以法律上的具体化。在这之前的 1964 年，新西兰制定的世界上第一部《犯罪被害人补偿法》已经诞生，欧美发达国家也纷纷立法。虽然众多法律对补偿的具体内容和诸多技术性细节都已经作了规定，但是一个非常有意思的现象是，被害补偿请求权作为一种权利的属性在一些国家却并没有完全被理论界和实务界所承认。这直接影响着犯罪人国家补偿制度的理论基础之争以及相应的制度设计和实践操作。

英国的学术界普遍认为被害补偿金是国家对国民的施舍

(bounty)，作为优惠的支付（exgratia payments)，实务界则认为这是一种可以强制执行的特殊利益（privilege)，但绝非权利(right)。因此，刑事损害补偿委员会仅仅基于一种“随意的恩恤”根据而专门地给予补偿金，意味着这是一种慈惠行为（act of grace)，而非源于任何义务的行为，不承认国家负有法律责任。因此，有学者评论认为，“国家资助的补偿被视为一种主要象征性姿态，代表和显示了社会对暴力犯罪的不幸被害人的同情以及团结，即使它确实赋予了接受者重大的物质利益”。[①] 因此，英国1964年制定的《刑事损害补偿计划》被评价为缺乏逻辑清晰的判断，就其哲学基础、预期目标等都不是理性过程的产物，缺乏“理论连贯性”。

在美国的理论界，大多学者认为被害人补偿最多是帮助被害人的道义责任（at most a “moral responsibility” to assist crime victims)；是一种善意、仁慈的支付（compensation is payable “as a matter of grace”)。美国各州的立法都不接受权利理论（rights theory）作为被害补偿法的理论基础，宪法修正案中关于被害人权利的宣示似乎也没有改变这一现状。各州在立法上也许会宣称州政府的帮助是为了公共利益；或者是提供公共福利的需要；或者是为了完善司法系统；或者是仅仅认为有赔偿被害人的客观需要。[②] 立法者也不会认为补偿立法是为了适应州政府的法定义务（legal obligation）之需要，或者是满足被害人法定权利（legal entitlement）之需要。《新泽西州犯罪被害人权利法案》(《New Jersey Crime Victim's Bill of Rights》）特别强调被害人有权利获得补偿，被认为是唯一的

① Duff, P. Criminal injuries compensation, Oxford Journal of Legal Studies, (1988). 18: pp. 42 - 105.

② See, e. g. , Cal. Gov't Code § 13959 (Deering 1994); Del. Code Ann. tit. 11, § 9001 (1992); N. M. Stat. Ann. § 31 - 22 - 2 (1994).

一个例外。[①]因此，虽然各州都有相关立法，但“法案不应被推理解释为为被害人创设了权利”。[②] 立法上对被害人获得补偿是一种权利的拒绝承认，对被害补偿的实践产生了深远影响，“委员会在裁决补偿金的过程中产生的失误不会创设一个单独的诉讼理由”。[③]许多州的补偿计划甚至明确规定，补偿金的支付取决于基金的可利用性，当补偿基金不足时，委员会会被命令或者要求减少或者拒绝给付，这样的规定揭示了补偿计划并非一个权利计划。因此“即便符合全部要件，但是补偿金的支付会因补偿基金的变化而相应地受到削减甚至拒绝”。[④]

由此可见，在美国，不管在理论上还是实践中，都背弃了被害人补偿作为实质性权利的特质，尽管这种“权利”在事实上是客观存在的，却不能获得来自于法律规定的“正式名分”。因此，被害人获得补偿的权利并非是绝对而且毫不含糊的（unequivocal）。相应地，州政府并没有义务（duty）去提供补偿（尽管通常情况下都会提供），而是承认这是道德或社会责任，或者是为了保持法律、规则的策略需要，或者是提高刑事司法运行效果的策略考虑。因为没有“义务”的约束，使得州政府可以限制补偿条款（极端的，甚至是取消），更为拒绝“不适格”的申请者（undeserving claimants）提供了便利。

日本学者齐藤诚二认为德国的《暴力犯罪被害补偿法》的立法基础“无非系考量国家独占犯罪追诉的权利，在无法防止犯罪及犯罪被害的发生，对此即应负起责任以及基于社会国家的思想基

---

① N. J. Stat. Ann. § 52：4B－36 (West 1994).

② See N. C. Gen. Stat. § 15B－25 (1993).

③ See, Utah Code Ann. § 63－63－29 (1993).

④ See, e. g., Utah Code Ann. § 63－63－31 (2) (1993).

础，不能由被害人自己承担犯罪所造成的不幸”。[①] 日本学者大谷实认为犯罪被害人国家补偿法的宗旨是“为维持、确保对刑事司法的信赖，通过对一定的重大犯罪的被害人进行补偿，以缓和社会的报应感情。因此，它是通过确保国民对刑事司法的信赖以防止犯罪，从而为维持社会秩序作出贡献的制度。这一制度的刑事政策上的意义是，通过对犯罪被害人进行补偿，恢复由于发生犯罪而失衡的法秩序及国民对刑事司法的信赖，由此而安定社会秩序。”[②] 从两位日本学者的观点论述中可以看到他们更倾向于从刑事政策的功用性角度而非权利的高度来阐释被害补偿法之意旨。

德国的被害补偿制度的法理依据是社会国原则[③]。德国基本法第20条第1项明文规定，社会国乃德意志联邦共和国的国家目标，社会国条款的意义及目的在于，国家的功能应该从法律与秩序的保卫者角色扩大成为负起积极的社会建构任务。因而国家应该承担起维持一个公义的社会秩序的义务，也就是给予符合人性尊严的生活，特别是要能创造可使个人自由获得伸展的条件，并且去除社会

① ［日］齐藤诚二：《被害补偿制度的基本问题》，风间书局1977年版，第183页。转引自谢协昌：《犯罪被害人保护体系之研究》，中国政法大学2007年博士论文，第26页。

② ［日］大谷实：《犯罪被害人及其补偿》，黎宏译，载《中国刑事法杂志》2000年第2期，第123页。

③ “社会国”，德文为“Sozialstaat”，在社会发展的基本模式上强调市场经济+国家干涉+社会保障，尤以“二战”后联邦德国经济部部长路德维希·艾哈德提出的“社会市场经济理论”为典型，并为西方世界所普遍接受，战后西方福利国家的建立就是证明。根据自由主义的国家理论，国家权力应该是受到限制的，国家的功能仅限于维持社会秩序和保证领土安全，国家对社会的干预往往被视为对个人自由和权利的侵害。但是，德国的自由主义国家理论却有所不同，国家在社会中始终占有一席之地，国家可以促进个人与社会、权利与责任之间的和谐，可以维护社会整体的利益。参见徐健：《“社会国家”思想、公众舆论和政治家俾斯麦——近代德国社会保障制度的缘起》，载《安徽史学》2007年第4期。

的不公平现象。[①] 依据社会国原则，立法者认为，被害补偿是在于保卫犯罪被害人使其免于社会生存能力减损之痛苦，所以对于犯罪被害人所受健康损害给予医疗与经济的帮助，如社会救济的理由一般，认为此时损害结果将归诸在大众之上，而国家（社会）对该损害负起一个整体责任。

由此可见，在德国的被害补偿法理论和实践中，是把国家提供补偿看做一项“积极的社会建构任务”，国家和社会有义务保卫被害人获得符合人性尊严的生活，而被害人主张被害补偿则是基于相当于“社会权”的权利。也正是由于“社会权”属性的影响所致，德国的被害补偿法实践中，由国家提供的社会扶助应该以申请者的需求为最主要的考量，对于被害人行为于损害发生具有“实质性引发”作用进而归责的标准是相当严苛的（这在下文第四章有详尽的论述——笔者注）。

我国已有的研究文献大都认为犯罪被害人获得国家补偿是为了维护被害人的权利，但又大多浅尝辄止，人云亦云，于宏大叙事中却是空泛无物，没有揭示出此种权利的内在品格与本质要义。一些学者停留在自己学科偏好的角度未经严谨的理论考究就得出某一个在笔者看来实在是有失偏颇的结论，比如，有学者竟然认为被害人获得国家补偿的权利来自于被害人参与刑事诉讼履行了作证义务的“对价”：“也就是说刑事诉讼中，被害人向国家履行作证义务，按照义务对等原则，国家相应也产生依法保护被害人以及给予经济补偿的义务”。[②] 而大多数文献的论述风格是在政策召引性色彩甚为浓厚的叙述中迎合着“构建和谐社会”之类的时政口号，或者是因为国家宪法规定了“国家尊重和保障人权”，因此得出要给予犯罪

① Múnch, Kommentar zum GG, Art. 20 RN. 17ff.

② 孙长春、陈淑智：《法哲学视野下的犯罪被害人“国家补偿”》，载《太原理工大学学报》2006 年第 1 期，第 55 页。

被害人以国家补偿是有必要性的空泛结论。持如此论证路径的文献充斥在各种报刊杂志上，繁荣里充杂着泡沫和虚浮，没有以科学的权利义务观为奠基石，也没有严谨的法价值理论做统领。

综上所述，犯罪被害人国家补偿请求权的权利属性之论述在理论上实际处于相当程度的缺失状态，这种状态直接导致的犯罪被害人国家补偿法理论基础的繁杂纷争又直接影响了被害补偿法的实践——对权利的忽视，这为补偿机关拒绝或减少补偿提供了便利，这无疑加剧了对被害人的伤害。因此，为真正切实的保障犯罪被害人得到符合公平正义的对待，我们有必要探寻被害人国家补偿请求权作为一种权利的正当性根据，而宪法中关于基本权利的属性与功能的解释机制为我们开辟了一种可行的理论进路。

二、犯罪被害人国家补偿请求权的宪法学分析

（一）基本权利的功能与国家义务

1. 基本权利的双重属性

在当代德国宪法的理论与实践中，基本权利被认为具有“主观权利”和“客观法”的双重性质。在“个人得向国家主张”的意义上，基本权利是一种“主观权利”。同时，基本权利又被认为是德国基本法所确立的“客观价值秩序”，公权力必须自觉遵守这一价值秩序，尽一切可能去创造和维持有利于基本权利实现的条件，在这种意义上，基本权利又是直接约束公权力的“客观规范”或者“客观法”。[①]

上述理论具有深远的世界影响，在对此持赞同意见的基础上，

---

① Robert Alexy:《作为主观权利与客观规范之基本权》，程明修译，载《宪政时代》第24卷第4期，第362页。

我国学者张翔认为，传统的基本权利分类已经不足以作为对基本权利进行规范分析的框架。[①] 在各项基本权利的性质及其对应的国家义务的内容都表现出复合化特征的情况下，只有依据“基本权利的功能体系”才可能对基本权利的规范内涵作出条理清晰的分析。该学者进一步阐释了基本权利的功能分类：作为“主观权利”的基本权利有两项功能：一为防御权功能（指基本权利所具有的要求国家不予侵犯的功能——笔者注），一为受益权功能，防御权功能对应的是国家的消极义务，而受益权功能针对的是国家的积极给付义务；作为“客观的法”的基本权利的功能可以概括为“客观价值秩序功能”，对应的国家义务可称为国家的保护义务。[②]

2. 基本权利的“客观价值秩序功能”与国家的保护义务

基本权利作为“客观价值秩序”，表示基本权利是一种规范或者价值，各国家机关在履行职权时必须加以遵守和贯彻，往往需要国家提供各种物质和制度条件，同时还负有帮助和促进的积极义务，这种义务在德国法上被称为国家的“保护义务”。著名的公法学家 Konrad Hesse 认为，基本权利结合了多重层面的意义，是主观权利和政治共同体客观秩序的基本元素，后者作为客观原则，是延伸基本权效力的出发点，并将实现基本权利的义务加诸于国家，可

① 我们习惯于“自由权——国家的消极义务”、“社会权——国家的积极义务”这样的对应关系。但实际上，在当今的宪法理论与实践中，基本权利的分类之间却出现了相互叠加。基本权利的性质呈现出一种综合化特征，每一项基本权利所对应的国家义务也表现出一种复合化特征。以“自由权—社会权”的二分作为分析框架，无法解决下列问题：国家对自由权的积极义务；国家对社会权的消极义务。详细论述参见：张翔：《基本权利的受益权功能与国家的给付义务——从基本权利分析框架的革新开始》，载《中国法学》2006 年第 1 期。

② 张翔：《基本权利的受益权功能与国家的给付义务——从基本权利分析框架的革新开始》，载《中国法学》2006 年第 1 期。

以直接由其导出国家的保护义务。[①]

3. 基本权利的受益权功能与国家给付义务

基本权利的受益权功能是指公民基本权利所具有的请求国家作出某种行为，从而享受一定利益的功能。受益权功能所针对的乃是国家的积极义务，也就是国家要以积极的作为，为公民基本权利的实现提供一定的服务或者给付，所给付的内容可以是保障权利实现的法律程序和服务，也可以是对公民在物质上、经济上的资助。[②]受益权功能是各项基本权利所普遍具有的一项权能，也是基本权利所具有的请求国家作为的一种功能，所对应的是国家的给付义务。各种社会性权利，则毫无例外地以权利的受益权能为最根本的权能，以至于人们习惯将这些权利称为受益权。[③]

对公民的生命权、身体健康权、人身自由权、人格尊严权以及财产权来说，受益权能虽然通常不是最主要的权能，但仍是不可缺少的基本权能。这些权利，不仅要具备充分的防御权能才能成就为权利形态，只有同时具备受益权能，才能成就为基本的权利形态。"自由权仅仅作为一种消极权利无法实现"。[④] 美国学者唐纳利认为：不受虐待的人身自由通常被看做典型的防御或消极权利，只是要求国家不要侵犯个人的自由与身体。但是，确保这种侵犯不会发生，在几乎所有的情况下都要求重要的"积极"计划，它包括训

---

① 张嘉尹：《基本权理论、基本权功能与基本权客观面向》，载《当代公法新论——翁岳生教授七秩诞辰祝寿论文集》（上册），台北元照出版公司 2002 年版，第 136 页。

② 李建良：《基本权利理论体系之构成及其思考层次》，载《宪法理论与实践》（一），台北学林文化实业有限公司 1999 年版，第 63—67 页。

③ 肖泽晟：《宪法学——关于人权保障与权力控制的学说》，科学出版社 2003 年版，第 237 页。

④ ［日］大沼保昭：《人权、国家与文明》，王志安译，三联书店 2003 年版，第 210 页。

练、监督和控制警察和安全部队。[①] 在特定的情况下，比如特大自然灾害、人为事故和贫弱的社会境遇等，导致享有上述权利的权利主体必须对特定的义务主体拥有受益能力，课以其积极作为的义务，权利才具有基本的意义。

而此种公民基本权利的受益权能，指向的义务主体只能是国家。比如，公民的人身安全之基本权利，应包括在因自然、他人、社会等造成的危机和不利环境中获得社会救助的权能。与这种权能相对应的救助义务，主要是由国家公共权力来承担。因为，只有国家公共权力，才可以凭借自己掌控的强大人力和物力，凭借必要的制度建设，使公民在危机和不利环境中获得切实的救助。这种救助和给付义务，不同于国家权力对公民权利应承担的一般性的救济义务，而是在特殊环境中直接满足权利要求的义务，是公民人格尊严和人身安全得以真实享有的基本保障。

当然，国家的保护义务和给付义务的关系是相辅相成的，保护义务是必要前提，给付义务是前者的派生物并在一定意义上形成对保护义务的型构和具化。没有保护性义务的承担作为前提，积极的给付义务也就无从谈起。因此，“只有国家公权主体被充分确认要承担并有相应的机制保障其履行给付义务，国家公权主体才算真正履行了保护义务。国家公权主体是否被课以充分的积极给付义务，亦即公民权利是否具有充分的受益权能，是国家是否充分履行保护义务的基本标尺”。[②]

（二）犯罪被害人的基本权利与国家保护、给付义务

上述关于国家保护义务和给付义务的基本权利的宪法解释机制

---

① ［美］杰克·唐纳利：《普遍人权的理论与实践》，王浦劬译，中国社会科学出版社 2001 年版，第 32—33 页。

② 菅从进：《论基本权利的受益权能及其主要指向》，载《广西社会科学》2008 年第 10 期。

及其开创的认识理路，对于我们对被害人的国家补偿请求权的正当性之探究具有启发意义。

1. 犯罪被害人的基本权利与国家保护义务

我国宪法第33条规定了“国家尊重和保障人权”，但如何使基本权利具备实效性是我国基本权利理论与实践中最大的困扰所在，不少学者批评我国宪法只具有“纲领性”的宣示意义。但是，既然宪法条款已做明确规定，我们可以考虑如何对这些纲领性规定进行积极的重新解释。而上述基本权利的客观价值秩序理论为我们提供了全新的解释路径。

客观价值秩序“以社会共同体中的人类的人性尊严和个性发展为核心，应当被看做是宪法的基本决定而对所有的法领域产生影响。立法、行政和司法都应该从这一价值秩序中获得行为标准与驱动力”。[①] 因此，我们可以改变以往的“批判性”思路，将国家的概括性授权或者是“空泛”的国家任务规定解释为一种课以国家积极作为的“宪法义务”的规定，基于这些规定，国家对于基本权利的实现负有以各种方式保障和创造条件的义务，亦即上述的“国家保护义务”。因此，尊重与保障人权不仅是国家权力的政治道德要求，同时也是约束一切国家权力的规范要求，是宪法规定的强制义务。

就犯罪被害人的生命权、身体健康权等基本权利而言，当然应该要求国家履行保护义务。“所谓基本权利之保护义务，依判例及学说之见解，系指国家负有保护其国民之法益及宪法上所承认之制度的义务，特别是指国家负有保护国民之生命和健康、自由及财产等义务”，保护性义务包括“制度性保障义务、组织与程序保障义

① Donald P. Kommers. The Constitutional Ju – risprudence of the Federal Republic of Germany. Duke University Press, 1997, p. 363.

务，其他各种排除妨碍的义务”。[①]

每一项基本权利所对应的国家义务是多维与复合的，即每个基本权利都可能具有几个层次的性质，对应几个层次的国家义务。因此，我们可以认为，就犯罪被害人的基本权利而言，刑法上的保护仅属于国家保护公民免受来自第三方的侵害的义务，属于“狭义的保护义务”，只是上述基本权利之保护义务的一部分。除此之外，还应包括制度性保障义务以及组织与程序保障义务，比如对被害人的一系列诉讼权利的保障义务，建立一些为被害人提供心理复健援助与服务的机构和组织的帮扶义务等。

由此可见，国家对于被害人的保护义务应是一个系统，而不是单一的预防犯罪和惩罚犯罪——这正是我国法律对于被害人的传统“关注模式”。我国传统的理论与实践均在关注如何“合理地组织对犯罪的反应”，但其实仅仅聚焦于对犯罪及犯罪人的反应，[②] 却忽略了被害人的保护需要。直至目前，还有一些学者认为对犯罪人的惩罚就是对被害人权利的保护，比如：“保护犯罪被害人，意味着要严加惩治犯罪行为，使犯罪人受到追究和制裁。通常来说，刑事实体法和刑事政策越周密、越严厉，对犯罪人的定罪量刑越迅捷、越严厉，对被害人的权利保障就越充分。”[③]

我们国家“对犯罪的反应”仅仅停留在预防和惩罚犯罪的单一层面，对于被害人基本权利的保护是不完整的，这需要深刻反思和

---

① ［德］Christian Starck：《基本权利之保护义务》，李建良译，载《政大法学评论》1997 年第 3 期，第 89 页。

② 梁根林教授曾以“合理地组织对犯罪的反应”为中心内容进行了一系列“刑事政策”的课题研究，其鸿篇巨制分为“三部曲”：《刑事政策：立场与范畴》、《刑事法网：扩张与限缩》和《刑事制裁：方式与选择》。梁教授提出了“以保护人的权利、尊重人的尊严、提高人的价值为目标，以合理的组织对犯罪的反应为基本内容的人本主义的刑事政策”主张，但作者关注的“人”也限于犯罪人，被害人在其理论体系中是缺位的。参见梁根林：《刑事政策研究系列》，法律出版社 2004 年版。

③ 韩流：《论被害人诉权》，载《中外法学》2006 年第 3 期。

检讨。当犯罪被害人的基本权利已经受到侵害却无法从刑事司法程序中得以修复的情况下，基本权利作为“客观法”所要求的国家之“保护义务”当然要求国家还要超越刑事法保护为被害人提供其他层面的法律保护。正如有学者批判指出：“除了刑罚以外，人民也必须想一想，到底有什么其他的做法，可以更有效或是更经济的解决问题，而不是永远叫被告一个人去负起全部的社会责任……当然，我们也不能永远叫社会或国家去负起个人侵害行为的全部责任（不是指犯罪结构里的罪责）……要负责任的人并不是永远只有一个人。而个人和国家之间，对于一件事情的负责，也没有必然要互相排斥的关系”。①

2. 犯罪被害人的基本权利与国家给付义务

前已论述，基本权利的受益权功能是指公民基本权利所具有的请求国家作为某种行为，从而享受一定利益的功能。受益权功能最初是从社会权中导出的，所以国家针对社会权的给付义务是最主要的部分，特别是物质给付义务；但是在当代的基本权利体系中，受益权功能并不只是社会权的功能，各项基本权利都普遍具有此项权能。比如，生命权最初只是自由权，要求国家不得随意侵犯，体现的是基本权利的防御功能；但是，生命权在发展过程中逐渐衍生了“受益权”功能，国家对于生命权就可能要承担积极的义务，比如提供食物和医疗等。② 基本权利的受益权功能所对应的国家积极作为义务中的重要一项是物质给付义务。物质给付义务的根本出发点是保障国民享有人性尊严的生活。

我国宪法第45条对“物质帮助权”作了规定，“中华人民共

① 黄荣坚：《刑罚的极限》，台北元照出版公司1999年版，序言第3—4页。

② See WilliamAiken, “The Right to Be Saved from Starvation”, in WorldHunger and Moral Obligation, WilliamAiken and Hugh LaFollette (eds.), Englewood, Cliffs, NJ: prentice-Hall, 1977, pp. 85-102.

和国公民在年老、疾病或者丧失劳动能力的情况下，有从国家和社会获得物质帮助的权利”。此条规定的权利实际上是作为社会权的“生存权”①，指向的是国家的物质给付义务。从上述宪法规定可以看出，较之其他国家生存权的规定，我国规定的权利主体范围较为狭窄，限定为年老、疾病或者丧失劳动能力者，并不包括犯罪被害人。现有的国家对生存权承担的物质给付义务主要有最低生活保障、养老金、医疗保险、灾害救助等几个方面。

但是，必须指出的是，国家对生存权的物质给付义务随着人权被充分尊重和社会经济的高度发展正在不断的扩展之中，例如2003年6月开始施行的《城市生活无着的流浪乞讨人员救助管理办法》规定“救助站应当根据受助人的需要提供包括食物、住所、医疗、交通等在内的各种救助”，体现了国家给付义务的扩展趋势，生存权的主体范围也有所扩展。将犯罪被害人纳入生存权的权利主体范围是符合这种扩展趋势的。因为，为人提供最低限度的物质生活、精神生活双重保障为目的的生存权是人权制度的安全阀，如果生存权得不到保障，人就会丧失起码的尊严，国家也会丧失起码的体面。正如台湾学者谢协昌所言：“合乎人性尊严之基本生活需求不仅包括经济上的生活需求，尚应及于精神上基本生活需求。被害人因犯罪所造成的精神上、经济上的损害，若因而丧失基本生活的需求标准时，基于受益权的主张，亦当得向国家请求给付合乎

① 生存权是指公民享有符合人类尊严的基本生活条件的权利，相应的国家给付义务就是提供这些基本生活条件。“在人权思想史和人权运动史上，生存权是最具有人权代际标志意义的一种人权。生存权以‘极穷权的生存权’为思想发轫，中经资产阶级革命早期人权文件对作为自然权形式的生命权的宣言化和早期资产阶级宪法典对劳动权与救济权的国家义务化，至1919年由《魏玛宪法》完成定性任务。”参见齐延平：《人权与法治》，山东人民出版社2003年版，第105—106页。“生存权既是一项基本权利，是要求国家给予物质帮助的权利，同时它又体现了整个社会权体系的基本目标和价值，因而有些学者甚至用生存权去概括其他的各项社会权”。参见［日］大须贺明：《生存权论》，林浩译，法律出版社2001年版，第137页。

‘人性尊严之基本生活需求’之标准”。①

应当说，犯罪被害人国家补偿法立法的现实动因首先来自于人们对犯罪被害人家破人亡、贫困交加之丧失了人性尊严的生活的悲惨境遇的悲悯情怀和现实关切，人们感受到犯罪被害人是一个应该取得国家和社会物质帮助的弱势群体，这些朴素的人类自然情感在某种意义上正是犯罪被害人国家补偿制度之道德合致性的基础。对于犯罪被害人的悲惨生活境遇的重新“发现”与“承认”成了许多国家被害人补偿立法的最直接的动因。由此可见，从最原初的意义上，对犯罪被害人的国家补偿是源于保障被害人应具有最起码的符合人性尊严的生活。因此，犯罪被害人国家补偿制度在一定程度上与社会法要保证所有个人都享有符合人性尊严的基本生存条件之基本目标因而要求国家履行物质给付义务的价值路向是一致的，在此意义上，犯罪被害人的国家补偿请求权具有了部分社会权的性质。

综上所述，从宪法学的解释角度，被害人获得国家补偿是被害人的权利，亦即被害补偿请求权，这可从被害人的基本权利与国家的保护义务和给付义务两个方面获得理论根据的支持。同时，国家对犯罪被害人进行补偿的根据并不在于国家未履行好保护义务或者“保护失败”而承担责任，被害补偿本身就是国家保护义务体系的一部分，因此，对犯罪被害人的刑法保护并非国家履行保护义务的终点。这是由犯罪被害人的基本权利所要求的国家多层次保护义务所决定的。

应该指出的是，符合“人性尊严之基本生活需求”之标准包括物质和精神两个方面。在犯罪被害的场域中，所谓“人性尊严之基本生活需求”所指涉的情形至少包括以下三个层面：首先是

① 谢协昌：《论犯罪被害人权利保护之理论基础》，载（台湾）《刑事法杂志》第51卷第1期，刑事法杂志编印2007年版，第39页。

指遭受犯罪侵害而身受伤害之被害人需要及时救治之紧急情况。其次是指被害人因重伤或死亡失去了创造生活财富的前提条件而陷入生活窘迫的情境，比如失去劳动能力，或者亲人死亡需要其扶养或赡养的遗属无所依靠，这属于失去了“人性尊严之基本生活需求”的当然情形。最后，但是非常重要的是：即便是经济富裕之家，因犯罪被害虽不至陷于生活窘迫，但是被害人遭受的巨大精神创伤，比如，幼小的孩子失去父亲的恐惧，年迈的父母面对失去子女所体验到的白发人送黑发人之悲凉，此种生活情状，无不令人怜悯哀伤，不能说符合“人性尊严之基本生活需求”，对此国家不能丢弃不管。虽然国家补偿所给予的经济给付并不能抹平创伤，但至少在一定程度上表达了国家和社会的患难与共的帮助和关切，也能缓减伤痛，不至于让被害人感觉到社会之无情冷漠而再次受到伤害。因此，国家对犯罪被害人的物质给付不能以被害人是否“陷入生活窘境”为标准，甚至遵循此标准对被害人的经济情况进行调查以决定是否给予补偿。此举无疑是给悲痛中的被害人“伤口上撒盐”，带来再次的伤害。当然，此举也是与基于基本权利所要求的国家给付义务背道而驰的。

宪法上的基本权利的外延是宽泛的，除了生命权、身体健康权之外，还包括诸如财产权、人身自由权等诸多权利，而实质上所有的犯罪都是对人基本权利的侵害，但并不是所有的基本权利遭受侵害的犯罪被害人都能获得来自国家的补偿。为什么绝大多数国家和地区的被害补偿法都将补偿的范围限于死亡和重伤的被害人呢？这显然是从宪法学的角度无法回答的问题。由于犯罪被害产生于犯罪加害行为，此两者属于刑法学的相生相伴的核心范畴，因此，关于被害人国家补偿的根据还需进一步从刑法学的理论维度予以探求。

三、被害人国家补偿请求权的刑法学分析——优位法益之多重保护

我们从前文关于各国被害补偿制度的介绍中可以看到，并不是所有的被害人都可申请被害补偿，各国的补偿制度都将补偿对象限定为遭受重伤和死亡的被害人，这种制度规定的理论依据何在呢？为什么只对生命权和身体健康权遭受侵害的被害人而不是所有的被害人给予补偿？目前已有的理论学说都无法回答这个问题。笔者认为，之所以出现此种无法回答的难题，其根本原因是这些学说都在不同程度上将被害补偿制度与刑事司法制度割裂开来，忽略了被害补偿法与刑法两者间的亲缘关系——犯罪本质是法益侵害，被害补偿本质是法益修复（当然不可能是与损害赔偿程度等同的修复——笔者注），两者都与"法益"之关键词密切关联，被害补偿法的理论根据必须从这一关键词切入，在刑法学的理论视域里探寻。

法益（Rechtsgut），相对于一般权益或其他法律上之利益，是指值得经由刑法加以保护之有价值的生活权益。法律之命令规范或禁止规范的实质核心，是在利益或价值之保护，刑法构成要件之设计即以权益为基础，并从而彰显法益之位阶。[①] 因此，法益之位阶可参照犯罪构成要件及其法定刑的轻重得以比较，而且，法益位阶的考察具有理论方法上的意义，比如，"在基本权发生冲突时，法益位阶决定何者具有优位性、较高位阶、较具有重要性，以决定基本权保护之取舍，何者应有所退让。而通说认为：生命及健康优于经济利益。人的价值中，又以生命的位阶最高，故杀人不得成立阻却违法的紧急避难"。[②] 因此，所有的个人法益当中，生命法益和

---

① 高桂金：《利益衡量与刑法之犯罪判断》，台北元照出版公司2003年版，第39页。

② 高桂金：《利益衡量与刑法之犯罪判断》，台北元照出版公司2003年版，第63页。

身体健康法益的位阶是最高的。因为法益必须与人以及人性尊严之价值具有关联性，生命及其健康作为体现人性尊严的基本载体，应是刑法保护体系中的核心，因此居于高位阶也是应有之义。

正是在上述位阶的意义上，笔者在本书中将生命法益和身体健康法益称为“优位法益”。[①] 与自由、财产、名誉等个人法益保护相比较，除去刑罚配置的轻重差异，刑法对此“优位法益”的保护是多重的、特殊的，此种特殊保护至少可以从刑法中的“合法暴力私力救济”和“被害人承诺”两个方面有所体现。而且在刑罚“修复未果”亦即刑事损害赔偿无法实现的情况下，刑法的此种特殊、多重保护还将进一步延展，这便是犯罪被害人补偿法得以产生以及将生命法益和身体健康法益受到损害的被害人作为补偿对象的正当性根据之所在，亦即本书所谓的“优位法益多重保护说”。下文详述之。

（一）“合法暴力私力救济”体现的优位法益之特殊保护

目前已有的理论根据学说虽然都存在无法自圆其说的硬伤，但每一种理论却也有合理性内核存在，值得借鉴，比如“社会保险说”中的“危险分散”理论是具有相当合理性的，为本书观点的提出与论证提供了启发。同时，已有学说中无法自圆其说的硬伤也许恰为我们提供了“破”的切口，新的观点可凭借此切口“立”

① 此处的“优位法益”不等同于“优势法益说”中的“优势法益”，后者指的是复数法益中占优势地位的法益。所谓“优势法益说”，根据一些德国学者和奥地利学者的观点，是指对于在一个构成要件中既包括可自由支配的法益，又包括不可支配的法益时，同意的功能取决于哪一种法益是占统治地位的，是需要优先保护的法益。如果占据优势地位的是不可支配的法益，那么个人的同意是没有出罪功能的，相反则具有。Maurach/Zip，f StrafrechtAT，1997，§17 Rn. 44；Fuchs/Helmut，StrafrechtAT，1997，S. 135. f. 转引自车浩：《复数法益下的被害人同意——“优势法益说”之提倡》，载《中国刑事法杂志》2008 年第 9 期，第 34 页。

起来。下文论述就将从“国家责任说”的立论根据——“国家垄断暴力”开始“破”的切口。

1. “合法暴力私力救济”与“国家垄断暴力”的关系

“国家责任说”认为国家给予被害人补偿的理由在于国家垄断了使用暴力镇压犯罪和惩罚犯罪的权力，犯罪的发生、被害人的存在说明国家未能保护其公民免遭犯罪的侵害，因此，补偿是“理所当然”的。① 笔者认为，从国家垄断刑罚权的角度来说明国家对犯罪被害人的补偿义务并不能“理所当然”。事实上，虽然现代刑法都将惩罚犯罪的权力统一收归国家，但是，国家刑法却并没有完全禁止个人的暴力私力救济，当个人的生命法益和身体健康法益受到紧迫的侵害危险之时，无一例外地允许个人采用正当防卫之暴力私力救济便是明证。这里，有必要考察“合法暴力私力救济”理论之证成。

在近代民族国家日益兴起，国家试图“垄断”一切合法暴力的背景下，政治哲学家们开始站在国家主义的立场上来思考“合法暴力私力救济”的问题，霍布斯、洛克等哲学家对此问题展开了论述。

霍布斯认为，之所以要建立国家，就是因为人性的自私使得在自然状态下暴力横行，因此需要国家来维持和平与安全，而只有国家具有的无可比拟的强力使其富有承担此项使命的条件。国家与法律成了人类生存下去的需要和必然选择。哈耶克指出：人们对“规则的自然选择，是根据所产生的群体秩序的有效性的大小进行

① 知名网络法律人王琳副教授曾撰文认为：“既然国家垄断了使用暴力镇压犯罪和惩罚犯罪的权力，那么，当被害人不能从罪犯那里获得赔偿，国家就理所当然应该‘埋单’”。参见王琳：《被害人国家补偿制度的路径选择》，载《法治论坛》2008 年第 6 辑，第 24 页。

的”，“根据的是它为秩序带来的生存能力”。[①] 庞德也指出：“我们力图通过有秩序地和系统地适用强力，来调整关系和安排行为”，因此，为了不再陷入战争的、野蛮的状态，文明社会要强调“法律对强力的依赖”。由此，国家“垄断暴力”获得了正当性根据，私力救济作为一种普遍社会现象从人类文明史中消失，诉讼便成为遏止和解决社会冲突的主要手段。“这一现象表征着一个极有意义的社会进步：人类不再依靠冲突主体自身的报复性手段来矫正冲突的后果，尤其不再用私人暴力杀戮式的冲突来平息先前的冲突。”[②]

但是，面对各式各样赤裸裸的暴力犯罪，为了自始至终贯彻其关于“自我保存”的逻辑，[③] 霍布斯承认：“如果一个人由于眼前伤生的恐惧而被迫做出违法的事情，他便可以完全获得宽宥，因为任何法律都不能约束一个人放弃自我保全。”[④] 由此，霍布斯的论述为政治社会中公民基于自我保存的暴力私力救济合法性开辟了言路，“紧急时无法律”、“法律不强人所难”等理论相继对暴力私力救济之合法性进行了论证。

“紧急时无法律”的含义是：在紧急状态下，可以实施法律在通常情况下所禁止的某种行为来保护法益，避免紧急状态所带来的危险。在紧急状态下所产生的这种权利，被称为紧急权。[⑤] 正当防卫、紧急避险、自救行为都是此种紧急权的体现。黑格尔也曾对

---

① ［英］弗里德里希·冯·哈耶克：《经济、科学与政治——哈耶克论文演讲集》，冯克利译，江苏人民出版社 2000 年版，第 533—544 页。

② 柴发邦主编：《体制改革与完善诉讼制度》，中国人民公安大学出版社 1991 年版，第 3 页。

③ ［德］马克斯·韦伯：《经济与社会》（下卷），林荣远译，商务印书馆 1997 年版，第 731 页。

④ ［英］霍布斯：《利维坦》，黎思复、黎廷弼译，商务印书馆 1995 年版，第 234 页。

⑤ ［日］团藤重光：《法学的基础》，有斐阁 1996 年版，第 239—240 页。转引自张明楷：《法律格言的展开》，法律出版社 2003 年版，第 231 页。

“紧急避难权”从自然权利的角度进行过精辟论述：“生命，作为各种目的的总和，具有与抽象法相对抗的权利”，“一个人遭到生命危险而不许其自谋所以保护之道，那就等于把他置于法之外，他的生命既被剥夺，他的全部自由也就被否定了”，因此“当生命遇到极度危险而与他人的合法所有权发生冲突时，他得主张紧急避难权”，且这并非是基于公平考虑，而是其本身就是法的要求，即紧急避难行为并非是基于基本情况的特殊性而免除处罚，而是因其行为本身合法，所以不负刑事责任。①

对于个人所享有的此种紧急权，有的国家甚至从宪法的高度进行了规定，比如，葡萄牙共和国宪法第21条规定：“任何人均有权抗拒侵犯自身权利、自由与保障的指令，并有权在无法求助于公共权力机关的场合以武力抗拒任何侵犯。”②

从上述“合法暴力私力救济”的经典论述中，我们至少可以得出如下基本观点：所谓的国家“垄断”暴力——实际上为限制暴力或者只能说国家垄断了刑罚权，并不能成为国家承担被害人补偿责任的当然理由。国家暴力镇压犯罪和惩罚犯罪的权力并不能排除个人基于“紧急权”使用暴力进行私力救济的权利，也即是说，当个人的生命或身体健康面临犯罪侵害之紧急时刻，出于对人的自我保存之生命本能的尊重，个人不能被要求绝对禁止使用暴力，亦即国家赋予了个人“合法暴力私力救济”的权利。“国家责任说”的逻辑路径是：国家垄断了暴力意味着个人被剥夺了使用暴力抗击犯罪的权利和机会，因此，一旦发生犯罪被害，被害人是国家垄断了暴力所造就的完全无辜的弱势者和牺牲品，国家因此是违反了保

① ［德］黑格尔：《法哲学原理》，范杨、张企泰译，商务印书馆1961年版，第130页。

② 萧榕主编：《世界著名法典精选》（宪法卷），中国民主法制出版社1997年版，第356页。

护义务的，是保护失败的，故，“理所当然”，国家需对被害人承担责任予以补偿。将“合法暴力私力救济”理论以及任何一部刑法概无例外的正当防卫之规定与国家责任说进行比对，便可以发现“国家垄断暴力”与“国家对被害人承担补偿责任”之间是不能当然对接的，两者之间横亘着无法突破和逾越的断裂，造成此种横亘的因素之一即是“合法暴力私力救济”权利之正当的、实然的存在。

除此之外，在现代刑事司法程序中，被害人作为当事人一方可以对刑事被告人提起刑事损害赔偿之诉，意味着刑罚权的垄断也并没有剥夺被害人获得利益填补的权利和机会。所以问题不在于国家刑罚权的垄断，而是在经历了诉讼程序的推进后对本该由刑事被告人承担的被害人利益的填补（刑事损害赔偿责任的承担）发生了中断，为了公平和正义，国家是居于补位顺序进行补偿，这里充分体现了以国家为主导的社会集体性力量分散风险和忧难与共的内隐价值。这不是以“国家垄断了刑罚权”的法律事实就能说明的问题。

2. “合法暴力私力救济”体现了国家法律特殊保护优位法益的价值取向

从国家赋予个人“合法暴力私力救济”的权利中我们不难洞察其所体现的国家法律对人性尊严的尊重和对人类自然情感的呵护之价值取向，这种取向必将要求国家法律对个人的生命和健康之优位法益给予多重的特殊保护。

人具有趋利避害、自爱自保、追求幸福的本性。这是一种生命本性，也是遵从自然生命的法则。正是在此意义上，卢梭指出：“人性的首要法则就是要维护自身的生存，人性的首要关怀就是对于自身的关怀。”① 因此，卢梭认为，人人都有自爱自保的本性和

① ［法］卢梭：《社会契约论》，商务印书馆1980年版，第7页。

目的，这是天所赋予的权利，也是作为“人”的第一要义和根本前提以及道德基础。因此，即便是国家“垄断”了国家暴力，也应允许个人以暴力抗拒危及生命和身体健康的侵害，这是对人类共通的情感天性的尊重。人类的自然情感有着不可名状的力量，支配着人们的行为，法律对此不能悖逆和漠视。正是在这个意义上，现代刑法都无一例外地规定了正当防卫之排除犯罪性事由。①

特别是对严重危及人身安全的暴力犯罪，我国刑法更是规定了防卫人对于防卫造成的伤亡后果不负责任的“无过当防卫”之法律权利，或称“特殊防卫”，凸显了法律给予了生命和身体健康法益的特殊的优位保护。② 只有生命存在的情况下，人才能展示其丰富的人性，生命存在构成了其背景和前提。正是在此意义上，哈特指出：人类活动的固有目的是生存，我们可以把它当做一个别有意义的永久事实，文明进步的永恒事实。③

---

① 从个人权利的角度出发，基于“自己保存原理”来说明防卫对针对自身的侵害是没有问题的，但是，正当防卫不仅可以用于保护自己的利益，也可以用于保护他人、国家、社会的利益。在正当防卫所保护的对象是国家或社会利益的时候，是难以仅以“自己保存原理”来说明该防卫行为的合法性的，因此，还需以“法秩序保障原理”作为补充，即从社会权利的角度出发，认为“合法没有必要屈服于不法”、“防卫者没有必要屈服于侵害人”，为了保护被侵害的法秩序，应当允许对不法侵害进行反击。参见黎宏：《论正当防卫的主观条件》，载《法商研究》2007 年第 2 期。但“法秩序保障原理”并不影响本书的立论，特别是对于“他人利益”的正当防卫则更是佐证了本书关于“优位保护”的论点。

② 虽然学界对我国刑法第 20 条第 3 款规定的“无过当防卫”尚有“存废之争”，但主张废除者所针对的是法律条文表述不够严谨以及对公民滥用权利的担忧，这并不影响法律对生命和身体健康优位法益特别保护的立法意旨之共识。因为无过当防卫并非绝对没有任何限制条件的“无限防卫权”，“严重危及人身安全”的立法表述就是对侵犯法益类别和侵犯强度的限制，此种法律限制无疑正好体现了法律对于人的生命法益和健康法益的优位保护。

③ ［英］哈特：《法律的概念》（中译本），中国大百科全书出版社 1996 年版，第 187、188 页。

（二）对优位法益的被害人承诺不排除犯罪性凸显的特殊保护

被害人承诺，也称被害人同意，是指法益主体对他人侵害自己能够支配的利益表示允诺或者同意。[①] 基于“同意无侵害”的法律格言以及对个人“自主决定权”的尊重，被害人承诺在一般情况下能排除犯罪性。其法理基础是，刑法以保护个人利益为首要任务，被害人自愿放弃的利益不在刑法保护范围之内。但是被害人承诺排除犯罪性的适用范围是有限的，特别是在放弃的法益是个人的生命和身体健康法益的情况下，行为人的行为并不因为被害人的承诺而当然排除犯罪性。比如，众所周知的“安乐死”问题在刑法上就属于“承诺杀人”或“帮助自杀”的问题，世界绝大部分国家和地区的法律对此均作犯罪化处理。这一点，国外刑法中有明确规定。比如意大利刑法第579条规定：“经他人同意，造成他人死亡的，处6年至15年有期徒刑”；德国刑法第216条第1款、日本刑法第202条均有类似规定。从法益保护的视角观之，对于放弃财产、自由、名誉等法益的被害人承诺使得行为人的行为能够排除犯罪性，但对于生命法益的放弃却与之相反，这显然体现了法律对于生命法益的优位的、特殊的保护。

此种法律优位保护的理论依据在于：“自己的生命不属于可以承诺的对象，生命权不在个人可以自由处罚的法益范围之内，因为它毁灭的是自由与自由权主体本身”。[②] 也即是说“生命是自己决定自由的物质基础，剥夺人生命的话，就是剥夺了个人进行自由决定的自主决定的权利，这和刑法保护个人自主决定权的宗旨背道而驰”。[③] 因此，被害人即便具有承诺，但该种承诺要受到一定限制，

---

① 黎宏：《被害人承诺问题研究》，载《法学研究》2007年第1期。

② 李海东：《刑法原理入门》，法律出版社1998年版，第91页。

③ 黎宏：《被害人承诺问题研究》，载《法学研究》2007年第1期。

不能将被害人的自主决定绝对化。由此可见，生命法益具有比其他个人法益更值得特殊保护的性质，日本学者山口厚也因此认为“生命这种法益具有无可替代的重要性，所以，必须违反法益主体的意思进行保护”。①

就被害人承诺伤害是否排除行为人的犯罪性的问题，虽然目前存在争议。但笔者认为，就那些伴随死亡危险的、手段野蛮残忍的重伤害行为，不能因被害人的承诺而排除犯罪性，以故意伤害罪定罪处罚是比较合适的。日本学者大谷实教授认为：“在有危及生命程度或者形式的重大伤害时，不许自由处分法益，即被害人的承诺无效。”② 我国学者张明楷教授也认为：“从与得承诺杀人的关联来考虑，造成重伤的承诺伤害认定为故意伤害罪比较合适。”③

从上述论证中我们再次看出，生命以及身体健康法益是个人法益中处于最高价值位阶并且需要特殊保护的法益，“生命权和身体健康权在‘法益质’上属于不可自由支配或支配受限的个人法益”，④ 国家有权力对其自我放弃的决定进行主动干预而不会遭致侵犯国民自由的责难。因此，刑法保护的层面上，国家不仅要防止和制裁来自外界主动的对生命和身体健康法益的剥夺，对经请求和承诺的剥夺生命的行为以及重度损害健康法益的行为也要惩罚，也即被害人同意丧失了出罪功能。

综上所述，相较于自由、财产、名誉等个人法益，生命法益和健康法益是“优位法益”，需要国家多重的体系保护，在刑法领域里，这种多重的、特殊的保护可从“合法暴力私力救济”和“被害人承诺”两个方面得以证明。而且，这种多重保护还将超越刑

---

① ［日］山口厚：《刑法总论》，有斐阁2004年版，第146页。

② ［日］大谷实：《刑法总论》，黎宏译，法律出版社2003年版，195页。

③ 张明楷：《刑法学》，法律出版社2003年版，第683页。

④ 车浩：《复数法益下的被害人同意——“优势法益说”之提倡》，载《中国刑事法杂志》2008年第9期。

法领域进一步延展，亦即，对侵害国民的生命和健康法益的未然之罪的预防和已然之罪的惩罚，只是国家对犯罪的反应体系的一部分，也只是国家保护义务的一部分。这意味着国家在发动了刑事诉讼程序追究了犯罪人的刑事责任以及刑事损害赔偿责任并没有达到终点，国家的保护义务并没有到此结束。

（三）犯罪被害人国家补偿是"优位法益多重保护"之要求

尽管在刑法领域里设计了对于生命和健康之优位法益的上述特殊保护，但是，这也还只是局限于单一的预防犯罪和惩罚犯罪层面，罪犯被判处刑罚以满足被害人内心的报应情感，罪犯也被要求执行刑事附带民事判决以赔偿被害人的损害，至于被害人是否因为刑事附带民事判决获得利益填补，还取决于犯罪人的经济支付能力，显然存在很大风险。实际上，建立在刑罚惩治手段基础上的现代刑事司法一直都受到挑战，实在不尽如人意，美国学者加里·马克斯激进地认为："刑事司法系统被理解为一个时代的错误，其职能仅是在战斗结束后射杀伤者"（战斗：侦破案件；射杀伤者：处决罪犯——笔者注）。[①] 就被害人的利益填补而言，大多情况下，因为罪犯没有经济来源，被害人得不到任何赔偿。

犯罪侵害造成了被害人死亡或者重伤的情况下，损害是不可逆转和恢复原状的，惨遭飞来横祸，家破人亡，生前靠其抚养的遗属还可能面临着基本的生存问题，而身受重伤的被害人及其家庭可能因为支付高额的医疗费而陷入经济窘困，也面临着基本的生存问题。这意味着人的生存权也因犯罪侵害了生命和健康之优位法益而遭受影响，因此国家的物质给付显得尤为必要和迫切。

---

① Marx, G. "The Engineering of Social Control: The Search for the Silver Bullet", in J. Hagan and R. Peterson (eds), Crime and Society. Stanford, CA: Stanford University Press. 1995. p. 227.

由此可见，仅仅刑法保护是不够的，国家对于被害人的保护义务不能停留在适用刑罚而已，对于优位法益的多重保护还将从刑法领域进一步延展，当作为优位法益的生命权和身体健康权遭受损害，国家发动刑罚权判处的刑事损害赔偿又无法兑现时，由“优位法益”要求多重、特殊保护的性质所决定，国家应该对生命和健康遭受侵害的被害人进行物质给付，修复其所遭受的损失，减轻其痛苦，帮助其恢复正常的一般人的生活。此谓“优位法益多重保护说”。

相对应地，财产、自由、名誉等法益的损害没有危及被害人恢复正常生活的前提——生命和身体健康，损害容易得以恢复，比如财产法益的犯罪损害可能因为案件侦破而得以返还，也可能因为投保获得保险赔偿，通常情况下也不会危及被害人及其家属的生存权的问题。正是在这个意义上，我国学者王利明教授认为：“对损害的救济是对生命健康权的救济，这是一个国家对社会成员的基本人权的最大关注，也是实现社会公平正义的最重要内容。另一方面，事故损害威胁受害人的生存权，而生存权是一个人能够正常生活的基础。因此，社会应对人的生存权给予足够关注和保障。”[①] 依据上述“优位法益优位保护”观点，便可以回答“国家责任说”无法回答的问题——为什么犯罪被害人补偿制度不补偿财产利益之犯罪损害。

从刑法学角度探究得到的“优位法益多重保护”的论说，与上文中从宪法学解释角度关于基本权利与国家之保护与给付义务的论说是一脉相承的，也是对该说的进一步具化和限缩。优位法益的多重保护是国家对基本权利履行保护义务的具体体现，此种保护贯穿刑法领域，但并未终结，延伸至补偿法领域，这便是被害补偿法

① 王利明：《建立和完善多元化的受害人救济机制》，载《中国法学》2009 年第 4 期，第 150 页。

得以产生的根据，此谓本书的“优位法益多重保护说”，此说探究到了被害人国家补偿请求权的正当性根据，因此本书将其称为被害补偿法的“内生性根据”，该说是犯罪被害人国家补偿法的理论基础论说之一。

第三节　犯罪被害人国家补偿制度的外生性根据——风险社会视域中“危险共担”之论说

如前文所述，已有的各种理论学说都存在无法自圆其说的地方和无法解决的理论问题，都不能作为犯罪被害人国家补偿的理论依据，其最大原因是被害人国家补偿请求权作为一种权利的根本属性没有被正本清源。上文从宪法学解释和刑法学的角度对此做了学术努力和突破，得出了“优位法益多重保护”之论说。本论说在宏观和抽象的层面上论证了关于被害补偿的国家义务之命题以及被害人的国家补偿请求权之正当性根据问题。但是，具体层面上的诸多问题在“优位法益多重保护说”的理论体系之内是无法解决的，比如：国家补偿对于生命和健康法益的优位保护至何种限度？国家补偿保护与个人自由的边界在哪里？因此，“优位法益多重保护说”还有进一步论证之必要。

同时，任何一项法律制度的理论构建都有一个立足于现实的非常复杂的思考和论证过程，国家补偿概莫能外，摒弃了对身处其中的社会现状的现实考察，被害人国家补偿制度的理论建构是无法满足理论上的自洽性的，也是不可能具有现实意义的。而我们今天所处的现代工业社会则是名副其实的“风险社会”，在风险社会中，被犯罪侵害之风险以及其内容与方式亦随着物质生活的丰富和科学技术的发展在发生扩张和变化，同时，现代社会中人与人之间、人与社会之间的联系比以往任何时候都更为密切，体现出强烈的社会连带性，从中我们可以探究到被害人国家补偿制度的外生性根据。

一、风险社会中的犯罪被害危险和犯罪被害人

（一）风险社会

“风险社会”是近代以来的工业化社会发展的必然结果，是现代化利弊或所谓现代性危机得到全方位展示的社会。德国社会学家乌尔里希·贝克（Beck Ulrich）较早系统地阐述了现代社会所面临的风险，提出了“风险社会”的概念，他希望通过“风险社会”的理论概念切入充满忧虑的当代精神与物质生活。英国社会学家安东尼·吉登斯（Giddens Anthony）、美国学者加兰（Garland）对此也都有著名的研究。

在现代性运动的推进过程中形成的风险社会里，人类开始不得不面对一些在传统社会无须面对的新风险，安全感开始严重丧失，人类重新又挣扎在不确定性的深渊中。在高度现代化的社会中，由于工具理性及作为其具体表现形态的科学技术和市场难以抑制的扩张，“冒险的观念在法律实践者和工业专家组织道德世界的过程中变成了基本的……新近的现代世界……是可疑的，不是因为它不可避免地驶向灾难，而是因为它引入了前人不必面对的危险。”① 在风险社会里，“对于个人而言，社会就像一个巨大的黑匣子，不可能进行主体性的控制。人们的生活主要依赖脆弱的技术手段，与此同时，个人行为所具有的潜在危险也飞跃性地增大，人们不知瞬间会发生何种灾难”。② 如果说传统社会和工业化社会是以利益分配为核心机制的社会，那么风险社会将是以风险分配为核心机制的社

---

① Giddens, Anthony. Modernity and Self - identity: Self and Society in the Late Modern Age. Cambridge: Polity Press. 1991. pp. 3 - 4.

② ［日］井田良：《変革の时代における理论刑法学》，庆应义塾大学出版会 2007 年版，第 19 页。

会。用一句话形象地表述就是：处在风险社会中的人们的普遍焦虑从过去的“我饿了”更多地转向“我害怕”。

值得一提的是“风险”与“危险”的区分问题。“风险是阻碍事物运动发展的客观存在，是事物发生与否的某种不确定性。风险的损害发生与否，损害的程度取决于人类主观认识和客观存在之间的差异性。风险与危险的相同点都是可能对行为主体发生损害，不同点在于，风险是抽象的概念，由多个因素构成，其结果导致损害，也可能导致获利；但是危险通常指一种具体的概念，其结果导致损害。”[①] 风险是现代性内生的东西，是一个兼具积极面向与消极面向的范畴；危险则刚好相反，只具有消极面向。就犯罪被害而言，显然是一种危险，故后文以“犯罪被害危险”称之。

（二）风险社会中的犯罪被害危险

犯罪被害危险是现代风险社会里众多风险中的一种突出与常见的风险。[②] 犯罪作为现代社会里“一种无时无刻不存在的危险”，按照美国学者加兰的观点，现在已经不能再被看做是社会失范或社会失常的行为，相反，其已经成为“现代人们意识中的日常组成部分”。[③] 这也是风险社会里现代刑法控制犯罪面临的危机，人们处在一个对犯罪的恐惧普遍存在、高犯罪率已成为“一种常规性

---

① 张成岗：《现代性与风险社会》，载《科学文化评论》2006 年第 6 期，第 116 页。

② H. W. 刘易斯在《技术与风险》一书中，将风险分为四大类：（1）人们熟悉的造成大量伤亡的重大风险；（2）低概率的风险，但其后果相当严重，必须认真对待；（3）概率非常低、从未发生过的风险，但其预期后果非常可怕，值得注意，例如大气污染所引起的气候的灾难性变化；（4）因技术而略微增加的已知风险，这种风险是实质性风险，尽管很真实，但是却难以估计，典型的例子是少量自然或者商业化学物对健康的损害和少量辐射的后果。参见［美］H. W. 刘易斯：《技术与风险》，中国对外翻译出版公司 1997 年版，第 7—11 页。

③ Garland：“ The limits of the Sovereign State：Strategies of Crime Control in Contemporary Society” , British Journal of Criminology，1996. 36，4：pp. 71 -445.

的社会事实”的风险社会里。

1. 现代风险社会中的犯罪被害危险在加剧

传统社会的科学技术发展处于一个相对较低的水平，生活模式与空间也相对封闭，个体遭遇犯罪被害的风险相对较小，每一个个体都可能利用自身资源和智慧减少被害危险，也很难将风险转嫁给其他个体。

随着现代性运动的推进，科学技术的发展处于一个传统社会无法比拟的水平，社会的生产力在几何级增长的同时伴随着技术负面效应的释放，风险的规模和范围到了一个传统社会无法想象的程度，新型犯罪日益涌现。生产力高度发达催生的环境污染之公害犯罪，人们在没有强烈感受到被害之时已经成了公害犯罪的被害人，这正体现了现代风险社会里风险（包括犯罪被害危险）具有的潜伏性与不可辨识性。“不像现代化准备消除或者拒绝的旧危险，现代化自身产生的新危险肉眼看不到并且也不能立即辨认出来，最重要的是，外行人不能发现它更不用说应付它了——外行人是这种危险未来的牺牲品”。[①]生产力的高速发展对各种能源的市场需求呈井喷之势，在趋利动机的牵引下，相当多的能源开采活动无序无保障地进行，造成各种事故性犯罪被害层出不穷，中国的矿难是其典型表征。

生产的高速发展和社会的急剧转型造成的贫富差距和阶层分化正在进一步拉大，底层社会弥漫着强烈的社会撕裂感和被剥削感，“仇富”情绪笼罩下针对富人的暴力犯罪在增多；同时，穷人因为处境的进一步恶化，被害的概率也在增大。[②] 从更广阔的国际视野

---

① Bauman, Zygmunt. 1993. Postmodern Ethics. Blackwell. p. 207. 转引自张成岗：《现代性与风险社会》，载《科学文化评论》2006 年第 6 期。

② 犯罪学以及被害人学的理论认为，穷人因为居住环境和活动场所治安状况会相对较差，这是一大“被害性因素”之所在。

来看，种族之间的仇恨、地区之间的冲突并没有因为科学发达和技术进步有所趋缓，相反，由于要发展而产生的资源掠夺和控制正在让矛盾和冲突升级，导致了大量人员伤亡。大规模的暴力犯罪在全球范围内滋生蔓延，震惊全球的“9·11”恐怖袭击犯罪是风险社会中大规模犯罪的最典型案件，美国作为世界上最强大的超级大国也无法避免大规模的犯罪袭击，美国的金融精英们在仓皇无措与惊恐万分中瞬间成了犯罪被害人，凸显了风险社会的犯罪被害危险的剧烈。

综上所述，相较于传统社会，现代风险社会中的犯罪被害危险正在加剧，犯罪被害危险是一种事实性存在，犹如交通事故、环境污染一样，与社会的高速发展以及人们的生活进步如影随形。

2. 犯罪被害危险是一种特殊的灾难——“天灾”与“人祸”之关系

依据一般观点，诸如地震、水灾、旱灾、海啸等天然灾害自然属于一种剧烈危险和非常灾难，也即所谓的“天灾”，国家应予以灾害救助，自无疑义。但犯罪被害显系人为造成的损害，也即所谓的“人祸”。犯罪被害与自然天灾是什么关系，却鲜有讨论。

对于这个问题，台湾学者谢协昌认为：犯罪与天灾同，对于被害人均系不可预期的事件，而“犯罪”所造成人民生命、身体、财产上的损害，对于被害人的身体上、精神上、经济上所造成的不利影响又是更甚于“天然灾害”所造成的结果，例如，性犯罪被害人在遭逢犯罪被害，常见有生不如死的惨况。有时犯罪结果的影响范围不比天然灾害为小，例如非法驾驶员的过失造成飞机失事，往往造成数百名人员死亡的结果，大楼的爆炸、纵火行为亦可能在短短时间内造成整栋大楼数千名人员的死伤结果。因此，犯罪虽系人为事件，对于“被害人”而言，“犯罪”又何尝不是“非常灾难”。①

英国学者詹姆斯·迪南对“被害人”概念的词源考察则对上述论说提供了支持，他认为：与当代流行的认知不同，在公众心目中，“被害人”与“犯罪”之间存在明显无法摆脱的联系，是一个相对晚近才出现的现象。以前，如同被害人与犯罪人联系在一起一样，“被害人”与这个术语可能与一般的灾难联系在一起。这点得到了《新版简明牛津英语词典》的证实。该词典刚开始提到“被害人”是“被另一个人杀害或者折磨的人”，继续解释说：“（被害人）是因为一个事件、情势、压迫性的或者不利的无人格代理人而遭受虐待、压迫，或者其他苛刻或者不公平待遇，或者遭受死亡、伤害和破坏等等的人”。②

从国家补偿法对损害结果事实之核心关注和对补偿对象的需求之考量的视角观之，笔者对谢协昌博士的上述见解深表赞同。在中国的语言表述里，“天灾人祸”一直作为一个并列组合式词汇为普通人所熟知并运用，我们可以据此认为，在一般人的常识里，“天灾”与“人祸”给人类带来的打击和痛苦并无二致。对于被害人本人以及其家属来说，遭受生命或身体之犯罪被害所带来的巨大痛苦与自然灾害相比往往有过之而无不及。犯罪被害往往意味着一个家庭的“灭顶之灾”，此种表述毫无虚妄之虞，这是可以被经验地观察到的事实和现象，一般人都不难感同身受。因此，我们认为犯罪被害是一种特殊的灾难。而犯罪学家菲利则认为：“犯罪所造成的灾难与自然灾难别无两样，所以国家对犯罪所造成的灾难也应予以补偿。国家应当对被害人的权利负责，并且使被害人的权利及时

① 谢协昌：《论犯罪被害人权利保护之理论基础》，载（台湾）《刑事法杂志》第51卷第1期，刑事法杂志编印2007年版，第39页。

② ［英］詹姆斯·迪南：《解读被害人与恢复性司法》，刘仁文、林俊辉等译，中国人民公安大学出版社2009年版，第2页。

得到满足。”①

但从灾难发生的原因来看，“天灾”与“人祸”显然差异巨大。因此，有必要将遭受犯罪侵害的被害人称为“犯罪被害人”，以将与更广外延的、可以涵摄天灾受害者之“被害人”范畴区分开来。同时，犯罪被害人国家补偿与自然灾害的国家救助之国家给付在性质、原则和制度安排方面也有重要差异，自然灾害救助一般是纳入到社会救助体系，作为社会保障制度的一个重要组成部分。

（三）风险社会中的犯罪被害人

有犯罪就有被害，犯罪是不可能完全避免的社会现象，意味着犯罪被害也是不可避免的社会风险。在人类社会关系普遍处于社会连带的前提下，犯罪被害作为一种社会风险，也越来越显现出其社会连带和风险扩散之性质，犯罪被害绝不是孤立的、个体的悲剧，如果不能对犯罪被害人进行有效的恢复，犯罪被害会演化为更广范围的犯罪与被害。

有犯罪学学者研究指出，被害人在被害后在心理失常的支配下极易出现三种变化：一是自身直接转化为犯罪人；二是对犯罪产生认同感，诱发、催化犯罪恶性度的上升；三是成为“健康带菌者”，使周围的人群受到感染，作为隐性传染源给社会带来危害。②而在司法实务和媒体报道中，这样由被害人“恶逆变”为犯罪人的案件并不少见。这种“恶逆变”的最主要的原因就在于身心俱创的被害人认为自己没有被公平对待，不能重拾生活的希望，对社会感到绝望，因而走上毁灭自己和报复社会的道路。

---

① ［意］恩里科·菲利：《犯罪社会学》，郭建安译，中国人民公安大学出版社2004年版，第282页。

② 汤啸天、张滋生、叶国平、王建民：《犯罪被害人学》，甘肃人民出版社1998年版，第135—139页。

现代社会是一种开放性和流动性的社会，每一个人都生活在一个开放流动的、与他人和社会无法割裂开来的环境中，社会呈普遍的连带关系。现代社会的人类处于一个相互依存的、彼此连带的生活共同体中，正如狄骥所说："人们相互有连带关系……连带关系并不是行为规则，它是一个事实，一切人类社会的基本事实"。[①]在风险社会中，由于工业化和城市化进程的推进，人口密集，包括互联网、手机在内的各种途径的信息传播非常便捷，各种各样的社会矛盾日益尖锐，再加上人们赖以为存的食品、药品、环境以及人们的出行、工作，都与整个社会的各个行业以及各个节点密切联系，人们的生存境遇在许多方面公共化，命运息息相关，彼此之间通过交往实践结成生存的共在结构。

由于信息不对称，人们生活中的购买和服务选择陷入了"囚徒困境"——假冒伪劣的甚至是有毒有害的食品有可能充斥于市场中，作为弱小的个体，人们无从判断什么才是安全的。安全感作为其内在需求的人类在以追求安全为崇高目标的现代性运动中却遭遇了风险的巨大挑战，大规模的犯罪被害成了现代风险社会的一大特征。比如，近年来发生在我国的大规模犯罪在日益增多，被害人人数众多，个体的被害人根本不具备独自应对被害危险的能力。在我国，众所周知的有"三鹿奶粉案"、"齐齐哈尔第二制药厂假药案"、"成都汽车燃烧案"等。

除此之外，现代风险社会里由于信息传输便捷和人口流动性较强，还出现了一种新型犯罪——涉众型经济犯罪。涉众型经济犯罪"是指发生在经济运行领域里，以高额回报等虚假信息为诱饵，以众多不特定公众为侵害对象，非法牟取巨额钱财，严重破坏市场经济秩序并危及社会稳定，依照刑法应受刑罚处罚的行为"。[②] 典型

① 沈宗灵：《现代西方法理学》，北京大学出版社 1992 年版，第 252 页。

② 孟庆丰：《涉众型经济犯罪问题探讨》，载《公安研究》2007 年第 11 期。

的涉众型经济犯罪有组织、领导传销活动罪，以及以金融传销为表现形式的非法吸收公众存款罪、集资诈骗罪等。由于参与人数众多，而且绝大部分参与人（除去极少数金字塔塔尖的“上线”之外的所谓“下线”）都将成为受害人，往往容易引发挤兑、群访、非法游行等大规模群体性事件，也易诱发暴力讨债、绑架、哄抢等恶性案件；而且加害人与被害人之间相互转化，被害危险快速扩散和转移。

二、风险社会的“危险共担”——被害人国家补偿的现实选择

（一）风险社会刑法理论的变迁

通过制度技术使规范适应变动的社会是现代社会的法律传统。在通过法律的社会治理的框架中，刑法作为风险控制机制中的组成部分，其理论及实践范式均发生着变迁和调适以应对挑战，一种以风险分配机制为核心的新的公共政策架构对其发生着重要的指引作用。“老式的主权国家提供惩罚而不是安全”，[①] 而人们越来越渴望安全，因此，风险社会的刑法对犯罪的预防与威慑的导向日趋加剧。现代刑法“在坚守个人的可遣责性作为责任条件之要求的同时，又将一套兼具谴责与惩罚的体系制度化为社会控制的手段，实现刑法体系的多重预防目的”。[②] 因此，在一定程度上可以说，风险社会的主导文化是一种担心和渴望安全基础上的预防主义。

刑法学者劳东燕博士曾指出：“当代社会的风险性质使得刑法

---

① Garland, D, *The culture of Crime Control*: *Crime and Social Order in Contemporary Society*. Oxford: Oxford University Press. 2001, p. 17.

② Sanford Kadish, “Fifty Years of Criminal Law”, *California Law Review*, Vol. 87, 1999, p. 953.

变成管理不安全性的控制工具，风险成为塑造刑法规范与理论的重要社会力量”；“作为一种规制性工具，现代刑法以对抗风险为己任，其保护的触角日益由法益侵害阶段前移至危险形成阶段”。①现代刑法中的严格责任、持有行为、抽象危险犯②、公害犯罪中得以确立疫学上的因果关系准则③等理论均是“风险刑法”的体现。

（二）风险社会中犯罪预防策略的转变

对犯罪已经成为一种日常生活中普遍存在的事实之认识导致了一系列犯罪预防策略的深刻变革，与传统的预防策略相比，风险社会中的犯罪预防体系在不断创新——不仅要对犯罪根源做更为有效的管理，降低社会民众对犯罪的恐惧，还要加强对受害者的支持。可见，犯罪预防已经不局限于“改变”或“阻止”犯罪人的犯罪行为，犯罪预防之概念的外延日趋宽泛，正如犯罪的定义必将随其产生的历史背景和文化背景的改变而改变一样，而非表现出一成不变的特征。“事实上，所有的关于行为矫正的思想意识都可以归结为对预防的表述：包括从对剥夺犯罪能力（监禁刑等）、威慑主义和报应主义到权利恢复与整合等方面的研究，此外还包括非犯罪化以及最终废除死刑的问题进行研究。”④

在风险社会中，犯罪控制模式的转变代表了风险管理模式的改

---

① 劳东燕：《公共政策与风险社会的刑法》，载《中国社会科学》2007 年第 3 期。

② 抽象危险犯中司法者甚至无须关注个案的特定情形，也无须判断具体的结果性危险存在与否。抽象危险是以一般的社会生活经验为根据，通过类型化技术构建的类型化危险；防止具体的危险与侵害只是立法的动机，并不成为构成要件的前提。See：Vgl. Claus Roxin，Strafrecht Allgemeiner Teil，Band I，3. Aufl.，1997，S. 275 – 281.

③ 某一因素与相应疾病之间的关系，即使无法得到科学证明，只要根据统计和观察能够说明二者存在疫学上的高度盖然性时，即肯定条件关系成立。疫学上的因果准则，使刑法中因果关系的证明变得容易，有利于对公害犯罪的指控与定罪。

④ ［英］戈登·休斯：《解读犯罪预防——社会控制、风险与后现代》，刘晓梅、刘志松译，中国人民公安大学出版社 2009 年版，第 9 页。

变，国家承认其在提供安全保护方面的作用是有限的，犯罪预防不再仅仅是国家的事情，一套包括私人部门的和法定机构在内的复杂的犯罪预防系统开始运转——政府对犯罪控制推行了多部门协作预防，集体参与的警民合作方式广泛参与了局部区域的社会化风险管理，封闭的社区、购物中心的私人保安力量随之兴起，通过利用闭路电视监控系统、私人保安、通道控制，公共空间和企业空间中的监管在增多，“邻里守望计划”[①] 得到普遍接受和合作执行。“作为一种对犯罪控制有重要影响的更广泛的私有化概念正在为人们所认识”,[②] 利用市场提供公共服务和国家服务的商业化，如利用私人保安公司以保障社区安全，Garland 将其视为“市民社会的商业化和国家垄断犯罪控制的终结”。[③] 犯罪预防措施已经成为我们日常生活不可缺少的一部分，正是对犯罪被害风险无处不在的应对。

上述犯罪预防模式的转变体现了集体应对风险的思路，拓展了安全供给的新方法。公众可以依靠团结和自助的系统进行自我保护，实现风险的共担来对犯罪进行更直接的预防。犯罪预防是基于风险的一种语境，是一个系统的社会风险控制工程，其中，共同努力防止犯罪被害和帮扶已经遭受侵害的犯罪被害人，认真对待被害人的权利和需求成了犯罪预防体系的一个有机组成部分。可见，“危险共担”的思路纵贯犯罪（被害）风险控制的全过程，对犯罪

① “邻里守望计划”是指由居民在自愿的基础上组成非正式组织，大家均同意对彼此的财产进行看护，并将嫌疑分子的活动及时地向警方报告。See Hope，T. ‘Community Crime Prevention ’, in M. Tonry and D. Farrrington (eds), Building a Safe Society：Strategic Approaches to Crime. Chicago：University of Chicago Press. 1995. 其实早在 3000 年前，孟子就提出“守望相助，出入相支，疾病相持”的主张。近些年中国一些城市的社区综合管理实践中也推行了邻里守望计划，并收到一定效果。

② Crawford, A. The Local Governance of Crime ：Appeals to Community and Partnerships. Oxford：Oxford University Press. 1997. p. 203.

③ Garland, D. The culture of Crime Control ：Crime and Social Order in Contemporary Society . Oxford：Oxford University Press. 2001 . p. 17.

被害人的国家补偿以及其他的帮扶措施都源自于“危险共担”思想的统摄。

(三) 被害补偿是风险社会里集体应对被害风险的现实选择

从上文中对风险社会里的被害人及犯罪被害危险的现实考察来看，在现代风险社会里，对被害人命运的关怀和帮助，也就是对自己命运的关照，因为“自我”与“他者”不可分离，我们每一个人都是可能意义上的“潜在被害人”。全体社会成员和不同利益群体成了利害相关者，这就要求人们本着“共生”思维来追求可欲的安身立命的生活，需要形成集体性力量来应对社会中的犯罪被害危险。

正如学者 Hughes 一针见血地指出：“团结不是以积极的、紧密联系的感情为基础，而是以消极的、共同的恐惧为基础。”① 因此可以说，身处风险社会中的人们对于犯罪的普遍恐惧，更确切地说是对于成为犯罪被害人的恐惧，是能够形成集体性力量共同应对犯罪的最主要的现实驱动力，包括了对犯罪被害人保护在内的复杂犯罪控制系统获得了现实世界的真切“守望”，包括了犯罪被害人国家补偿的犯罪控制政策应因此被视为一种社会利益。因此，“危险共担”成了风险社会中应对犯罪被害风险的必然选择。日本学者大谷实就特别强调补偿制度对于预防犯罪的刑事政策意义：“如果犯罪被害人在遭受由于犯罪而造成重大损害的不幸，但不能采取恢复被害感情及对被害人进行法律保护的措施的话，便会招致犯罪被害人及市民的对包括刑事司法在内的法秩序的不信任感，进而削弱刑法的规制机能。总之，保护犯罪被害人的刑事政策上的意义在于维持、确保国民对包括刑事司法在内的法秩序的信任，由此而对预

① Hughes: Understanding Crime Prevention: Social Control , Risk and Late Modernity. Buckingham : Open University Press. 1998. pp. 156 - 157.

防犯罪和维持社会秩序作出贡献。”①

对危险的共同恐惧有利于形成团结一致的机制。这从2008年到2009年间世界各国为应对全球性金融危机和全球气候变暖而频频召开的国际会议便可以获得最直接的证明。而反观现代社会历史中已有的一些法律制度设计，也无不印证了上述判断。我们以德国法律制度中的“社会国原则”为例来说明。

德国基本法第20条第1项明文规定，社会国（Sozialstaat）乃德意志联邦共和国的国家目标。事实上，社会国的思想在德国由来已久，对于社会与国家之间关系的讨论古已有之，从柏拉图、亚里士多德、奥古斯丁、洛克、孟德斯鸠等，经典作家对两者关系时有高论，但“社会国”思想是从19世纪下半叶开始在知识界广为传播的，这与从19世纪下半叶德国的社会问题变得日益尖锐化，绝大多数人口处于相对贫困状态的事实有密切关系，社会中到处流传着对暴动和革命的恐惧，也正是因为如此，德国采用“社会国”思想率先在欧洲国家中实现社会立法。这可以从以下两个事件中得以佐证。1877年德国的诺尔廷根建立了一家社区慈善中心，中心主任艾森鲁厄对此做过解释，他说：“这的确是令人震惊的，最近我们看到了一种撕裂人类社会、毁灭我们幸福、腐蚀大众、破坏公民秩序的危险。我们的财产包括精神和物质都受到了严重威胁。”②1880年，一篇题为《乞丐的困境》的文章发出了警告：是不是一直要等流浪者从街头游逛转为有组织的社会劳动大军，破坏社会秩序，洗劫我们的国家，而后政府才会采取有效措施呢？③于是，惊恐不安的德国公众舆论不约而同地开始把国家视为解决社会问题的

① ［日］大谷实：《犯罪被害人及其补偿》，黎宏译，载《中国刑事法杂志》2000年第2期。

② Florian Tennstedt, Sozialgeschichte der Sozialpolitik in Deutschland, S. 141.

③ 徐健：《“社会国家”思想、公众舆论和政治家俾斯麦——近代德国社会保障制度的缘起》，载《安徽史学》2007年第4期。

领导力量，1881 年 11 月，德国开始社会立法。而德国于 1976 年颁布施行的《暴力犯罪被害人补偿法》也是以“社会国”思想为理论根据的：国家在社会中始终占有一席之地，国家可以促进个人与社会、权利与责任之间的和谐，可以维护社会整体的利益，因此，犯罪发生的损害结果应归诸大众之上，而国家（社会）对该损害负起一个整体责任。

由此可见，风险社会中无处不在的社会连带关系蕴涵着一种有利于人民团结一致的机制，这种团结一致的动力与其说来自于爱、悲悯与慈善，不如说来自于人们对于危险灾难和悲苦不幸的共同恐惧，因此支配着人们尽可能地开展活动，为自己和他人谋取幸福和减少痛苦，否则，一个人的苦难会波及其他的人。“在连带关系中，一个人的不幸影响所有的人，一个人的幸福使所有的人受惠。”①

而在此“危险共担”的过程中，国家要担当关键的角色，以国家为主导的公共力量要对犯罪被害人的创伤进行医治和修复。国家体现了集体性力量，是建立于强制机制之上的社会连带的具体实施者，“国家唯一具有的高效率地分配这些损失的能力以及国家保证公共福利的一般性责任表明，国家有责任建立这样的补偿制度。”② 因此，拥有强大权力的国家成了倚重的对象，建立于强制机制之上的国家成为“危险共担”的具体实施者，它增加了组织强度，减少了制度实施阻力。对被害人的国家补偿，无论是财政支持还是国家经办，都需要融入国家的主导性力量。综上，为犯罪被害人国家补偿制度理论根据的“危险共担”之论说。

---

① 沈宗灵：《现代西方法理学》，北京大学出版社 1992 年出版，第 252 页。

② Lesley J Friedsam , Legislative Assistance to Victims of Crime : The Florida Crimes Compensation Act , Florida State University Law Review , Winter , 1984.

（四）被害补偿之“危险共担”意涵

第一，作为犯罪被害人国家补偿法理论基础的“危险共担”的基本涵义是：由国家强力主导，将犯罪被害的危险在社会公众间共同分担，而不是允许遭受犯罪被害的不幸个体自己单独承担该危险。亦即，犯罪被害危险的社会共担指的是国家主导之下的社会共担，具体表现就应是掌管社会成员纳税收入的国家代表社会整合的集体力量对被害人进行物质给付，以帮扶被害人重建生活，恢复其具有“人性尊严之基本生活需求”的生活。因此被害补偿金来源由全体社会成员履行纳税义务构建的国家财政体系为主体部分，社会成员构成了一个共同分担被害危险的共同体。同时，社会全体成员当然包括犯罪人在内，因此，来自于犯罪人的那部分资金——被判处的罚金和没收的财产，以及服刑期间的劳动收入，充实被害补偿基金亦是没有任何正当性问题。更重要的是，犯罪人本来就是承担刑事损害赔偿责任之人，是需要对被害人进行物质给付的第一序位的义务主体，以国家为主导的集体性力量对于被害人之物质给付是替位性的，因此国家在已支付的补偿金额范围之内能够取得对于加害人的“求偿权”。

第二，由全体社会成员共同分担被害危险是有边界的，并不是所有的被害危险都应由全体社会成员共担。对于被害人自我招致的被害危险和未尽自我保护义务的自陷危险，都不应成为社会的负担，国家对此可拒绝补偿。社会共同分担的风险应是被害人无法控制的外来风险，而不能包括自我招致的风险。这体现了被害人作为社会的一员也应承担的社会责任。

第三，“危险共担”之意涵与一般社会法的意涵一脉相承。因为被害补偿法是具有一定程度社会法性质的一种新型社会法。由国家主导的社会集体力量对于诸如自然灾害和犯罪被害等生活危险的分担，已经超越了过去的人民对国家事务之等价交换关系，而转变为不等价交换关系。① 为保障国民享有符合人性尊严基本生活标准的生活，国家得对于不同需要者，或不同类别的弱势群体做不同之对待，也即是说分散风险的方式有所不同，比如同样是基于社会权的制度，社会保险与社会救助就体现为不同方式的风险分担，而被害人的国家补偿之危险共担方式与国家（社会）灾害救助最为接近。② 因此可以看出，被害补偿请求权具有部分社会权性质，这与上文中从基本权利的受益权能与国家的给付义务得出的结论是一致的。也因此，如果犯罪被害人获得了其他基于社会保障制度的物质给付时，其犯罪被害的灾难和风险已经得到了一定程度的分担，故，国家补偿之支付就能因此减少或免除。

三、被害补偿的“危险共担”与社会保险“危险分散”的区别

如前文论述，关于犯罪被害人国家补偿法理论根据的已有学说中的“社会保险说”，其核心思想是：运用保险之原理，将人们缴纳的税金当做保险费，当犯罪发生时，在符合保险契约约定的条件下，将损害转嫁到社会全体，被害人享有从国家获取一定物质补偿的权利，国家负有依保险契约给付一定金额的义务。笔者不赞同社

① 基于等价交换原理，人民有纳税的义务，自得享受国家服务的权利，此即纳税者的权利。然而为了现代公共福祉的实现，为了保障国民的生存权、社会权，并矫正社会不平等的现象，此等价交换原理乃转变为不等价交换。基于此不等价交换原理，高所得者缴交之大量税金乃可作为老人、贫困、伤残等有需要之人之财政支出。参见：［日］渡边洋三：《法とは何か》，岩波书店 1992 年版，第 178 页。

② 被害人国家补偿之“危险共担”与社会保障法的社会保险、社会救助的风险分担之方式和性质均有所不同。本节内容所比较的是与社会保险之“危险分散”之不同，与社会救助的区别将在第三章关于国家补偿制度的性质与定位一节中集中阐述。之所以说被害补偿之危险共担方式与灾害救助最为接近，是因为犯罪被害本身可视为一种“人为灾害”，但两者在危险分担的性质和内容方面存在本质的不同。

会保险说的观点，依据犯罪被害人国家补偿法，被害人是基于犯罪被害而没有获得赔偿之事由得向国家直接主张物质给付，是否纳税根本不是考量内容。社会保险说的立论根据在于“危险分散”，本书认为犯罪被害人国家补偿法的理论根据在于风险社会里的“危险共担”，那本书主张的“危险共担”理论与社会保险说之“危险分散”理论的区别在何处呢？笔者认为，两者之间至少存在两方面的重大区别，以下详述之。

（一）危险分配的原理与根基不同

社会保险是通过强制规范建立基金（主要由受保人、雇主的缴费形成），以应对个人难以独自承担的因年老、疾病、工伤、失业等原因产生的生活风险的收入关联制度。[①] 社会保险制度有其经济学基础——“市场失灵”理论，亦即在商品经济条件下，市场机制不能自动解决年老、疾病等方面的生活风险，因此要求政府组织实施社会保障予以干预。因此，社会保险制度的“危险分散”以受保人出资为前提条件，体现的是人类的合作互济和自治协商精神，个人可对之进行一定程度的自主选择；而且，社会保险制度除了风险分散之功能之外，还要解决“市场失灵”之下的社会财富再次分配的问题。也因此，“社会保险是以强制纳保为手段，以社会互助和社会连带为依托，兼具风险分摊和财富再分配之双重效果的社会保障制度。”[②]

犯罪被害人国家补偿的“危险共担”与商品经济以及“市场失灵”毫无关联，也与被害人是否出资投保或者履行纳税义务没有关系。之所以要求以国家为主导的全社会力量来共担犯罪被害危

---

① 董溯战：《论作为社会保障法基础的社会连带》，载《现代法学》2007年第1期。

② 庄汉：《我国社会保险立法的宪法分析——以〈社会保险法（草案）〉为主要分析样本》，载《法学评论》2009年第5期。

险，内生性根据在于国家对被害人的多重体系保护义务使得国家应向被害人支付物质利益，外生性根据在于风险社会的犯罪被害危险具有连带性，需要整体性力量共同应对。

（二）危险分配的规则不同

个人基本权利遭受犯罪侵害却又无从获得赔偿是犯罪被害补偿的事实根据，因此，来自国家和社会力量的“危险共担”具有“替位”之属性，国家给予了被害人补偿并不能免除加害人的赔偿责任，因此国家予以补偿之后，于补偿金额之范围内应取得被害人对于加害人或其他应负赔偿责任之人的损害赔偿请求权，而得代位行使该项权利，此谓“代位求偿权”。同时，若被害人自身对于遭受犯罪侵害的结果具有促进性作用的，比如是被害人的行为引发了犯罪加害行为，将成立补偿法上的“被害人可归责事由”，国家的补偿责任因此而免除或减少，亦即，被害补偿的“危险共担”是具有边界的，被害人自我招致的危险不应成为社会的负担。社会保险的“危险分散”则不具有上述性质。

正是从这个意义上，“危险共担”学说可以超越“社会保险说”，并能解决“社会保险说”所无法回应的理论批判。比如，有学者对“社会保险说”中“危险分散”理论提出了批判：“此见解忽略了每个人具有不同特质，此外，亦忽略每个被害人在犯罪的过程中所扮演的不同角色将影响其犯罪被害之发生与否及被害程度之大小。因为在某些时候，被害人对于犯罪之发生与有责任，甚至在某些犯罪被害的案例中，被害人所应负之责任更甚于犯罪人，因此将犯罪被害视为机会选择下之产物，由此而生之危险分担之观点立论，实有未当。”①

① 谢协昌：《犯罪被害人体系保护之研究》，中国政法大学 2007 年博士学位论文，第 53 页。

笔者认为该观点对于被害人自身对于犯罪被害的作用之阐述是言之有理的，被害人学的研究结果已经证明了这一点，本书提倡的“危险共担”理论并没有忽略这个事实，而正是充分关注到被害人“自我招致危险”（实质性引发犯罪加害行为）和“自陷危险情境”之情形，划定了国家社会共担危险的边界，认为对于被害人未尽自我保护义务导致的危险不应成为国家和社会的负担，而是要进行“被害人可归责事由”的判断，从而裁定拒绝补偿或减少补偿。也因此，“危险共担”理论能够解决“危险分散说”的缺陷，体现了公平与正义。

综上，运用保险之危险分散原理建构的“社会保险说”体现的是分配正义，具有市场经济学基础。本书建构的“危险共担”之论说体现的是修复性的矫正正义，是刑事司法的恢复性价值导向的延续，内含了刑事政策的底蕴。

四、本章小结：“优位法益多重保护之危险共担说”

综合本章上文所述，被害补偿法的内生理论根据之“优位法益多重保护说”和外生性理论根据之“危险共担说”两者兼容并蓄，共生成“优位法益多重保护之危险共担说”，此说可为犯罪被害人补偿法的理论基础，并能解决已有学说中的矛盾和问题，构建起被害补偿法的理论体系，并由此可以确立被害补偿法在法律制度体系中的准确定位，妥善解决本制度与其他制度的弥合与衔接问题。

“优位法益多重保护之危险共担说”作为犯罪被害人国家补偿制度的理论基础，至少论证和解决了本制度以下几个基础理论问题，而这正是已有的诸多理论学说无法解决的问题：

（1）犯罪被害人的国家补偿请求权之正当性根据；（2）为什么被害补偿范围限于遭受重伤和死亡被害后果的被害人；（3）为

什么不能以被害人经济陷入窘困为补偿条件；（4）犯罪被害人的国家补偿请求权之限制，亦即经济利益之补偿扶助的边界划定，其正当性根据在何处；（5）犯罪被害人国家补偿制度的性质与定位。

第三章　犯罪被害人国家补偿制度的性质定位与基本原则

第一节　犯罪被害人国家补偿制度的性质与定位

犯罪被害人国家补偿制度作为与刑事法和社会法密切关联的制度，一方面，“被害人补偿制度的价值取向不仅要充分考量刑事司法对环境的需求，合乎刑事司法的价值目标，而且也要充分考量这一制度所依存的环境及其所调整的内部关系，使之保持与环境的协调，实现内部利益关系的和谐”①。另一方面，被害人补偿法是基于“危险共担”原理而建构的制度，与基于“社会连带”因而“风险分担”的原理建构的社会保障制度具有关联和相似。因此，犯罪被害人国家补偿制度的性质和内涵具有独特性。

一、犯罪被害人国家补偿制度是具有刑事法色彩的新型社会法制度

虽然目前学界对于“社会法”的含义和概念尚有争议，但在一般的意义上，人们均认为，社会法以保护社会弱势群体的利益为

---

① 陈彬、薛竑：《刑事被害人国家补偿制度价值取向研究》，载《现代法学》2008 年第 5 期。

目标，以保护公民生存的基本人权为自己的价值追求，追求人与人之间具体的、实质的自由、平等和独立，通过对具体权利的保障实现社会公共利益的增进。有学者就认为，“社会法是调整在国家保障自然人基本生活权利过程中发生的具有国家给付性的社会关系的法”。[①] 社会法的直接目的在于解决一国的社会问题和社会矛盾，“社会法是国家为解决各种社会问题而形成的具有公法与私法融合特征的第三法域，是以维护弱者的权利和社会整体福祉为宗旨的一种新的法律体系。由于社会法提供了一种保护弱者的机制和利益分配的正义立场，它在一定程度上又被称为‘民生之法’”。[②]

在狭义的角度上，社会法就相当于“社会保障法”或“社会安全法”，现已成为现代社会中政府解决劳动者和社会成员社会风险的一种有效政府机制，起着“安全网”、“减压阀”、“稳定器”的作用，也是公民个人可主张的社会权的必然要求。而社会保障法律体系又包括了社会保险、社会福利和社会救助三个部分。

社会法所保护的权利是社会权，其最典型的体现就是受益权，从而要求国家履行物质给付义务，犯罪被害人国家补偿请求权也要求国家履行物质给付义务。从基本权利的受益权能与国家的物质给付义务的角度来看，从保障每个人都享有符合人性尊严的基本生活标准的基本目标上来看，犯罪被害人国家补偿法与社会法的价值目标与问题路向是一致的，在此向度上，犯罪被害人国家补偿法具有

① 郑尚元、扈春海：《社会法的界定论》，载《中国法学会社会法学研究会2007年年会论文集》。

② 余少祥：《社会法：维系民生之法》，载《今日中国论坛》2009第1期。

了社会法性质。[①]

与此同时，犯罪被害人国家补偿制度与刑事法存在天然的紧密联系，具有相当程度的刑事法色彩，具体体现为：从前文关于被害人补偿的理论根据可以看出，对被害人的补偿之保护其实是刑法保护的接续和延展；作为补偿对象的被害人是刑事司法程序的诉讼当事人或者诉讼参与人；补偿程序中补偿机关的工作也需要刑事司法机关的配合与协助；而在实体内容方面，被害补偿法领域中的“被害人可归责事由”之判断要以经过刑事诉讼程序的推进得出的刑法判决结果为基础和依据。

补偿决定之作出首先要求对被害人的行为进行“被害人可归责事由”考量，判断其是否对于自身被害产生过促进性作用或“贡献”，从而裁定是否拒绝补偿或者减少部分补偿。被害人可归责事由之判断是对被害人行为在犯罪被害结果中的作用进行的法律判断，此种判断以刑法领域中被害人行为之定性及归责判断为基础。在刑法领域中，被害人会因为自己的行为对犯罪加害行为产生的实质性作用而降低加害人的可谴责性，相对应地，在被害补偿法领域中，被害人的行为如果符合了被害人可归责事由之评价，被害人将不得或少得国家补偿。由此可见，刑法领域中的被害人责任在被害补偿法领域里具有相当程度的通约价值。

综上所述，犯罪被害人国家补偿制度与刑事司法制度之间具有不可分割的紧密联系，被害补偿制度具有浓厚的刑事法色彩。此种刑事法色彩，因此决定了具有社会法性质的犯罪被害人国家补偿制

---

① 犯罪被害人国家补偿法的这种社会法属性与前文第一章所论述的“国家补偿”的广义定义有关。因为，无论是社会保障还是国家补偿，最终落实的都是国家针对国民的物质给付，就这一点而言，可以在一定程度上说广义的国家补偿包含了社会保障之给付，虽然在现代法律体系中，社会保障之给付部分已从国家补偿体系中分离出来，但两者之间却具有制度本源上的密切联系。而犯罪被害人国家补偿作为国家补偿的一种类型，因而具有社会法属性也就顺理成章了。

度与一般意义上的社会法（社会保障法）制度的分野，它突破和超越了一般意义上的社会（保障）法之内涵，因此，笔者认为犯罪被害人国家补偿制度是一种新型的社会法制度。

之所以要冠以“新型”社会法定位，是因为其具有不同于一般社会法的独特性质，具体体现为以下四个方面：

第一，与被害补偿制度中的“被害人可归责事由”之补偿排除与限制条件相比较，一般社会法只需关注申请人的需求而无须进行上述限制。因为依据社会法原理，申请者的需求是最主要的考虑，不会考察他的行为有何不妥而做不同的考虑，正如对于地震灾民的救助决不责难他自己盖的房子不够牢固，或者是对于领取失业金的失业者不应责难他工作懒惰。在一般的社会法中，不存在奖励合乎社会期望的行为而制裁违反社会性的行为的说法，因为当社会被要求提供社会福利款项时，它所面对的是需要物质帮助的客观事实而不是行为本身。正如德国学者 Kunz 所言：社会法身为一个促进更好的社会秩序之法律机制，其功能不在于要去质疑损害是由谁造成的，也就是说，就社会法的目的而言，不会引申出这样的原则：根据损害引起的观点来决定是否给予损害填补。由国家提供的社会扶助应该以申请者的需求为最主要的考量。①

第二，被害补偿法的排除与限制条件的“被害补偿之妥当性考量”（下文第五章有详尽的论述——笔者注）中的“双向度”考量路径，则充分体现了被害补偿制度兼具社会法属性和刑事法色彩的独特性。被害补偿的妥当性考量指的是被害补偿之裁定要考察与被害人有关的各种事项，依一般社会观念对是否补偿以及补偿额度进行的有关妥当与公平的综合性判断。该判断是并非单一向度的而是双向度的综合性判断——如果给予补偿被认为是不符合公平正义的，将拒绝或减少补偿；或者相反，虽然有诸如“被害人可归责

① Kunz, Stefanie, a. a. O., S. 153.

事由”等拒绝补偿之事由，但存在补偿之非常之紧迫性，若不给予补偿被认为是不符合公平正义的，应给予部分补偿。此种双向度的考量是被害补偿法作为一种新型社会法的性质所决定的，使其不同于一般的社会保障法制度。

第三，社会保障法的宗旨是对弱者的救助与倾斜保护，打破了传统的权利义务对等原则，犯罪被害人国家补偿制度则并没有打破此种权利义务对等原则。“通常，权利义务对等是一项原则，社会法的倾斜保护对该原则的挑战是，救济法如何兑现权利与义务的一致？显然，在社会法领域权利义务一致原则是不能成为原则的，它只能成为例外”。[①] 此种权利义务对等原则被打破的最集中体现莫过于以国家物质给付为主要内容的社会救助，比如，灾害救助，城市流浪人员的生活救助等，完全是国家单向度的给付义务而无法要求被给付方履行相应的义务。

而犯罪被害人国家补偿制度却并非单向度的国家给付，而是要求被害人履行相应的义务。考察世界各国立法例，有相当多国家的被害补偿法将申请补偿者是否协助司法机关追诉犯罪以及是否与补偿机构合作作为决定是否予以补偿之考量因素。包括迟延向警察机关报案，或对于司法机关之诉追程序应提供却不提供必要之协助或不与司法机关以及补偿机构合作等情形。比如德国补偿法就在第2条“驳回理由”中规定：“被害人因其不作为，未提供所能提供之事实解释及行为人之追捕资料时，特别是未向刑事追诉机构为立即之告发时，得拒绝给付。”此种规定的正当性在于：被害补偿法的基础在于社会全体成员对被害人的被害危险进行共担，体现了社会团结互助之精神，申请补偿之被害人获得补偿金之给付使得自己遭受的损害得以一定程度的修复，权利与义务对等，因此同样基于社会互助精神，应要求申请补偿之被害人提供追诉和控制犯罪之必要

① 郑尚元：《社会法的存在和社会法理论探索》，载《法律科学》2003年第3期。

协助。

第四，犯罪被害人国家补偿制度具有一般的社会保障制度中并没有的追偿权（亦即“求偿权”）。给付行政理论的鼻祖，德国公法学家福尔斯托霍夫认为：国家对人民负有“生存照顾的义务”，国家应当提供金钱、物质或者服务，以提高或者改善人民的物质或者精神生活的品质，这是国家的重要任务之所在。[①] 现代国家中的公费医疗保险、失业保险与救济、最低生活保障等社会保障制度等体现的无疑是此种国家的“生存照顾义务”。当国民陷入了贫困、疾病、失业等特殊的困顿状态，个人可基于社会权要求国家履行“生存照顾义务”而直接获得来自于国家的物质给付。一般的社会保障制度中对国民的物质给付是单向度的，给付之后国家是没有任何求偿权的。

与此相对，就犯罪被害人国家补偿制度而言，国家对犯罪被害人给予物质补偿，尽管具有社会法性质，但其根据并不在于国家对人民的“生存照顾的义务”，而是被害人基本权利受到了来自第三方的侵害不能获得赔偿从而要求国家和社会进行“危险共担”。因此，被害人首先要致力于获得来自犯罪加害人或其他应负赔偿责任之人的刑事损害赔偿，只有在无从获得损害赔偿的情况下才可获得被害国家补偿，故，每一个国家的犯罪被害人国家补偿制度中都无一例外地规定了“求偿权”。所谓“求偿权”指的是国家于支付犯罪被害补偿金后，于补偿金额范围内，对犯罪行为人或依法应负赔偿责任之人有求偿权。[②] 因为国家是在对被害人先行给付的情况下向犯罪人进行追索，故求偿权的设置并不会妨害国家履行对被害人

① 蔡进良：《给付行政之法的规制》，载《宪政时代》第 24 卷第 1 期；杨建顺：《日本行政法通论》，中国法制出版社 1998 年版，第 326—328 页。

② 许启义：《犯罪被害人保护体系之研究》，中国政法大学 2007 年博士学位论文，第 164 页。

的保护义务以及给付义务，亦即不会损及被害人获得应得利益的权利。

作为一种新型的社会法制度，犯罪被害人国家补偿制度与一般的社会法制度之间是要求并且能够进行制度弥合的，此种弥合可体现为两个方面：

第一，犯罪被害人国家补偿制度并不是对一切犯罪被害人都予以物质补偿。对于具有“被害人可归责事由”的被害人以及未尽司法合作义务之被害人，将有可能被拒绝补偿，但可以基于一般的社会权请求其他的社会保障之给付。

第二，从最广义的角度来说，因为一起犯罪事件受到损害和伤害的人还应包括犯罪人的亲属，当犯罪人因为犯罪被抓捕以及判处徒刑甚至死刑时，其亲属必将为此遭受巨大磨难，特别是需要犯罪人扶养的老人和儿童可能因此衣食无着而陷入困顿状态。此种状况与被害人及其亲属的悲惨境况并无多大差异，但是，犯罪被害人国家补偿制度是不可能将此纳入补偿范围的，也就是说，犯罪人的亲属是无权向国家主张国家补偿的，但他们能基于一般的社会权请求其他的国家物质给付，比如最低生活保障。

二、犯罪被害人国家补偿制度是一种补充性的法律制度

犯罪被害人国家补偿制度具有补充其他制度之性质，是一种补缺型法律制度。此种补充性质体现在两个方面：一是对刑事损害赔偿诉讼并不能恢复被害人遭受损失的补充之物质帮扶；二是对其他社会保障制度救济不能的补充之物质帮扶。具言之：

第一，被害人首要致力于获得来自于犯罪加害人或其他应负赔偿责任之人的刑事损害赔偿，只有在无从获得损害赔偿的情况下才可获得被害国家补偿。也因此，国家在补偿被害人后享有代位追偿权，因为是犯罪人而不是国家造成了被害人的损害，国家的补偿

是一定程度上的“替偿”，从中可以看出被害补偿的补充性质。

第二，如果被害人已依现有制度得以填补其损害的一部分或全部，国家在其所受之损害赔偿以及其他得受之给付范围内，不再予以补偿，所有得到之赔偿或其他给付均得从补偿总额中扣除。可见，犯罪被害人国家补偿制度具有补充其他社会保障制度之性质。如此，可避免犯罪被害人获得双重给付，兼顾了国家财政和社会资源的公平分配和妥善运用。

由此可见，虽然被害人获得来自于国家的被害补偿是一种权利，对应的是国家的给付义务，但是，并不能否认国家给付具有相当程度的补充性和“替偿性”，只有在不能获得或者完全获得刑事损害赔偿以及其他社会保障给付的情况下，才能由国家承担被害补偿责任，同时，国家在补偿被害人之后有向赔偿责任人追偿的权力。

三、犯罪被害人国家补偿制度是刑事政策的有机组成部分

正如前文所述，对危险的共同恐惧有利于形成团结一致的机制，因此集体应对风险的“危险共担”思路实际上纵贯犯罪（被害）风险控制的全过程。包括了对犯罪被害人保护在内的复杂犯罪控制系统实际上是合理组织集体力量应对犯罪的“反应系统”，是一种具有预防和控制犯罪之意义和效用的刑事政策；而对犯罪被害人的国家补偿是被害人权利保护体系的基础部分，被害补偿被视为一种社会利益，应为刑事政策的有机组成部分。

日本学者大谷实认为犯罪被害人国家补偿制度的“刑事政策上的意义是，通过对犯罪被害人进行补偿，回复由于发生犯罪而失

衡的法秩序及国民对刑事司法的信赖，由此而安定社会秩序。”①笔者认为，犯罪被害人国家补偿法的刑事政策意义还不仅止于此，对犯罪被害人的国家补偿对于预防控制犯罪以及倡行刑罚轻缓和刑法谦抑原则具有重要意义，而这一点对于中国这个具有重刑主义传统的国家正在施行的死刑改革而言，更具有直接而现实的意义。

刑罚轻缓化和刑法谦抑原则是现代刑法的发展趋势，但是这需要国民能够对犯罪行为和犯罪人有所“宽容”的普遍心态作为外部环境支持，在中国近些年推行的“少杀”、“慎杀”之死刑政策改革遭遇了来自被害人和广大民众的重重阻力，就说明我国目前尚不具备此种“宽容”的环境。其中的一个重要原因就是没有一个制度能够消解身心俱创的被害人以及更多的普通民众心中的愤怒和仇恨，能够接受“杀人犯”不被判死刑的结果，特别是因为遭受犯罪侵害却又得不到任何赔偿而陷入贫困交加之窘境中的被害人，他们愤怒而绝望，强烈要求判处“杀人犯”死刑，不然就上访、缠诉、自残或聚集请愿，甚至产生“恶逆变”进行报复犯罪。

此种境况下，实施犯罪被害人国家补偿制度，对犯罪被害人所遭受的损失给予一定的补偿是消解被害人的仇恨和伤痛的最好办法。经济补偿能够在一定程度上挽回被害人所遭受的损失，一定程度上缓解了物质上的困难，同时抚慰了被害人悲痛欲绝的心灵，使国家对被害人人权的保障落到实处，弥补刑事法对被害人权利保障的不足，也向广大国民昭示了社会正义的回归，满足了国民对社会正义的基本需求。在这种情况下，包括被害人在内的广大民众对重刑、死刑的期待值自然会有所降低，这就为刑罚的轻缓化和刑法的谦抑创造了必要的外部环境和可行性空间，也在很大程度上有利于防止“恶逆变”的报复型犯罪。

---

① ［日］大谷实：《犯罪被害人及其补偿》，黎宏译，载《中国刑事法杂志》2000年第2期。

正如德国著名学者李斯特关于刑事政策的经典表述："最好的社会政策是最好的刑事政策"，犯罪被害人国家补偿制度应是良善社会政策的有机组成部分。因此，其价值就不仅在于"回复由于发生犯罪而失衡的法秩序及国民对刑事司法的信赖"，而应该还有在全社会实现公平正义、全体公民权利受到尊重、合法权益得到保障之构建"和谐社会"的深远意义。犯罪被害人国家补偿制度体现的是修复性的矫正正义，是刑事司法恢复性价值导向的延续，更是构建和谐社会进程中必需的制度选择。

四、犯罪被害人国家补偿不是对被害人的"社会救助"

我国已有的被害人救济的地方尝试性实践中，没有关注到"被害补偿"与"被害救助"的区别，在语词表述上是混同的，将属于被害补偿制度中的一些制度设计直接纳入到被害救助实践中，比如被害补偿制度中的"追偿权"制度，① 这实际上是不符合救助制度的原理的。

在目前我国的理论界，把犯罪被害人国家补偿看做国家救助的也不乏其人。比如，陈卫东教授认为："关于这项制度的名称，各国并不统一，我认为称为'国家救助'是科学的。被害人国家救助并非国家赔偿，因为从法理上来讲，被害人因犯罪行为所遭受的物质损失，应当由包括被告人在内的负有赔偿责任的人予以赔偿，国家对被害人实行救助，只是一种救急性的国家福利，体现的是国家的一种关怀与抚慰。被害人国家救助也不能叫国家补偿。虽然被

① "江西试行刑事被害人救助实施办法：有能力赔偿要追偿"，2009 年 11 月 20 日 http：//www.law - star.com/cacnew/200911/300048535.htm，2009 年 12 月 5 日最后访问。据该报道介绍："刑事被害人或其近亲属获得救助后，有关机关一旦发现被告人或其他赔偿义务人有能力履行民事赔偿义务的，由原办案机关依法向被告人或其他赔偿义务人追偿。"

害人救助要以一定的经济补助为条件，但救助所强调的是‘应急’或‘济难’，并不是为了弥补被害人因此所遭受的损失，而救助的金额也不一定与被害人所遭受的损失相等同，故而无所谓‘补偿’的问题。”① 在我国已有的关于被害人国家补偿制度的研究文献中，也有学者将被害人的国家补偿与国家救助等同，比如，许永强博士在其著作《刑事法视野中的被害人》的第五章“被害人与国家补偿、社会援助”中，多次提及“构建被害人救助体系”、“建立我国被害人救助体系的构想”，而且强调“之所以用‘救助’一词，是有特定的含义，指对被害人因遭受犯罪侵害造成人身或财产方面损失而予以的弥补和救济”。②

笔者不能苟同上述见解，认为被害补偿不等同于对被害人的社会（国家）救助。当然，这是前文中论述的关于被害补偿法是一种新型社会法的定位的必然结论。之所以在此单独强调，主要目的是针对目前我国被害人救济的理论与实务中对此问题的普遍性误解进行澄清。下文详述之。

其实前文关于犯罪被害人国家补偿制度理论基础的论述中已将被害补偿与社会保障制度中的社会保险、社会福利区分开来，那么被害补偿与社会救助的区别在何处呢？我们首先可以从对社会救助的定义考察来对两者进行区分。

何谓社会救助（Social assistance）？发达国家与发展中国家关于社会救助的定义有一定的区别。比如美国 1999 年出版的《社会工作词典》则主要从资金来源和福利性质来界定社会救助：社会救助是一种由政府一般税收提供资金，并通过对申请者的需求和家

---

① 该观点来自于人民法院网 2008 年 8 月 14 日由罗智勇、王敏发表的“加强刑事诉讼中被害人合法权益的保护——‘中澳刑事被害人保护问题研讨会’观点摘要”一文。2008 年 8 月 14 日 http：//rmfyb. chinacourt. org/public/detail. php？ id = 120434. 2009 年 10 月 8 日最后访问。

② 许永强：《刑事法视野中的被害人》，中国检察出版社 2003 年版，第 160—196 页。

计进行审核的社会保障形式。在大多数国家，这是一种补缺型的福利供给。但在那些没有采用社会保险供款系统的国家，社会救助则是他们的主要福利计划。[①] 亚洲发展银行的定义是：社会救助计划是用来援助最弱势的个人、家庭和社区，并使他们达到生存水平和改善生活标准的……社会救助通常被定义为由政府（中央或地方）提供资金、以家计或收入调查为基础的现金或实物援助。[②]从上述定义可以看出，社会救助体现了强烈的"济贫性"，其实西方社会的社会救助制度的起源正是英国的《济贫法》（Poor Law），因此，"贫困状况审核"、"家计调查"、"收入调查"便成了社会救助制度中不可或缺的内容。

我国学者提出的社会救助概念也以贫困人口为对象，比如有学者认为："社会救助是在公民因各种原因导致难以维持最低生活水平时，由国家和社会按照法定的程序给予款物接济和服务，以使其生活得到基本保障的制度"。[③] 而我国目前正在审议、修订中的《社会救助法（草案）》则规定："社会救助，是指国家和社会对依靠自身努力难以维持基本生活的公民给予的物质帮助和服务。社会救助以贫困孤残供养和最低生活保障为基本内容，并包括教育救助、医疗救助、住房救助、自然灾害救助、临时救助以及国家确定的其他救助。"在我国的社会救助体制中，政府在承担主要责任的同时，也非常强调社会互助和自力更生，并强调家庭的责任，具有补缺型福利的特征。"申请和审核程序上的严苛性预示着申请者在获得政府援助之前必须充分依赖家庭和社会互助。由于地域广大、各地社会经济

① Barker, R. L. The Social Work Dictionary (4th ed.), Washington, D. C. : NASW Press. 1999. p. 447.

② Howell, F. , Chapter7 Social Assistance: Theoretical Background, In I. Ortiz (Ed.), Social Protection in Asia and the Pacific. Asian Development Bank. 2001. p. 257.

③ 时正新、廖鸿：《中国社会救助体系研究》，中国社会科学出版社2002年版，第2页。

发展水平差异悬殊，社会救助计划基本由地方政府管理和拨款。救助给付由社区机构决定和输送，而且输送过程带有明显的“污名效应”，把政府救助或福利保障作为社会权利的观念尚未建立”。[①]

综上所述，社会救助以生活陷入困境的“穷人”为对象，亦即社会救助制度的目的是救助那些一时陷入困境而不能自拔者，是通过救助而促进其自立，正所谓“救是救一时之急，助是助奋起自立”。[②] 也就是说，社会救助是一种保障国民最低限度的基本生存的社会保障制度。

但是依据前述的犯罪被害人国家补偿法原理，并不能得出被害补偿要以被害人陷入生活困境为必要条件之结论。根据“优位法益多重保护说”，在犯罪被害的场域中，所谓“人性尊严之基本生活需求”的标准应包括物质和精神两个层面，即便是并未因犯罪被害陷于生活窘迫，但是被害人遭受着巨大精神创伤，特别是被害人死亡的情况下，其遗属所承受的失去亲人的撕心裂肺之痛苦，其生活情状，无不令人怜悯哀伤，不能说符合了人性尊严之生活标准，国家对此不能丢弃不管。虽然国家补偿所给予的物质给付并不能抹平创伤，但至少在一定程度上表达了国家和社会的患难与共的关切，这才符合被害补偿法之意旨。当然，国家应予以补偿扶助之对象，首先应优先指向经济窘困以至不能维持生活之弱势群体，但不应以经济上不能维持生活为限，也即不应以被害人陷入经济窘迫为必要条件。当遭遇犯罪之特殊灾害之后，犯罪被害人实际上已成为一个亟待伸出援手之弱势团体，“因此被害人因犯罪发生的经济上困境，固得要求国家予以救助外，为了回复其损害，国家亦应给

① White, G., Social Security Reforms in China: Towards an East Asian Model · In R. Goodman, G. White, & H. - J. Kwon (Eds.), The EastAsian Welfare Model: Welfare Orientalism and the State, London; NewYork: Routledge. 1998. p. 193.

② 蔡汉贤：《社会立法析评》，（台北）中国社会行政学会2000年版，第60页。

予必要的扶助，当不以经济需求为限”。[①]

由上文论述可以看出，将被害人国家补偿和社会救助两种制度区分开来的是两者的给付对象范围有所不同，即被害补偿的对象范围不仅限于生活陷入困境中的被害人，因而被害补偿的对象范围大于被害救助的对象范围。但这只是表象，从实质上来看，两种制度在性质上是有本质差异的：社会救助属于社会保障制度的一部分，所关注的只是被救助人最低限度的基本生存权保障问题，因此国家只需关注救助申请人的需要，承担的是单向度的物质给付义务；被害补偿是新型的社会法制度，因此，是否给予补偿并不仅仅考虑被害人的需求，还要求符合若干补偿条件——比如要对被害人行为在被害过程中所起的作用进行“可归责事由”判断，犯罪被害人和加害人不能属于“共同经济生活体”，等等。因此，被害补偿制度和社会救助制度两者在制度原理和制度架构等方面存在重大区别，不能将被害补偿定位于对犯罪被害人的社会救助。

综上所述，犯罪被害人国家补偿制度属于司法领域的国家补偿，有其自己独立的法律品格：既具有社会法性质，又具有刑事法性质，因此是一种具有刑事法色彩的新型社会法制度；被害补偿制度同时是一种对其他制度进行补充的法律制度，属于刑事政策的有机组成部分，具有防控犯罪、增进人民司法信赖、促进刑罚轻缓化改革等多方面的价值内涵和政策意义。因此，被害补偿制度与社会救助制度存在重大区别，两者不能混同。

第二节　犯罪被害人国家补偿制度的基本原则

任何一部法律都具有贯穿全部法律规范、具有指导和制约其立

① 谢协昌：《犯罪被害人保护体系之研究》，中国政法大学2007年博士学位论文，第53页。

法和执法工作意义，并体现其基本精神与价值意蕴的准则，即为此部法律的基本原则。犯罪被害人国家补偿法的基本原则蕴涵了被害补偿制度的基本价值，决定着整部补偿法的基本走向，对于其复杂而庞大的立法工作以及此后的执法工作都具有重要的指导意义。

一、补偿法定原则

权利是现代法治社会的重要指标，“是现代公民身份的核心内容，也是现代社会制度的一个结构性要素”①。犯罪被害人之国家补偿请求权是一项权利，给予被害人物质补偿是国家之义务，而不是随意的恩赐或优惠。因此，需要用法律规定的方式来明确被害人获得国家补偿的权利，而且还应设计相应的制度来保障这些权利的实现，同时，此种权利应该被规范和限制，补偿条件应符合明确性要求，是否补偿以及补偿之额度都应有据可循，此谓“补偿法定原则”。

第一，当然是明确规定被害人获得补偿的各种条件，只要符合条件者便可申请补偿，补偿机关不能以各种非正当理由任意地拒绝或减少补偿，剥夺被害人获得国家补偿的权利。

第二，应特别强调保护和尊重补偿申请人作为一个“人”所不可或缺的人格利益，维护他们之所以为“人”的自由和尊严，避免让被害人受到再次伤害，这是被害补偿法是否为高水准立法的标志之一。犯罪被害人已经遭受了来自犯罪侵害造成的巨大伤害，补偿机关工作人员不能对被害人言语粗暴态度傲慢，或者是将被害人看做“他者”或“异类”，在补偿工作中对被害人表现出如施舍者对乞求者一般的轻蔑与傲慢，伤害被害人的人格尊严。

第三，有权利就有救济，“凡权利受到侵害时应有法律救济之

---

① 夏勇：《朝夕问道——政治法律学札》，上海三联书店2004年版，第180页。

方法，此为权利本质”,[①] 对于补偿决定被害人不服的，应为其提供通畅的救济渠道，不能设置阻碍。在被害补偿实践中可能出现不规范的操作，从而侵犯被害人的权利，比如：符合条件的被害人得不到补偿，擅自降低补偿标准和额度，补偿经费被挪用，未有效保护补偿被害人的隐私等人格利益等。对此，被害补偿法必须规定相应的权利救济制度，建立规范和操作简便的行政复议和行政诉讼之救济程序，建立责任明晰的补偿经费之监管制度。

第四，被害补偿法是实体法和程序法的统一体，其价值取向和立法目标确定之后，能否通过法律程序实现这些价值和目标则是关键。因此，被害补偿法在规定实体性权利的同时，还必须明确规定被害补偿的正当程序，即补偿机关履行职责与被害人主张权利所应当遵循的方法、步骤和时限等所构成的连续过程，具体包括补偿申请的方式、步骤、顺序，补偿机关的办理程序和时限，信息反馈等，从法律规范上规制被害补偿的法律关系主体严格按照法定程序行使权利和履行职责，保证被害补偿的过程公正。

二、补偿必要原则

犯罪被害人国家补偿法是保障犯罪被害人这一特殊弱势群体之权益的法律，有其立法目标和价值，其物质给付应给予最需要帮扶的被害人，因此其并非阳光普照式的社会福利，不能被不符合条件和目的地滥用，需达到相当程度的条件和必要性，方能补偿。

在此原则下，补偿对象应限于重伤害被害人以及死亡被害人之遗属，对于遭受财产犯罪损失之被害人，其尚未失去恢复重建生活的能力，没有补偿之必要，应被排除在补偿范围之外。同时，被害

① ［英］威廉·韦德：《行政法》，徐炳等译，中国大百科全书出版社 1997 版，第 95 页。

人自身对于被害结果的发生具有促进性作用，或者是被害人未尽自我保护义务而自陷犯罪被害情境，都属于被害人可归责的事由，对此，国家和社会不能为其承担，应拒绝或减少补偿。同时，犯罪被害人补偿制度具有补充之性质，是一种补缺型法律制度，因此，如果被害人已依现有制度得以填补其损害的一部分或全部，已再无补偿之必要，国家在其所受之损害赔偿以及其他得受之给付范围内，不再予以补偿，所有得到之赔偿或补偿或其他给付均得扣除。

三、补偿妥当原则

作为切实保护被害人权益的被害补偿法，应当尽最大限度达致良善之追求，做到情理法兼容。补偿机关所作出的是否补偿之决定要符合“一般社会观念”之妥当性判断，要遵循源于人类社会自然情感并在人类长期的文化发展和历史变迁中形成的“常识、常理、常情”。对于社会生活基本道义的坚守、对自然情感的呵护和对普遍伦理的维持，都应体现于被害补偿法的实体和程序内容里。在作出是否补偿或补偿多少的决定时，对于特殊对象及其特殊需求要特殊考量，比如，性犯罪被害人、家庭暴力犯罪被害人、亲属间杀害之被害人，都需要考虑到其特殊性而需要特殊考量。对于陷入到具有补偿之非常必要性或紧迫性的困境中的被害人，即便其行为构成了“被害人可归责事由”，如果不给予补偿，依一般社会观点显得不妥当的，要给予部分补偿。

四、补偿及时原则

被害补偿程序包括补偿案件的申请、审理、决定以及不服补偿决定的救济四个方面。为了切实保障被害人的被害补偿请求权，使被害补偿制度得到有效实行，一般来说，补偿程序应尽量简化、快捷并确保公平。补偿申请之提出应尽可能简化。补偿请求权人有特殊状况不能亲自申请的，可由他人代为提出申请，例如请求权人为未成年人或身受重伤或其他不便提出申请之理由，可由父母、监护人或其他适当之人代为提出。为了避免时间拖延严重影响请求权人之权益，补偿机关应自受理之日起一定时间期限内作出决定，提高效率，达到及时帮扶犯罪被害人之立法目的。规定预付补偿金制度，亦即授权补偿机构，在作成终局补偿决定之前，于一定条件之下，为照顾受害人之特殊需要，允许预先给付一定金额之补偿，以便及时有效发挥被害补偿制度之功能，满足被害人生活上、医疗上等方面之急迫需要。

第四章 犯罪被害人国家补偿制度的排除与限制条款之一

——被害人可归责事由

犯罪被害人国家补偿制度的意旨在于保护犯罪被害人使其免于社会生存能力减弱之痛苦以及缓解其遭受的精神创痛，由国家提供经济利益之扶助，这体现了社会和国家对犯罪被害人这种特殊的弱势群体的责任。不过，任何扶助的提供都应该有一个公正合理的边界，并不是所有的被害人都具有“适格”（deserving）之申请人资格，即便有适格之申请人之身份，也并不意味着可获得全额的国家补偿，一部分申请人只能获得一部分补偿甚至被拒绝补偿。在被害补偿法领域里，这种区别对待和边界划分的根据来自于一个重要的法律范畴——“被害人对其被害有可归责之事由”（以下简称“被害人可归责事由”）。被害人可归责事由是补偿机构在决定是否给予补偿以及给予多少补偿时必须予以作出的判断，目的是为了保障有限的犯罪被害补偿金不被滥用且能实现被害补偿法的意旨。考察已有的立法例，虽然表述各不相同，大多数国家的被害补偿法均对被害人可归责事由作出了规定，比如：《德国暴力犯罪被害人补偿法》第2条第1项规定，在被害人之行为方面，凡因自己之有责行为导致犯罪者，不得申请补偿。①

---

① 赵可主编：《被害者学》，中国矿业大学出版社1989年版，第313页。

但是，“被害人可归责事由”是一个不确定的法律范畴，被害人补偿法的责任归属问题并没有如同民法、刑法一样的归责适用原则，需要执法者的解释和价值判断，再加上被害人可归责事由的判断和裁量关涉被害人补偿请求权是否实现以及在多大程度上实现的切实利益问题，因此，不管是在理论界还是在实务界，“被害人可归责事由”都是犯罪被害人国家补偿制度中争议最大的问题。

第一节 互动场域中的被害人行为及法律意义

一、互动场域中的被害人行为——“被害人可归责事由”研究的逻辑起点

犯罪被害人国家补偿制度的意旨在于扶助无辜的（innocent）被害人，完全无辜的被害人是被害补偿方案的最理想类型，无须考察复杂情形，应给予全部补偿。但是，已有大量犯罪学和被害人学的研究成果表明，在很多情况下，犯罪是一个由犯罪加害人与被害人交互作用与共同推进的过程，加害人和受害人往往相互交织和转化，受害人不能被简单地归为有过错还是无辜的（guilty or innocent），由于无穷变化的实际情况，很难作出非此即彼的判断。谁是被害人谁是犯罪人的问题，也许或多或少是偶然的。现实世界中的犯罪有相当部分的情形是这样的：主动挑起事端的人却丢了性命，以“被害人”身份而告终。我国台湾学者张甘妹认为“二者（犯罪人与被害人——笔者注）往往相互具有原因上共通之某种因素，颇难如黑或白一样明显的区别，亦不能断定一方为全恶而他方则全善。”①

① 张甘妹：《犯罪学原论》，台湾汉林出版社1985年版，第308页。

许多犯罪是在高度复杂的社会交互背景下得以实施的。被害者学的学者从被害者和加害者互动的社会交换（social exchange）上构造的“被害者和加害者互动理论”认为：至少在人身攻击的犯罪上，犯罪者和加害者绝对不是两个相互独立的个体，他们在彼此间有着显著互动的关系，而犯罪之所以发生与此互动关系密切。易言之，犯罪加害者会做出什么行为，和被害者的反应有关，反之亦然。[①] 互动理论中最著名的理论当数“被害者引发理论”（victim precipitation）。美国犯罪学家渥夫冈（Wolfgang）从他对谋杀案件研究的案例中，发现占有四分之一的犯罪案例，犯罪之被害者与社会一般的看法“他们是对犯罪加害事件的反击者”大相径庭。相反地，在这些案例中确是首先实施攻击行为的人。换句话说，是犯罪被害者，而不是犯罪加害者首先拿起武器，或先有了对犯罪加害者有恐吓的罪行。渥夫冈称这种谋杀为“被害者引发”。[②]“被害引发”的逻辑性观点，已从谋杀犯罪扩张至其他类型的犯罪，比如，伤害和抢劫犯罪。由此可见，真实世界中的被害人形象背离了“理想被害人”的形象——被害人对所发生的事件无可责难之处；如果没有正直的行为，被害人至少是着手做自己的合法、普通的日常事情的人；被害人与实施犯罪的“陌生人”无关联。[③]

从被害者学的研究结论中可以看出，在一些案件中，犯罪被害的发生，被害人参与其中并对犯罪加害的发生具有引发作用或者是对加害结果产生过作用力，笔者将此种犯罪与被害的交互性场景称作“互动场域”，这是被害补偿法领域“被害人可归责事由”理论

① 黄富源、张平吾：《被害者学新论》，台湾铭传大学出版社 2008 年版，第 114 页。

② 黄富源、张平吾：《被害者学新论》，台湾铭传大学出版社 2008 年版，第 115 页。

③ 英国犯罪学家尼尔斯·克里思蒂（Nils Christie）建构的“理想被害人”著名模型，对犯罪学、被害人学以及恢复性司法理论的研究产生了深远影响。参见［英］詹姆斯·迪南：《解读被害人与恢复性司法》，刘仁文、林俊辉等译，中国人民公安大学出版社 2009 年版，第 6 页。

研究中非常重要的基础性事实。在这种犯罪的“互动场域”中，大量存在“并非纯粹无辜”的被害人，正是被害人的行为激发了、推动了犯罪加害行为的发生，或者是正是被害人的行为促成了、加大了犯罪结果。互动场域中的被害人行为，正是“被害人可归责事由”研究的逻辑起点。

二、作为被害性因素之一的被害人行为

与并不存在“天生犯罪人”一样，已有的被害人学研究结果也表明并不存在“天生被害人”，但不同的个体可能存在更容易被害的因素，被害人学研究者将这种来自于被害人的有利于犯罪的因素抽象为“被害性”概念。“被害性（victimity）”一词最初由被害人学的创始人之一门德尔逊提出，是静态的概念，是“各类被害人的特定共同现象的一般概念，而不问其被害原因如何”，旨在寻求作为被害人共性的生理、心理和社会特征。① 后来在被害人学研究中得到不断充实，目前我国学术界比较有代表性的观点是：“被害性即在犯罪过程中，与犯罪行为的发生有联系的和相关的各种条件中，属于被害者方面的所有条件的总和。”②

被害性是被害性因素之总和。日本学者宫泽浩一将被害性因素根据其作用分为两种类型：诱发性的类型和易感性的类型。③ 诱发性是指在被害人的行为中存在引起加害人的犯罪行为从而使自己被害的因素，如被害人的挑衅行为为典型的诱发性被害因素。易感性指对被害状态的无意识的顺应。白建军教授根据被害性的强度不

---

① ［德］汉斯·约阿希姆·施耐德主编：《国际范围内的被害人》，许章润等译，中国人民公安大学出版社1992年版，第4页、第18页。

② 北京大学法学百科全书编委会：《北京大学百科全书·刑法学　犯罪学　监狱法学卷》，北京大学出版社2003年版，第40页。

③ 张智辉、徐名涓编著：《犯罪被害者学》，群众出版社1988年版，第38—42页。

同，将被害性因素分为状态的被害性、过失的被害性和主动的被害性。[①]

笔者认为，上述分类并不符合分类的周延性，但从不同的视角对我们的研究提供了研究思路的启发，亦即不能仅停留在被害人学的事实研究层面却步不前，更要借助事实研究成果向规范研究转变。在刑法领域和被害补偿法领域，犯罪加害——被害之互动性以及被害人的被害性因素具有什么样的实体法律意义？对于这个问题，必须展开规范层面的研究。

有学者认为，从规范要求出发，被害性只有主动与被动之分。被动的被害性指的是一种状态，包括了被害人的年龄、职业、体能、精神状态等客观要素，是静态的被害性。主动的被害性则体现为一种针对加害人的行为刺激，是动态的被害性。这里所说的主动指的是该行为是相对于加害人而言从被害人方向所发出，是物理学意义上的，而非必须由被害人根据主观意识决定，丧失意志的精神病人、限制能力的儿童皆可能具有这种主动的被害性。[②]

对于上述被害性的静态（被动）和动态（主动）之分类，笔者认为是不够严密的，因为年龄、精神状态等客观要素并非静止而是变动不居的。同时，该学者认为被害人针对加害人的行为刺激是纯粹物理学意义上的，与主观意识没有关系，此种观点只能将其研究范围设定于被害因素在刑法层面具有的降低加害人刑事责任之范域中。因为在补偿法领域，被害人主观的自由意志因素对被害人的可归责事由之判断是具有重要意义的，这在下文中将有论述。

笔者认为，从规范意义上来看，被害性因素可分为被害人行为和被害人情状。被害人行为指的是被害人基于自由意志实施的、对

---

① 白建军：《犯罪学原理》，现代出版社 1992 年版，第 225—229 页。

② 王佳明：《互动之中的犯罪与被害——刑法领域中的被害人责任研究》，北京大学出版社 2007 年版，第 32 页。

犯罪人实施犯罪行为具有影响力的行为，包括针对加害人实施的行为以及其他与被害后果有密切因果关联的行为；所谓被害人情状指的是情势和状态，包括年龄、行为能力、精神意志等。在补偿法领域里，被害人的行为及情状都是具有法律规范意义的，当然情状单独本身不具有被害的归责意义，只有当其与行为结合在一起方具有归责的法律意义，故，下文中将直接对被害人行为展开论述，至于被害人情状则置于其中予以特别考虑。

三、被害人行为在刑法领域中的法律意义

在刑法领域中，被害人行为具有的法律意义在于产生了被害人责任。此种被害人责任与犯罪人的刑事责任不同，不是一种负面的法律评价和谴责，亦即被害人不会因此而承担任何实体意义上的责任，只是在“加害—被害”互动场域的法律评价中，因此而降低加害人的可谴责性，亦即降低加害人的刑事责任。

我国学者王佳明认为，犯罪人与被害人的互动引发并构成了犯罪的全部事实，刑法领域中被害人责任的概念需要借助犯罪责任来理解和体现；刑法领域中的被害人责任可以定义为被害人的不当行为或不当状态对犯罪人实施犯罪行为的实质性影响，体现了被害人行为或状态与犯罪人犯罪行为之间的因果联系；刑法领域中的被害人责任体现为两方面的内容，一是作为减轻犯罪人实体刑事责任的依据，二是对被害人自身不当行为或状态的否定性宣示评价；同时，被害人责任在民法上的意义在于是否以及在多大程度上减少犯罪人应支付的损害赔偿金额。[①] 对此，笔者持赞同意见。

对被害人责任进行分析判断，并不是要额外增加被害人之负

---

① 王佳明：《互动之中的犯罪与被害——刑法领域中的被害人责任研究》，北京大学出版社 2007 年版，第 81 页。

担，而是基于“加害—被害”之犯罪互动场域的客观真实情形，更准确地了解犯罪是如何发生和发展的，并在此基础上更科学准确地配置犯罪加害人之刑事责任以及相应的民事责任，这对于践行刑法中的罪刑相适应原则是具有建设性意义和贡献价值的。多年以来“以犯罪人为中心”建构的刑法理论大厦将被害人遗忘了，这种缺漏导致的结果不仅仅是损害了被害人之权利，而且同样影响了犯罪人刑事责任以及相应的民事责任之精准裁决，尽管并没有丝毫让犯罪人遭受不公正对待之理论动机——现代刑法无一例外都是以促进“（犯罪人）人权保障”为努力方向的，甚至许多刑法学家为此付出了殚精竭虑的毕生努力。仅从犯罪人的角度去分析犯罪，无法获得精准之犯罪过程全貌，也就无法精准地为犯罪人之刑事责任和民事责任作出判断。对被害人责任进行考察分析，有助于解决这一缺憾。

同时，从刑事司法恢复性价值来看，对被害人行为以被害人责任的定性进行否定性评价并宣示，可以令被害人认识到自己并非完全无辜，有利于消解自己对于犯罪人的仇恨，缓解因犯罪被害所带来的精神创伤，降低“被害”之情绪纠结以及“被害人”身份之认知强化，达到恢复健康情绪并重归正常生活之目的。从犯罪预防的角度来看，被害人责任之认定及宣示，有助于被害人以及潜在的被害人提高被害预防的意识，防止再次被害。

四、被害人行为在被害补偿法领域中的法律意义

与被害人行为在刑法中的法律意义不同，被害补偿法领域中被害人的行为如果符合了被害人可归责事由之评价，由此将对被害人的利益产生实质性影响——不得或少得国家补偿。

此种实质性影响的基本理由是：被害人的行为实质性引发了加害行为或者是对于犯罪被害后果的发生具有促成作用，基于每个人

应对自己行为负责的基本法理，被害人应对自己行为产生的后果承担责任。同时，被害国家补偿的目的和意义在于补偿无辜的被害人，因此这些并非无辜的被害人不值得国家为其提供利益扶助。此乃“被害人可归责事由”之法律意蕴。本问题将在下文重点论述。

五、两大法域中的被害人责任（归责原则）之比较

被害人责任在刑法领域和补偿法领域里的法律意义都起始于犯罪互动场域中被害人行为的研究，两大法域中的被害人责任有一脉相承之处，亦即通常情况下，构成了刑法中被害人责任的被害人行为都是补偿法意义中的被害人可归责事由。但是，两大法域中的归责之间又存在较大差异，主要体现在以下两个方面：

（一）对被害人行为的自由意志的不同要求

法学领域的故意、过失、自由意志、责任能力等概念是从法律规范的角度对于人主观心理的要求。对于被害人的主观心理而言，不同的法域的归责原则对被害人主观心理的考察视角是不同的。由于刑法领域中的被害人责任是不用进行主观方面的考察的，因为在互动场域中，无论主观方面如何，被害人的行为都将在客观上对加害人的行为实施产生实质性影响从而影响对加害人刑事责任的裁量，因此，被害人责任是一种客观责任，是对加害人刑事责任的修正，也即可以据此降低加害人的可谴责性从而减轻其刑事责任。但是在被害补偿法领域的归责中，被害人的主观方面必须进行考察，而且强调是被害人基于自由意志实施的行为并对犯罪加害行为或者犯罪结果产生了影响，才具有归责意义。

比如，假设两个犯罪被害情境：情境一，丧失意志的精神病人因其暴力攻击行为引发犯罪被害；情境二，精神正常的成年人因其暴力攻击行为引发犯罪被害。将两者进行比较分析，虽然两个被害

人的行为均实质性地引发了犯罪加害行为，从刑法角度来看，两个被害人的行为均可以减轻犯罪加害人的刑事责任；但从被害补偿法上来看，患精神病的被害人的攻击行为因为不具有自由意志的基础，因而不具有归责意义，不能对其进行责难，因此对其不能拒绝或减少国家补偿，相反，精神正常的成年被害人的行为具有归责意义，因其“并非无辜”，不值得国家为其提供利益帮助。

附带一提，在刑法领域，学术界和实务界普遍性地将可能对量刑产生意义的被害人行为称为“被害人过错”，笔者认为这一称谓并不科学，因为“过错”偏倚于主观的价值判断，但对量刑产生意义的却是一种见之于客观的事实层面的影响。特别是在被害人是诸如精神障碍人等没有辨认控制能力的情况下，其实施的暴力、胁迫等侵犯人身权利的攻击，引发加害人（防卫人）不得已进行正当防卫但超过必要限度造成重大损害之场域，加害人的行为构成防卫过当之犯罪，其刑事责任因此而降低。从被害人的角度看，此种对于加害人刑事责任的影响正是来源于被害人的攻击在客观上实质引发了加害人之行为，因此加害人的可谴责性降低。显然，作为被害人的精神障碍人实施的攻击不是基于自由意志实施的，不能称之为“被害人过错”，而只能算作一种被害人情状。因此，影响加害人的刑事责任评价、具有量刑意义的应是被害人行为或情状，而不是被害人过错，虽然在绝大部分情况下，被害人的行为是在“过错”的支配下实施的。

综上所述，刑法领域中的被害人责任是客观责任；补偿法领域中的被害人责任是主客观相结合的责任，必须强调是被害人基于自由意志实施的行为才可成为被害人可归责事由。

（二）对被害人自陷被害危险行为的不同法律评价

自陷犯罪被害危险行为是由被害人基于个人自由意志决定实施的行为，此行为使其陷入了犯罪被害危险，比较常见的是日常生活未尽自我保护义务的疏忽行为，比如女子孤身一人衣着裸露喝得烂醉在漆黑的马路上蹒跚行进而遭强奸。此种情形，在补偿法领域里作为被害人自陷被害危险的行为，应属于被害人可归责事由。理由是被害人未尽到自我保护义务，从而给犯罪加害创造了条件，并促成了犯罪结果的发生，因此至少不应该让其获得国家补偿金之全部。但是在刑法领域里，显然被害人的此种自陷被害危险的行为并不能降低犯罪加害人的道义可谴责性因而减少犯罪人的刑事责任。

由此可见，刑法领域中的被害人责任仅限于被害人行为对犯罪加害人行为的产生了实质性影响的互动性场域中，而产生补偿法领域中的被害人责任之场域则是除了对犯罪加害行为的实质性影响的场景，还包括被害人的行为对犯罪被害后果具有“贡献”的“可利用场景”。

第二节　被害人可归责事由立法例之解读与评述

一、被害人可归责事由之立法概览

概览世界各国和地区犯罪被害人国家补偿制度，均对被害人对于被害之发生有可归责之事由因而拒绝或减少补偿金的给付作出了规定。虽表述用词不尽相同，内容也有所差异，均可用“被害人可归责事由”来称谓之。现列举如下①：

英国1995年通过施行的《刑事损害补偿法》（The Criminal Injuries Compensation Act，1995）第4条规定：“申请人有下列情形者，应拒绝或减少补偿：……对于被害之发生有可归责之事由”。

德国的《暴力犯罪被害人补偿法》第2条第1项规定，“在被害人之行为方面，凡因自己之有责行为导致犯罪……不得申请补偿”。

---

① 赵可主编：《犯罪被害人及其补偿立法》，群众出版社2009年版，第265—367页。

日本的《犯罪被害人等给付金支给法》第6条规定："被害人诱发犯罪行为，或其他被害人对于该犯罪被害亦有责任者"，"得不支给犯罪被害人等给付金之全部或一部。"

我国台湾地区的《犯罪被害人保护法》第10条规定："被害人对其被害有可归责之事由者"，"得不补偿其损失之全部或一部"。

《加拿大犯罪被害人补偿法》第20条第2项规定：被害人由于自己的严重过错而导致受伤或死亡时，不得补偿；第3项规定：索赔者是犯罪事件的当事人或由于自己的严重过错而导致被害人受伤或死亡，不得补偿。

《奥地利联邦犯罪被害人扶助法》第8条第1项规定：被害人如有以下之情形者，不得请求扶助给付：实际上参与犯罪者；无正当理由，故意引发行为人之犯罪之攻击行为，或因重大过失自行招致犯罪被害之危险；参加斗殴，并因此而遭受身体伤害或健康损害者。

《韩国犯罪被害者救助法》第6条第2项规定，犯罪者引起犯罪行为或关于犯罪被害之发生，被害者有归责事由时，不给支付救助金之全部或一部。

二、对立法例的解读：模式与类型

（一）模式：排除适用和限制适用

从上述立法例中可以看出，对成立被害人可归责事由的情形，大多数国家的被害补偿法作了"排除适用"和"限制适用"之区分规定。排除适用是指不得支付补偿金之全部，亦即完全拒绝补偿；限制适用是指不得支付补偿金之一部分。例如，日本、韩国等国家的补偿法均规定不得支付全部或一部分，英国、美国则规定了拒绝（refuse/ deny）或减少（reduce）支付。少部分国家的被害补偿法没有作此区分，只有“排除适用”之条款，要么全额补偿，要么完全拒绝补偿，比如德国、加拿大和奥地利均作了这样的规定。

在德国法理论和实践中，只有绝对排除适用而没有限制适用的情形，被称为“全有—或—全无”原则（Alles - oder - Nichts），亦就被害补偿而言，只能全额准予补偿或是完全不准予补偿。而有“排除适用”和“限制适用”之区分的情形，被称为“配额式”模式。当然，德国的理论和实践是赞同“全有—或—全无”原则的，批判“配额式”只能属于民法上的损害赔偿制度，不能运用至社会补偿之法律领域。[1]

台湾学者卢映洁也对“配额式”模式提出了批判，认为此模式将被害补偿法与民事损害赔偿混为一谈，被害人的可归责与否不能配额式地予以考虑。倘若认为被害补偿乃社会福利的性质，基于社会法原则，社会福利身为一个促进更好的社会秩序之法律机制，其功能不在于要去质疑损害是由谁造成的或者被害人是否有过失，也就是说，就社会法的目的不会引申出这样的想法：根据损害引致的观点来决定是否给以补偿，当然也不会因被害人的过失行为就排除补偿。[2] 可见该观点与德国学者的观点是一致的。此批判是否成立，两种模式孰优孰劣，暂且不表，下文中将有论述。

（二）类型：补偿法领域中可归责的被害人行为

综观各个国家和地区的犯罪被害人补偿法中关于不得支付或减少支付的条款，可以看出，补偿法意义下的被害人可归责事由之行为，可以从被害人行为与犯罪加害行为以及犯罪结果的关系来进行

---

① Kunz, Stefanie, a. a. O., S. 153.

② 卢映洁：《论被害人补偿制度中排除条款的适用问题——以德国法为说明》，载《法学论丛》2002 年第 3 期。

两分：第一类是实质性引发了犯罪加害行为的被害人行为。第二类是促成了犯罪结果发生的被害人行为。引发犯罪加害行为的被害人行为必将促成犯罪结果的发生，因此，此处的第二类行为特指仅与犯罪结果有因果关联，但对犯罪加害行为的发生没有实质性引发作用的被害人行为（下文均作此理解和运用）。以《韩国犯罪被害者救助法》第6条第2项的规定为例，“犯罪者引起犯罪行为或关于犯罪被害之发生，被害者有归责事由时，不给支付救助金之全部或一部”。其中，“犯罪者引起犯罪行为，被害者有归责事由时”属于第一类可归责事由之行为；“关于犯罪被害之发生，被害者有归责事由时”指的是被害人对于犯罪被害结果的发生而不是犯罪行为的发生有促进作用之行为，因此属于第二类可归责事由之行为。

（三）归责事由的判断标准与适用模式之关系

现在似乎可以探讨的问题是：上述犯罪互动场域中的被害人行为中，哪些应被认定属于补偿法意义下的被害人可归责事由？但是，有个关键的前置性问题是，被害人可归责事由的判断标准与有无“排除适用”与“限制适用”之区分模式有重大关联。如德国法，没有限制适用只有排除适用之规定，要么“全有”，获得全额补偿，要么“全无”，不能获得任何补偿。因此，一旦被害人的行为被认定为可归责事由，便得不到任何补偿，所以，为了实现国家补偿之社会法目标，以保证更多的被害人获得补偿，可归责事由的判断标准就相对苛严，即便被害人尚有重大过错行为，也将获得补偿。相反，如果有限制适用与排除适用之区分，弹性空间较大，即便被害人的行为被认定为被害人可归责事由，虽然得不到全额补偿，也可能获得部分补偿，因此，可归责事由的判断标准就相对宽和。

因此，要得到一个科学合理的归责事由之判断标准，应选择一个更优化的更合理的适用模式为基础。那么，是一分为二的“全有或全无”模式更为科学合理，还是区分不同情况予以全额补偿或部分补偿之“配额式”模式更科学合理，在此，并不能作出简单的回答。下文中，将以德国法的“全有或全无”模式为例，对被害人可归责事由之判断标准与模式进行探究。

（四）德国法实践中被害人归责事由的判断标准与模式

在德国法实践中，在“全有或全无”之法律适用模式下，引起了加害行为发生的被害人的不当行为只有在被认为是造成损害的实质原因时，方可排除补偿条款的适用。关于“实质原因”的判断，则非常苛严。

德国的《暴力犯罪被害人补偿法》在立法过程中采取了联邦战争被害人照顾保护法的内容。根据照护法的因果理论，只有一种情况可以视为有原因上的重要性，亦即，当被害人的某个行为，跟其他个别条件比较之下，与结果具有特别的关联，而可认为结果的发生是该行为实质上招致的。依此，暴力犯罪被害人补偿法的排除条款中有关损害原因之认定问题，在概念上应加以限缩。[①] 德国联邦社会法院对于被害补偿之损害原因的判断，与照护法的因果理论具有一致性。亦即，所谓造成损害的实质原因的认定应经过两个阶段的判断：某一个事实，只有当它与其他的共同原因相较之下，至少具有同等位阶的意义时，才能算是损害的原因；而该事实对于损害结果的发生必须被衡量出它的特殊意义时，始可被视为实质的原因。[②]

此因果关系理论在实践中被不断运用到样态复杂的案件中，并由联邦社会法院发展出两个原则。第一个原则称作“被害人举止与加害人举止之互映性原则”：应将被害人的行为与加害人的行为

① Kunz，Stefanie，a. a. O.，S. 158.

② Kunz，Stefanie，a. a. O.，S. 159.

放在相同的天平上加以考察，只有当被害人的举动被认为是法规范所不能容忍的，才可以确定被害人行为是一种损害产生的实质性原因。第二个原则称作“被害人举止与加害人举止之间的误解关系”原则：当加害人对于被害人的举动产生不适当的反应而作出侵害的行为，此时被害人举动之损害实质因果关系将被排除。①

因此，根据上述原则得出的结论就是：只有当被害人的行为被认为是具有刑事违法性时，才可评价其行为是违背法规范价值并确认其为一种实质的根本原因，进而认定其属于被害人可归责事由。上述原则对德国被害人补偿法的实践产生了深远的影响，举一个案例加以说明：②

I在某次“外出探视（Hafturlaub）”③中被他的岳父J枪杀身亡。其实I与J常年以来就处于紧张关系，因为J非常反对I与其女K的交往。过去I曾试图从J的家中将K带走，于是J便报警，I因此收到禁止准入的命令。后来I因案入狱服刑三年，在这段期间K生下了与I的女儿。本来K及小孩与I的父母同住，后来在一次争吵后便搬回与自己的父母同住。某日I自狱中外出，与兄弟来到岳父家中，希望见到妻女。J生气地告诉I，禁止进入的命令仍然存在。双方因而产生争执，I与K便要离开，J拉扯K的手臂欲阻止K离去，结果I狠狠地打了J三个耳光。当J找来上膛手枪站在走廊上，I与K正要离开屋子而停留在院子中。J首先威胁I的兄弟，随即将枪朝向I，并且骂道：“你这个垃圾，在5分钟内滚开，我手上有5颗子弹，它们是一颗接着一颗”。K请求J拿开武

---

① 卢映洁：《论被害人补偿制度中排除条款的适用问题——以德国法为说明》，载《法学论丛》2002年第3期。

② Bayrische LSG Urteil vom 24. 2. (1988).

③ 德国现行刑法第13条第1项和第2项规定，受刑人在被拘禁至少6个月之后，得准予外出探视。

器但是没有用。于是K请求I上车，她会随后跟他一块走。在I朝向车子走去时，J一直将枪瞄准I，并不断骂道："你这个垃圾。"当I快到达车子的右后方时，却转身走向J，两人间的距离约四五米，I默默地朝J慢慢走去，越来越快。当两人距离不到九十厘米时，J开枪射击。I伤重身亡。

I的女儿作为被害人遗属依德国暴力犯罪被害人补偿法申请被害补偿，但遭到地区补偿局与地方社会法院拒绝，理由是本案中被害人的行为对于死亡结果有实质上的原因，因而符合排除条款要件。但联邦社会法院对此持不同意见，其解释的理由是：只有当被害人的举动与其他共同条件比较起来至少具有同等的价值时，才可认为被害人的举动构成了补偿法意义下的实质原因，这种举止必须是那种法规范所不能容忍的违法侵害行为。本案中，被害人I的违反禁止进入的命令并有打耳光的侮辱举止，相较于其他的条件（即J的射击）并没有等价的意义，也没有达到法规范所不能容忍的程度，所以本案并不符合德国暴力犯罪被害人补偿法的排除条款要件。

（五）评述

笔者认为，德国的被害人补偿法中关于被害人可归责事由的判断，"全有或全无"模式下划定的边界扩大了补偿条款的适用范围，不当增加了国家责任，限缩了个人责任，从而放纵了个人的不当行为。"全有或全无"模式过于单一和绝对，无法应对被害人行为之复杂多变的样态。因为在"全有或全无"模式下，一旦被害人行为被认定为可归责事由，便得不到任何补偿，所以，为了实现国家补偿之社会法目标，便将归责事由的判断标准设定过高，只将与加害人的犯罪行为同等程度之被害人行为认定为被害人可归责事由，而对大量实施了有过错的不当行为的被害人给予补偿，这样的做法反倒损及社会法的价值，不当地增加了社会成员的负担，有鼓励过错行为之嫌，导致新的不公平。如此看来，做排除适用和限制适用之区分，不同情况区别对待，更有利于实现被害人补偿法之目标和价值。

同时，关于被害人行为之刑事违法性的判断显然是一种刑法领域的价值判断。但是，刑法领域的价值判断能否当然适用于犯罪被害补偿法域呢？这并非没有疑问。因为，在刑法的法域中，进行刑事违法性的判断是为了确定犯罪人的行为是否构成犯罪进而判定犯罪人是否承担刑事责任的问题；而在被害人国家补偿法法域中，对被害人的归责事由进行判断是为了确定拒绝（降低）支付由国家提供的经济利益扶助之问题，目的是为了避免国家补偿的滥用以及不符合目的之运用。由此可见，两者之运用目的明显是迥然不同的。因此，将被害人行为置于刑法的思维模式中将其与加害人行为进行“等量齐观”的刑事违法性考察，运用刑法关于刑事违法性的判断标准来绝对地、单一地排除被害人国家补偿之适格性，这将导致路径和方法的基础性问题，运用至实践中也会得出严重不妥当和不公平的论断。

比如，在一些典型的“激情犯罪”案件中，前述的德国案例即是，被害人不遗余力地运用颇具精神“杀伤力”的方式将加害人的情绪刺激到愤怒的顶点，从而引发了对方实施犯罪行为，却不必使用会构成刑法上的侮辱罪或其他犯罪的行为。此时，如果按照刑法中的刑事违法性的判断，被害人的举止不具有刑事违法性，因此不具有可归责事由，可获得国家补偿。这样的结果会让人感觉到国家用纳税人的钱去为这些具有攻击性的、社会有害性的行为“埋单”，加重了国家和社会负担，无论如何，让人感到是不公平的。

刑法和被害人国家补偿法是性质不同的两大法域，尽管两者具有天然的联系——补偿法领域中被害补偿之决定要以适用刑法的判决结果为基础，但是在运用法律之目的上存在本质差异。刑法主要是制裁规范，追究犯罪人刑事责任之承担；被害人国家补偿法具有社会法意义上的受益性质，落实的是针对被害人的国家给付。因此，对于被害人可归责事由之判断以及由此决定的利益给付，既要注重被害人国家补偿法的社会法性质，又不能忽略了其与刑法的天然联系。

（六）结论：复合模式之优化选择

德国学者对部分补偿金之支付批判为“配额式”模式，意指民法上的损害赔偿制度之中的“与有过失”原则或“过失相抵”原则之运用，亦即将被害人的“与有过失”界定属于被害人可归责事由而使之成为排除（或减少）被害补偿的原因。被害人过失大小与所获得的补偿成反比例关系，此为“配额”之意。批判者们认为，给予部分被害补偿金相当于把民法上的损害赔偿制度中的“过失相抵”原则运用至被害补偿法领域，是不妥的，因而批判之。但是一个重要的法律事实是，被害补偿金额之考量，除了被害人可归责事由，还有“妥当性考量”①之重要法律思虑，因此，此种反比例关系并不必然成立，“全有—或—全无”模式的支持者也许是有意忽略这一点，目的是以“配额式”之不合理来反证“全有—或—全无”模式之正当与合理。因此，笔者认为，区分不同情况予以全额补偿或部分补偿，亦即“排除适用”和“限制适用”之区分适用的模式被称为“配额式”模式并不恰当。与“全有—或—全无”之单一性相较起来，区分适用的模式体现了复合性，故，笔者将此称为“复合模式”。

---

①“被害人可归责事由”只是被害补偿的排除和限制条件之一，除此之外，“妥当性考量”亦是重要条件之一。妥当性考量主要是指依据一般社会观念对是否应予以补偿进行的综合性判断。此种判断是以被害人可归责事由为前置条件，具有二重向度：具有被害人可归责事由但当依一般观念认为不予补偿不妥当的，应给予部分补偿；虽然没有被害人可归责事由，但被害人具有特殊情势，依一般社会观念认为给予补偿不妥当不公平的，应拒绝补偿。有关妥当性考量的内容将在第五章详尽论述。

根据上文论述，笔者认为，相较于一分为二的“全有—或—全无”模式，区分不同情况予以全额补偿或部分补偿之复合模式更科学合理。一方面，既不会将“被害人可归责事由”的判断标准设定过高，从而不适当地给予大量应对自己行为负责的被害人以国家补偿，或是相反，将大量应该获得部分补偿的被害人全然拒之门外；另一方面，对于具有“被害人可归责事由”但责任程度较低的被害人，结合有关“妥当性考量”，根据具体案情可给予部分补偿，这符合补偿法的意旨。由此可见，复合模式既遵循被害人补偿法之扶助宗旨，也体现了正义与妥当，并不是简单的损害赔偿责任之替代，而是以需求为基础的利益配给之综合模式（in a collective model emphasizing needs - based benefits for a victim），兼顾了（社会）公平与（被害人）需求。

犯罪被害补偿是在被害人无法从加害人或其他应负赔偿责任之人获得赔偿的情况下给予被害人以扶助，虽然国家的补偿数额不等同于加害人的民事损害赔偿数额，亦即国家补偿不是简单的替代赔偿，但是不可否认的是，国家补偿是在损害赔偿无法获得的情况之下或者是紧急情况下的先行给付，这里体现了国家补偿在一定程度上的先行代为赔付的性质。而且在国家补偿之后，国家在已支付的补偿金范围内取得了对于赔偿责任人的“代位求偿权”，也证明了国家在此种意义上是加害人的“先位赔偿义务人”。在被害人行为构成了刑法领域中被害人责任的前提下，既然此种情况下可以降低加害人的刑事责任和民事损害赔偿责任，那么被害国家补偿是先行代为赔付，为什么就不能因此而降低补偿金额呢？断然否定补偿法领域中国家在一定意义上的“先位赔偿义务人”之角色地位，断然否定刑法和补偿法的天然联系，过分强调被害国家补偿的社会法特征，正是“全有—或—全无”补偿模式之赞成者的思维逻辑，无疑，这是不顾事实的偏执和价值偏一的选择。

综上所述，笔者认为，被害补偿之复合模式是更值得选择的优化模式。

第三节 被害人可归责事由的原理及判断标准

前已论述，在互动场域中，被害人行为分为两类，第一类是实质性引发了犯罪加害行为之被害人行为，第二类是促成了犯罪结果发生之被害人行为，即与犯罪结果有关联的对被害结果的发生产生了作用力或有所“贡献”的被害人行为。基于每个人都应对自己的行为负责的原理，应由被害人对自己行为产生的结果承担责任，国家和社会不能为其承担，国家的补偿义务因此得以免除或减少。此乃被害补偿法领域中的“被害人可归责事由”的基本原理。因此，“被害人可归责事由”指的是实质性地引发了犯罪人加害行为的被害人行为或者是对于犯罪被害后果的发生具有促成作用的被害人行为，被害人对上述行为产生的结果承担自我责任因而免除或降低国家的补偿责任。

不同类型的行为，其成立被害人可归责事由的判断标准是不同的，以下分述之。

一、被害人可归责事由的判断标准之一——“实质性引发”

（一）“实质性引发”的界定及行为类型

何谓“实质性引发”？前已论述，在德国的补偿法理论和实践中，需将被害人的行为与加害人的行为放在天平上加以考察，只有当被害人的举动被认为是法规范所不能容忍的，被认为是具有刑事违法性时才可以确定被害人行为是一种损害产生的实质性原因，进而认定其属于被害人可归责事由。笔者不赞同这种过于限缩的可归责的被害人行为之范围的观点。

依照笔者的观点，所谓的实质性引发关系指的是犯罪人基于自由意志做出决定并实施的犯罪加害行为是由被害人的行为激发的，两者之间具有引起与被引起的因果关系，也叫实质的因果关系。在加害—被害的互动性场域中，特别是呈对抗性情境的犯罪场域中，引发犯罪加害的行为谱系是宽广的，性质和强度呈多样性，除了具有刑事违法性的诸如暴力、胁迫、（暴力）侮辱侵犯人身权利的攻击行为以外，还有诸如挑衅的肢体动作、言辞辱骂、借酒装疯无理追赶、拦截他人和强拿硬要他人财物等挑惹性的不当行为，这些行为均可以达到实质性引发犯罪人“愤怒攻击”之效果，但性质和强度差异明显，挑惹性不当行为显然未达与犯罪加害行为相当的刑事违法性程度。

当然，人际交往关系中轻微的冲突，比如，一般生活场景中的琐事争吵，或者是伴随争吵发生一些不文明的肢体动作，这些是为一般人所能接受或者是谅解之行为，一般不会达到让对方怒不可遏进而实施犯罪加害的程度。若对方“动辄”就实施加害，也超出了一般人的合理预见。这些被害人行为虽然与被害结果有一定程度的关联，但这种关联是无足轻重的，对于犯罪人的加害行为不具有实质性的引发作用，不能成为被害人可归责事由。正如德国学者Kunz所言，倘若被害人每一个轻微的或无足轻重的行为或情状，只要认为对损害的发生有所影响，都算损害发生的共同原因而拒绝给予补偿，如此一来又有违比例性。①

（二）实质性引发关系的时空聚合性要求

在由被害人可归责的行为导致被害的案件中，其实质性引发关系的判定，一般认为，这些相关行为应与导致伤亡之犯罪行为发生的时空条件（time or space）相同或相近，亦即应属同一场域或叫符合时

---

① Kunz, Stefanie, a. a. O., S. 153.

空聚合性要求。运用两个发生在美国的案例来比较说明这个问题。

案例一：被害人掌击了犯罪人，犯罪人离开，随即返回时携带枪支，向被害人射击并将其杀死，法院认为被害人实施了具有引发作用的不当行为。[①]案例二：被害人和被告人（加害人）曾经有过冲突，即被害人曾经掌击被告人，几天时间之后，两者狭路相逢，被告人用汽车将被害人撞倒，法院认为，被害人没有实施具有引发作用的不当行为。[②]

案例一中，被害人的暴力攻击行为与加害人的犯罪行为发生虽然有时间差，但应认为两者发生在同一时空条件之下，或叫同一场域之中，受到攻击之后犯罪人之回应行为也是能被合理预见的，因此，其因果关系也是明确的。相反，在案件二中，场域已经发生变化，被害人的攻击行为与犯罪人的加害行为之间不再成立实质性的引发关系。

在某些所谓“君子报仇，十年不晚”之复仇性案件中，虽然被害人一开始确实有暴力攻击行为或挑惹行为，但是加害人所采取的反击已是在完全不同时空条件里的属于无防卫作用的复仇攻击，比如丈夫对于强奸妻子的人，经由半年的精心策划才将强奸者杀害。这种情况下，不能认定被害人的行为对于犯罪加害行为具有实质性的引发作用，或者叫实质原因。

二、被害人可归责事由的判断标准之二——对被害后果的发生具有“促成作用”

何谓对被害后果的发生具有促成作用的被害人行为？依笔者的

① Ohio Rev. Code Ann. § 2743.51 (M) (Baldwin 1990). See also In re Jones, 546 N.E.2d 978 (Ohio Ct. Cl. 1988).

② In re Ewing, 515 N.E.2d 666 (Ohio Ct. Cl. 1987).

观点，指的是被害人的行为并没有对犯罪人的加害行为起实质性的引发作用，但是为犯罪加害提供了便利条件或者促成了犯罪被害后果的发生，因此与被害后果有因果关联。最典型的是被害人自陷犯罪被害情境的行为。

被害人的自陷危险行为属于可归责事由的根据在于：被害人对于应该预见的危险因疏忽大意没有预见或者已经预见但没有采取措施积极避免危险，因此违反了自我保护义务（注意义务），违反自我保护义务的行为产生的后果应由被害人自己承担责任，不应成为社会的负担，故为被害人可归责事由。当然，对于违反自我保护义务的行为给予补偿也是不公平的。[①] 比如，《奥地利联邦犯罪被害人扶助法》第8条第1项就规定，被害人如因重大过失自行招致犯罪被害之危险，不得请求扶助给付。根据德国联邦社会法院的判决，倘若被害人做出高度不理性的举动，或是对于显然可预见的危险因为重大过失不加以防止，此际给予补偿则是不公平的。[②] 基于不理性或重大过失而自陷危险时，不予以补偿基于这样的法律思考：被疏忽的自我保护不应成为社会的负担。

第四节 被害人可归责事由的类型化研究

经过上文关于被害人可归责事由基本原理的论述，我们得出了关于被害人可归责事由判断标准的初步结论，但由于真实生活世界中的犯罪场景以及场景中的被害人行为是复杂多样的，无论原理还是标准都显得过于抽象，无法解决复杂样态中的被害人行为之定性问题。因此要作出精准的判断，要构建关于被害人可归责事由的法

① 在被害补偿实践当中，自陷危险行为往往引发关于妥当性与公平性的判断，当然，首先要进行归责事由的判断，然后才与“是否妥当”的判断相联系。

② BSGE58, S. 214.

律理论体系，还需借助其他的法律方法。

在规范学的研究领域中，类型化方法是一种重要的规范学研究进路。正如卡尔·拉伦茨所言：当抽象的一般概念及其逻辑体系不足以掌握某生活现象或意义脉络的多样表现形态时，大家首先想到的辅助思考形式是“类型”。[①] 类型是对研究对象进行的分类，法国著名思想家 E. 迪尔凯姆也指出：“分类的效用是为研究事物提供一个标准，作为观察其他事物的基础，使研究能够有条不紊地进行”。[②] 对犯罪场域中复杂多样的被害人行为进行研究需要借助此种类型化方法。

“类型”作为一种思维方法，在逻辑学和哲学上，本身分为两类：经验类型和规范类型。经验类型是指在经验的（例如社会学的、统计学的）观点下的建构，而且以尽可能符合现实的方式掌握在现实中发生的现象。规范类型是指虽也以掌握现实为目标，但已经在特定的法律观点下掌握这种现实性。[③]犯罪被害人补偿法领域中的“被害人可归责事由”的理论研究以犯罪学和被害人学的理论为依据，后两者是事实学研究，“被害人可归责事由”的研究则是规范学研究，因此，拟采用的类型化方法应是此种“规范类型”方法。

---

① ［德］卡尔·拉伦茨：《法学方法论》，陈爱娥译，商务印书馆 2004 年版，第 388 页。

② ［法］E. 迪尔凯姆：《社会学方法的规则》（第 2 版），胡伟译，华夏出版社 1998 年版，第 64 页。

③ 吴从周：《论法学上之“类型”思维》，载《法理学论丛——纪念杨日然教授论文集》，台湾月旦出版社 1997 年版，第 334 页。我国学者李可将“类型”进行了三分：经验类型、逻辑类型和规范类型，认为“逻辑类型为法所评价并接受为法秩序时，它便演变成规范类型。”参见李可：《类型思维方法及其法学方法论意义——以传统抽象思维为参照》，载《金陵法律评论》2003 年秋季卷，第 105—118 页。

一、被害人行为的差序化类型

运用上述类型方法，笔者对犯罪互动场域中被害人行为进行了分析，按照被害人行为对被害结果的作用力（原因力）之大小层级将其分为五个类型。这种分类也相应地反映了被害人行为对于加害人刑事责任影响和被害补偿法排除和限制适用影响的程度之高低差异。笔者借用费孝通先生著名的“差序格局”概念之“差序”语词，将此种分类研究称为“差序化类型”研究，旨在强调此种分类研究对于被害补偿实务中对被害人可归责事由进行判断从而裁决补偿金之给付的量化指引意义，以及对于刑法领域中作为加害人量刑情节的量化指引意义。

按照被害人行为对被害结果的作用力（原因力）之大小层级从高到低进行排列，本书所谓的“被害人行为之差序化类型”（降序排列）是：（1）攻击行为，主要指被害人针对加害人实施的暴力、胁迫、（暴力）侮辱等强烈侵犯人身权利的行为。（2）（非暴力、胁迫）不法侵害行为，是指被害人实施的非法搜查他人身体、住宅行为，非法侵入他人住宅行为，盗窃、诈骗、敲诈勒索他人财物行为等非暴力性的侵犯人身和财产权利的行为。（3）自我损害行为，主要是指被害人教唆、帮助、承诺犯罪加害之行为。（4）挑惹行为，是指被害人在非正式场合中实施的言辞辱骂、侮辱手势、挑衅之肢体动作等激惹性不当行为。（5）自陷危险行为，是指未尽妥善注意和自我保护义务而陷入犯罪被害危险情境的行为。

上述五个类型中的被害人行为，其中前四个类型的被害人行为属于“实质性”引发了犯罪加害行为的情形，第五个类型被害人的自陷危险行为属于对被害后果具有“促成作用”的情形。

值得一提的是，我国台湾地区的“犯罪被害人保护法实施细则”第7条第1项以列举的方式将“强暴、胁迫、侮辱”三种行为纳入到“不正当之行为”（misconduct）的范围，但日本和韩国的相关实施细则将“暴力（行）、胁迫、侮辱”三种行为与“不当行为”相区分开来，分别作了不同规定。[①] 笔者认为，日本和韩国的区分规定更科学，如前所述，暴力、胁迫、侮辱（特别是暴力侮辱）行为属于直接侵犯人身权利的行为，其性质实在是不能为“不当”所能充分评价的。因为从一般意义上讲，不当行为（misconduct），是指背离一般人适当行为（proper behavior）之标准的不妥当行为。虽然是一个并没有被严格定义的法律概念，并且蕴涵着道德观念的判断，外延尚不明确，但至少不应该包含了严重侵犯人身权利的具有刑事违法性的行为。

二、被害人行为的差序类型化归责研究[②]

（一）被害人的攻击行为

被害人的攻击行为指的是被害人首先发动针对加害人的暴力、胁迫、（暴力）侮辱等不法侵害（人身权利）行为。该攻击行为使犯罪加害人（被攻击人）感受到人身危险并迅速启动防卫机制，以暴力还击，最终发生伤害和死亡被害后果。此处的因果关系是明显而清晰的，正是被害人的攻击行为实质性地引发了加害行为，因

---

① 参见《韩国犯罪被害者救助法施行令》第7条第1项规定、《日本犯罪被害人等给付金支给法实行细则》第3条第3项之规定以及台湾地区的“犯罪被害人保护法实施细则”第7条第1项之规定。赵可：《犯罪被害人及其补偿立法》，群众出版社2009年版，265—367页。

② 由于被害人行为之差序化类型研究对于刑法领域中的量刑活动具有指引意义，故在本部分内容中将兼论被害人行为作为刑法量刑情节的法律意义，提出笔者的学术见解和实务建议。同时，为了契合被害补偿法领域中针对重伤和死亡被害后果之补偿范围限制，本部分内容对被害人行为之研究也限于“加害—被害”互动关系中产生的被害人重伤、死亡后果之场域。

此属于被害人可归责事由。

1. 暴力、胁迫、（暴力）侮辱行为之规范意义

首先需要阐明的问题是：在补偿法领域里，此处所指的暴力、胁迫、侮辱行为属于刑法规范意义上的范畴，也即是说，补偿法领域里此三种被害人行为指的是刑法规范意义上的暴力、胁迫、侮辱行为。

暴力是指对被害人身体实施袭击或其他强暴手段，例如殴打、伤害、捆绑、禁闭等足以危及被害人身体健康或者生命安全，致使被害人不能抗拒的方法。胁迫，是指以立即实施暴力相威胁，实施精神强制，使被害人产生恐惧而不敢反抗的方法。① 与侮辱行为相联系的罪名有侮辱罪、强制侮辱妇女罪等。侮辱罪中的侮辱行为包括三种形式：暴力侮辱、言语侮辱、文字侮辱。其中暴力侮辱，即施以暴力或者以暴力相威胁，使其人格、名誉受到损害。② 言语侮辱、文字侮辱不属于“直接接触”之攻击行为，不会达到危及人身安全之程度，故不将其纳入攻击行为序列，此两者应属于“挑惹行为”，这在后文将论及。

与之相比较的是，不涉及人格和名誉损害的争吵对骂、冷嘲热讽等行为均不算作上述的言语侮辱，不属于刑法规范意义上的行为，即便有当事人因此遭受损害（比如特殊体质之当事人因此被气病），对方当事人也不因此而构成犯罪。当然，如果因被害人之冷嘲热讽、争吵对骂行为而遭受来自对方的重伤害，被害人的行为也不能成立被害人可归责事由。另外，强制侮辱妇女罪的“强制侮辱”行为是对妇女进行的与“性羞耻”有关的人身权利的强力

---

① 陈兴良：《陈兴良刑法学教课书之规范刑法学》，中国政法大学出版社 2003 年版，第 500 页。

② 陈兴良：《陈兴良刑法学教课书之规范刑法学》，中国政法大学出版社 2003 年版，第 483 页。

侵犯，虽不至暴力之程度之强烈，但仍属于直接接触性的攻击行为，应纳入此攻击行为之层级。

综上，在犯罪被害人补偿法领域中，成为被害人归责事由的暴力、胁迫、侮辱行为应是上述具有刑法规范意义的行为。

2. “角色互动”分析

在犯罪加害—被害的互动性场域中，可能随着冲突的升级，加害人和被害人之间的角色发生转化。比如，甲伤害乙，乙将甲枪击致死。本案中，甲由故意伤害罪之加害人转换为故意杀人罪之被害人，乙由故意伤害罪之被害人转化为故意杀人罪之加害人。

在被害者学理论中，上述犯罪情境属于“角色互动论”（role interaction theory）[①] 所研究的经典场景。“角色互动论”认为，角色（role）是社会客观赋予的，与某特定地位有关联之行为模式。每一个角色都代表着一系列有关行为之社会标准。此一角色概念当用以描述被害与加害之关系时，两种角色功能产生冲突，因加害者行为与社会期待（法律）背道而驰，为一种负向之规范性角色，被害人角色由法律规范所确定。但在杀人与被杀关系之实证研究中发现，两者间产生了各式各样之互动与交换关系，表现为两种形态：一是正向角色之转换，被害人向加害人转化；二是逆向角色之转换，从加害人向被害人之转化。因此，被害者与加害者间并非是单纯刻板模式的“白与黑”之二分法（dichotomy），而有可能是“灰对灰”之模式。亦即在特定情境、特定个体及社会关系中，普遍存在角色转化之可能性。

上述观点与传统的犯罪学家在探究犯罪原因时之假设迥然不同，在传统的犯罪学理论中，犯罪人与被害人全然不同，具有高度

① 黄富源、张平吾：《被害者学新论》，台湾铭传大学出版社 2008 年版，第 145—146 页。角色互动理论主要指涉杀人罪之犯罪场域，但重伤害的犯罪情境与杀人罪相近，故笔者认为可将此理论运用至补偿法领域中需要补偿的重伤害和死亡之被害情形。

之异质性，因为犯罪人是变态的、人格异常的、反社会的、具有攻击性格及特殊性。这显然是关于犯罪人和被害人之“理想模型”，而实证研究却表明，暴力犯罪中被害人与加害人彼此间之角色互动关系非常普遍。正如美国犯罪学家渥夫冈（Wolfgang）所言，“是犯罪被害者，而不是犯罪加害者首先拿起武器，或先有了对犯罪加害者有恐吓的罪行”。[①] 为了真实地了解犯罪的完整过程，我们不应该忽略这种客观事实。

在角色互换之犯罪场景中，加害人（由先前的被害人发生逆向角色转换成加害人）的回击行为应成立犯罪，否则便无“新”的被害人和加害人之规范意义上的角色，便也无角色互换之问题。比如，甲持枪抢劫乙，乙奋起反击，将甲打成重伤。由于甲的行为是以暴力的方式严重危及人身安全的犯罪，按照我国刑法第 20 条第 3 款之规定，乙的反击行为构成“无过当防卫”，因此，乙不是犯罪加害人，甲虽然受到重伤但不能因此获得犯罪被害人之“身份”，甲只是抢劫罪的加害人。此案中，不存在角色互换的问题。

3. 被害人攻击行为在刑法领域中对加害人刑事责任的影响

在造成了被害人（攻击行为人）重伤或死亡的情况下，被攻击的人之回击行为将因为具体情境不同产生两种不同定性的刑法评价：一种是构成无过当之正当防卫，不构成犯罪；另一种构成正当防卫（过当），构成犯罪，被攻击之人的“身份”转化为加害人。

第一种情形是，当率先发动的暴力攻击行为已经达到“严重危及人身安全”之紧迫程度（笔者将其称为“高强度攻击”，比如砍杀、枪击等行为），被攻击的人采取正当防卫，造成对方重伤或死亡。此种情形属于我国刑法典第 20 条第 3 款规定的“无过当防卫”，防卫人不构成犯罪因此不负刑事责任。

第二种情形是，被害人之攻击行为达到了正当防卫所需要的

① 黄富源、张平吾：《被害者学新论》，台湾铭传大学出版社 2008 年版，第 115 页。

“紧迫”程度（笔者将其称为“一般强度的攻击”，比如殴打、暴力侮辱等行为），最典型的就是行为人（被害人）意图以暴力、胁迫、（暴力）侮辱的方式对他人（反击行为人、加害人）进行不法侵害的场合。由于不法侵害之紧迫，导致犯罪加害者察觉到该行动对其的威胁，于是启动正当防卫，但是超过了必要限度造成重大损害（重伤或死亡），防卫行为人构成犯罪（防卫过当）。在此场景中，加害人和被害人的身份是交互转化的，加害人变成了受害人，防卫人从开始的受害人变成了加害人。防卫过当的损害结果可以分解为两部分：一是应有的损害；二是不应有的损害。[①] 因为被害人的加害行为在先，防卫人的行为以正当防卫为前提，只对超过了限度的不应有的损害负责。因此，我国刑法典第 20 条第 2 款对“防卫过当”作出规定：“应当负刑事责任，但是应当减轻或免除处罚”。由此可见，在刑法领域里，（防卫过当）犯罪被害人参与了责任分配，自己承担了“应有的损害”那一部分。这种责任分担对被害补偿法领域中的被害人归责具有一脉相承的重要影响。

4. 被害人攻击行为在被害补偿法领域的归责

被害人实施的暴力、胁迫、侮辱等攻击性行为，因此而遭受重伤或死亡结果的，在被害补偿法领域，此种情形下，被害人行为应被认定为被害人可归责事由应无疑问，但因为该归责事由是应拒绝补偿还是减少部分补偿呢？我们可以先考察韩国法和日本法的规定。

《韩国犯罪被害者救助法施行令》第 7 条依据攻击性行为的强度差异对此作了区分规定。其中第 1 项规定对强度较大（“过度”）的被害人攻击行为拒绝补偿，即“受犯罪被害时，若有过度之暴行、胁迫或重大侮辱等行为，引起该犯罪行为之行为，不得支给救

① 陈兴良：《陈兴良刑法学教课书之规范刑法学》，中国政法大学出版社 2003 年版，第 119 页。

助金”。其中第2项对一般强度的被害人攻击行为作了减少补偿的规定，即受犯罪被害时，若有暴行、胁迫或侮辱等行为，引起该犯罪行为之行为，不得支给救助金之一部。《日本犯罪被害人等给付金支给法实行细则》与韩国的施行令有相似之规定。依据其第3条第2项规定，犯罪被害人过度的暴行或胁迫或侮辱等行为致诱发犯罪行为的，不予支给犯罪被害人等给付金。依据其第5条第1项规定，犯罪被害人以暴力、胁迫、侮辱等行为致诱发犯罪行为的，不予支给依法（《日本犯罪被害人等给付金支给法》——笔者注）第9条规定之金额乘以2/3的金额。也即，若为过度的暴力等攻击性行为，应完全拒绝支付；除此之外的一般暴力等攻击行为，应削减总额度的2/3的金额，实际可获得1/3的金额。

笔者认为，从一般意义上来讲，韩国法和日本法规定的“过度”之暴行、胁迫行为，已达到了法益（人身安全）侵害的相当紧迫之程度，属于上文所称谓的“高强度攻击”。如果按照我国刑法的规定，可对之实施“无过当防卫”，造成伤亡结果的，在刑法领域，此种情形不成立犯罪，率先发动暴力、胁迫的人也就不成其为犯罪被害人，当然就更谈不上国家补偿了。暴力（重大）侮辱的情形完全有可能构成侮辱罪，因实施侮辱罪的行为人遭受了对方的犯罪侵害而遭受重伤或死亡的，虽然可能不是所有的侮辱行为都达到正当防卫之法益侵害的紧迫程度，不能纳入正当防卫的范围去思考，但因犯罪行为（侮辱罪）实质性地引发之加害行为及其后果，拒绝补偿应是当然。

就“一般强度的攻击”（包括暴力侮辱）行为而言，也会给受攻击方造成人身安全受到危险之感受，因而激发防卫意识，而以暴力反击，在紧急情况下，难以准确把握反击的强度，往往成立防卫过当。前已论述，在成立防卫过当的情形中，被害人（先前的攻击行为人）需要为“应有的损害”承担责任。但在补偿法领域里，此种情形属于典型的被害人可归责事由，被害人对于自身被害具有重大过错，因此，被害人也不应获得国家补偿。

因此，笔者的结论是：在补偿法领域里，率先发动高强度的暴力、胁迫、暴力（重大）侮辱行为引发被害后果的，属于犯罪行为引发的后果——此类暴力攻击行为本身属于犯罪行为，因此并无法律规范意义上的、真正的被害人，应拒绝补偿；一般强度的暴力、胁迫、侮辱行为，实质性引发被害后果，被害人应对自己的重大过错行为承担不利后果，不应由国家为其分担损害，也应拒绝补偿。综上，笔者认为日本法、韩国法对于一般强度的攻击行为所致被害给予部分补偿的规定是“过度”地宽悯了被害人。

值得一提的是，因相互斗殴遭受重伤或死亡的被害人，无论是被动接受斗殴还是主动引发斗殴，都不应获得补偿。原因在于：参与者都在实施不法侵害行为，难以确定谁是加害人谁是被害人，且双方都有明显的攻击对方之故意，不应由国家为其提供补偿。比如，《奥地利联邦犯罪被害人扶助法》第8条第1项就对此作了明确规定，参加斗殴，并因此而遭受身体伤害或健康损害者，不得请求扶助给付。[①]

（二）被害人的（非暴力、胁迫）不法侵害行为

在加害人与被害人之角色互换的场域中，存在被害人率先发动非暴力、胁迫强度的侵犯人身权利和财产权利的行为而遭受暴力回击的情形。比如，非法搜查他人身体、住宅行为，非法侵入他人住宅行为，诬告陷害他人行为，盗窃、诈骗、敲诈勒索他人财物行为。这些由被害人实施的不法侵害行为，首先侵犯了加害人的权利，加害人为了保全自己的财产或者为了阻止、回击他人的人身权利侵犯，实施了暴力加害，使之发生伤亡之结果。

---

① 赵可主编：《犯罪被害人及其补偿立法》，群众出版社2009年版，第322页。

1. 被害人的侵害行为在刑法领域中对加害人的量刑意义

从刑法定罪量刑的角度来看，被害人率先实施的行为具有非暴力性，尚未达到“无过当之正当防卫”所需之严重危及人身安全之紧迫程度，在加害人（被侵害人）予以回击造成被害人伤亡的情况下，不能构成无过当防卫因而构成犯罪。在此前提下，又分两种情形：

第一种情形是不法侵害达到了正当防卫之紧迫程度，所以，加害人的行为属于我国刑法规定的“明显超过必要限度造成重大损害”之情形，构成防卫过当，按我国刑法规定“应当减轻或免除处罚”，此属于刑法已经规定的量刑情节；第二种情形是不法侵害不具有正当防卫场域中的紧迫性和破坏性，比如毁弃、非法开拆他人信件之侵犯通信自由行为，捏造事实诽谤他人的行为，加害人（被侵害人）予以暴力回击的行为不构成正当防卫，此种情形下，被害人的不法侵害行为是否作为量刑情节考量，目前我国刑法并无规定。

笔者以为，第二种情形中不法侵害行为与犯罪加害行为之间的实质性引发关系是明显的，应作为法定的量刑情节予以规定。在现有刑法典未作规定之前，建议实务中应作“应从轻或减轻处罚”之考量。

2. 被害人的侵害行为在被害补偿法领域中的归责意义

在被害补偿法领域里，被害人率先发动的不法侵害行为实质性地引发了犯罪加害行为，应成立被害人可归责事由，对此应无疑问。同时，被害人率先发动的不法侵害行为属于具有社会有害性的、为法律否定性评价的行为，因此，由此引发的被害后果，国家和社会不应为其分担，应拒绝补偿。

（三）被害人的自我损害行为：教唆、帮助、承诺

被害人的自我损害行为，指的是被害人基于“自我决定”，对

加害自身的犯罪行为人实施了教唆行为、帮助行为和承诺行为。在被害补偿法领域中，被害人的自我损害行为属于被害人可归责事由。比如，我国台湾地区的“犯罪被害人保护法施行细则”第7条第2项规定，被害人承诺或教唆、帮助该犯罪行为者，属于被害人可归责之事由。

在刑法领域，被害人自我损害导致的犯罪被害后果，属于被害人自我答责的部分，应由被害人自己承担。日本著名刑法学者曾根威彦认为：“被害人根据自己的积极态度，在一定现象上，具有发起地位的话，所发生的行为危险性的结果就应当归属于被害人自身的答责领域，行为人对多发生的结果不负责任。”① 曾根威彦进一步阐释，“其根本思想是，于作为刑法目标的法益保障，不仅对意图侵害法益的他人，连法益主体（潜在的被害人）也要承担固有的责任，法让其承担责任，期待其不要随便使法益处于危险状态。因此，法益主体（被害人）和他人（行为人）共同引起了法益侵害的场合，首先，作为保护机关法益的第一责任人，即法益主体必须明确回答自己在侵害法益现象中的作用和责任（自己答责性）。这里所体现出来的基本思想，就是将行为人和被害人（法益主体）放在对等的立场上，考虑侵害法益的结果应当归属于谁的答责领域”。②

我国刑法学者冯军教授对被害人的自我答责做了更详尽的论述，认为被害人的行为符合四个要件才属于被害人自我答责的部分：第一，被害人具有认识导致结果发生的危险和阻止危险现实化（变成结果）的能力。第二，被害人自己引起了发生损害结果的危险。第三，被害人在自己尽管还能够管理危险时却强化了危险。如果被害人自己一直没有丧失对损害结果发生与否的控制，却违反自

① ［日］曾根威彦：《刑法学基础》，黎宏译，法律出版社2005年版，第252—253页。

② ［日］曾根威彦：《刑法学基础》，黎宏译，法律出版社2005年版，第253页。

我保护义务，使损害结果发生的危险增加了，以至于可以认为损害结果是被害人自己行为的流出，那么，被害人就应该自己对所发生的损害结果承担责任。第四，法规范上不存在他人应该优先地阻止危险现实化的特别义务。[①]

依照上述自我答责理论，在被害人教唆、帮助针对自己的犯罪行为时，被害人认识到加害人的行为具有给自己的法益造成损害的危险，却主动要求或者参与帮助加害人对该危险行为的实施，应该由被害人对自己行为而产生的损害结果承担责任，此属于被害人自我答责的部分。

被害人承诺，也称被害人同意，是指法益主体对他人侵害自己能够支配的利益表示允诺或者同意。[②] 基于“同意无侵害”的法律格言以及对个人“自主决定权”的尊重，被害人承诺在一般情况下能够排除犯罪性。其法理基础是，刑法以保护个人利益为首要任务，被害人自愿放弃的利益不在刑法保护范围之内。但是被害人承诺排除犯罪性的适用范围是有限的，承诺人（受害人）出于违法或者不具有社会相当性的目的而表示同意的场合，不能排除犯罪性，比如，为骗取保险金而要求他人伤害自己的场合，聚众淫乱之场合，都不能排除犯罪性。在放弃的个人法益范围方面，黎宏教授认为“应是除了侵害生命之外的一切侵害个人利益的犯罪”，理由在于：“生命是自己决定自由的物质基础，剥夺人生命的话，就是剥夺了个人进行自由决定的自主决定的权利，这和刑法保护个人自主决定权的宗旨背道而驰。”[③] 如此看来，在历来有争议的被害人承诺伤害能否排除犯罪性的问题上，黎宏教授赞同否定说。笔者认为，承诺行为的手段是否符合“社会相当性”也是应予以考虑的

① 冯军：《刑法中的自我答责》，载《中国法学》2006年第3期。

② 黎宏：《被害人承诺问题研究》，载《法学研究》2007年第1期。

③ 黎宏：《被害人承诺问题研究》，载《法学研究》2007年第1期。

范畴，那些伴随死亡危险的、手段野蛮残忍的重伤害行为，不能因被害人的承诺而排除犯罪性。也就是说，在此种情况下，实施伤害的行为人构成犯罪，具有了“犯罪人”之法律身份，承诺人则构成法律规范意义上的被害人——虽然不是“理想被害人模型”中的纯粹无辜的被害人，犯罪人的刑事责任因为被害人的承诺而降低。

综上所述，在被害人对加害自身的犯罪加害人实施了教唆、帮助、承诺并造成了重伤或死亡的情况下，不能排除行为人的犯罪性，但犯罪行为人的刑事责任将因为被害人的上述自我损害行为而降低，亦即应减轻处罚。

在被害补偿法领域中，运用被害人可归责事由的判断标准来分析，被害人的教唆、帮助、承诺之行为与犯罪加害行为之间，显然存在实质性的引发关系，被害后果也与此自我损害行为存在直接的因果关系，因此，被害人的行为成立被害人可归责事由。国家和社会不应对此种“咎由自取”的自我损害行为承担责任，应完全拒绝补偿。其基本原理与自我答责原理应是一样的，国家具有保护法益之义务，但法益主体（潜在被害人）首先要进行自我保全则是应有之义，国家期待法益主体不要随便使法益处于危险状态是应当的，因此，如果法益主体（被害人）基于自由意志要进行“自我毁灭”，国家和社会就不应对此被害人之自我损害结果承担补偿责任。

因此，对于导致自身被害的被害人之教唆行为、帮助行为和承诺行为，应完全拒绝补偿。对此，一些国家的补偿法实施细则作出了明确规定，比如，根据《韩国犯罪被害者救助法施行令》第 7 条第 1 项规定，受犯罪被害时，被害人有教唆或帮助犯罪行为之行为的，不得支给救助金。《日本犯罪被害人等给付金支给法实行细则》第 3 条第 2 项也规定，被害人有教唆或帮助犯罪行为之行为的，不得支给救助金；同时，该细则第 4 条规定，被害人承认或允许该犯罪行为的，不予支给犯罪被害人等给付金。

（四）被害人的挑惹行为

被害人实施的挑惹行为往往发生在非正式的场合，比如，日常生活中发生的言辞辱骂、侮辱手势、挑衅之肢体动作等刺激性行为；借酒装疯无理追赶、拦截他人和强拿硬要他人财物之行为。被害人的挑惹行为之所以成为被害人可归责事由，理由是显而易见的，即正是被害人的挑惹行为实质性地引发了犯罪人的加害行为。

1. 挑惹行为的外延

挑惹行为因为往往发生在非正式的生活场景中，其外延是宽泛的，本身的强度也有高度、中度、低度之区分。挑惹行为在刑法领域和补偿法领域都有重要的法律规范意义，因此确立挑惹行为的外延，亦即确立应被排除在挑惹行为之范围之外的被害人行为之范围就尤为重要。

首先看一个美国法实践中相关的案例。V 和 O 的妻子发生争吵；在此期间，O 去取枪；当他返回原地时争吵已经结束且 V 正走开，O 开枪将 V 杀死。V 的遗属获得了全额的补偿。理由是：V 的辱骂语言（abusive language）本身单独不能构成具有促成作用的不当行为（contributory misconduct）。[①] 亦即 V 的辱骂语言之行为与 O 的枪杀行为之间没有实质上的引起与被引起的关系，只是与被害结果具有关联性。被害人对其被害不具有归责之事由，被害人应该获得全部补偿。在另一个案件中，V 发动了与他人之间的争吵，后来逐步升级发展到身体对抗打斗，在此间，V 被严重打击。此案中，补偿委员会认为 V 并不因为发动了争吵就无资格获得补偿。[②] 从上述两个案件中可以看到，在美国补偿法实践中，补偿委员会认

① Strong, 577 N. E. 2d 163 (Ohio Ct. Cl. 1988).

② Cooper v. Dep't of Employment Serv., 588 A. 2d 1172 (D. C. 1991).

为发动争吵、辱骂语言之行为本身，虽然对其被害有影响，但还不足以构成具有实质性引发作用之行为，因而应给予补偿。美国法的上述判例具有启发意义。

笔者认为，在真实的生活世界中，人与人之间因为琐事发生言语争吵是比较常见的，如果被害人仅仅发动了争吵行为，或者是在人际关系冲突中参与或回应之辱骂行为，属于人际冲突关系中的不文明行为，对于犯罪人的加害行为不具有实质性的引发作用，虽然与被害结果有一定程度的关联，但这种关联是无足轻重的，因此，不能纳入挑惹行为的范围。在刑法领域，此等被害人行为也不能对加害人的刑事责任产生任何影响。在补偿法领域，此类行为不能成为被害人可归责事由，应予以全部补偿。

2. 挑惹场景中的“情境处理”（situated transaction）理论

美国的犯罪学家洛肯比尔（Luckenbill）在对发生在非正式场合的凶杀犯罪案件（这种日常生活中发生的非预谋性杀人案件，与“预谋性”、“计划性”的杀人犯罪大相径庭——笔者注）研究之后，归纳出了一个重要的学术观点，即“情境处理”（situated transaction）理论，主张把被害事件的发生，不再看做只是单方面的犯罪被害人或犯罪加害人的因素，因为犯罪事件的发生是充满动态因素的，洛肯比尔以两方当事人对犯罪情境的处理过程，去说明犯罪案件的发生。

洛肯比尔进一步将情境处理的过程细分为六个阶段：第一阶段，可能是被害者的行动，导致犯罪加害者察觉到该行动对其的威胁，就像是面对犯罪一样。第二阶段，犯罪者解释这些行为是侮辱与挑衅的。第三阶段，犯罪者以具体行为，想挽救他的面子或声誉。这些行为，包括言辞或身体上的报复。第四阶段，被害人采取了更具攻击性的行动，并示意他人，暴力行为可能是此时最好的互动方法。此一阶段，旁观者常会扮演一个实际上鼓动或喝彩以助长暴力行为产生的角色。他们可能会将两方当事人退离的后路阻断，而使得两方当事人无法不使用暴力的方式互动。第五阶段，两方当事人精确地以互殴的身体暴力，彼此相互报复。第六阶段，犯罪者可能因旁观者的介入而逃跑或停止暴力。①

此研究路径关注到犯罪加害人与被害人之间“进展变化”之动态关系，将犯罪者的动机，置于更广泛的解释框架中，从而认为谋杀就好像其他一般的事情一样，也是两方当事人在“处理情境”的过程中所产生的结果。

3. 关于挑惹场景中的暴力认知体系

上述理论对于研究发生在日常生活中的被害人挑惹之不正当行为具有启发意义。我们可以将来自被害人的挑惹行为看做一种突发性的情境，受到挑惹的当事人应对或处理该情境之方式不同，产生的结果也将不同。同样面对挑衅和刺激，大多人都会产生愤怒情绪，但是却并不是都以暴力予以还击而造成伤亡之结果，比如，有的人可能会避让或寻求其他平和救济方式，从而避免了犯罪被害后果。为什么会有这种分野呢？

旨在强调当愤怒被激发时如何演变成攻击及杀人行为之“愤怒攻击理论”（the theory of angry aggression）认为，愤怒为一般适应性症候群诱发原因，当个体为了要对愤怒加以回应，便自我采行各种之心理自卫机制（defense mechanism），自卫系以防卫为目标，也是一种适应过程。许多人对引起愤怒行为的对方虽然充满敌意，但愤怒只是适应性症候群之激发原因之一，当人们感觉愤怒时，他们将生理上动作与心理上对愤怒的感觉加以分开，亦即愤怒本身并非由广泛外在环境之事件或情境所唤起。②

① 黄富源、张平吾：《被害者学新论》，台湾铭传大学出版社 2008 年版，第 120—125 页。

② See Megaree, E. I. Psychological Determinants and Correlates of Criminal Violence. In M. E. Wolfgang and N. A. Weiner (eds.) Criminal Violence, Bererly Hills: Sage. 1982.

由此可见，面对挑惹行为的刺激，大多数人都会产生心理上的愤怒情绪，但却并不一定产生生理上之暴力行为。所以，暴力冲突的发生，与当事人对暴力的内心评价甚至是“审时度势”有关。这是运用源于当事人长期的社会生活经验、知识体系以及结构地位（structure position）之综合作用形成的认知体系进行判断和选择的结果。比如同样面对挑惹行为，身体强壮之人或长期混迹“江湖”之人，可能会偏好身体暴力来应对；而身体瘦弱之人或久坐书斋之“书生”可能会避让或寻求其他平和救济方式。我们可以通过一起法官面临“强悍”之司法干预担心无法自保而试图“私力救济”而发表的“私力救济宣言”[①] 来洞察这种内心评价和“审时度势”：

参加诉讼须知（法外篇）

你有权通过一切正当法律程序对本法官所判的案件申诉你想表达的任何理由。但如果你欲对本法官及其亲属的生命健康权、名誉权以及其他合法权益进行侵害，那么本法官表达如下观点：……五、如果你使用“盘外招”，那么——1. 全面释放本法官被自律锁住的“流氓习气”和全部能量；2. 不向任何权势屈服，如官僚、黑社会等；3. 以私力救济为主，坚决捍卫法官自身的合法权益；阴谋阳谋、黑道白道并用，凶狠地、强烈地、坚决地不惜一切代价和手段实施同态复仇。六、面对邪恶，本法官的态度：无毒不丈

---

① “野山闲水”2000 年 4 月 14 日自述：某当事人从行业自律极差的法官处得知合议结果不能完全满足其诉讼请求，便纠集曾是其部下而今转业后进入省、市两级检察院的铁哥们，商议要对本法官进行“反贪侦查”。本法官得到朋友的通报后，已例行公事地作了汇报，并迅速地作好一切私力救济的准备。一旦对手启动“程序”，本法官将毫不手软地予以同态复仇。抽空写下这具有公益性质的公示，并长期有效，直至法官的合法权益切实得到有效保障时失效。http：//jc. gov. cn/personal/ysxs/spzj/spzj 12. htm。转引自徐昕：《论私力救济与公力救济的交错——一个法理的阐释》，载《法制与社会发展》2004 年第 4 期。

夫，除恶务尽。七、本法官不相信官僚机构及其官僚们，它们就像相扑运动员，反应迟钝、动作迟缓，并富有明哲保身的伪劣政治家风范；不寄希望于公力救济，机智而坚定地进行自我保护，那种“相信组织、依靠组织”的幼稚说教，只能打动25年之前还是中学生的本法官。……九、从本法官坚定地以私力救济方式实施自我保护中，你有权认为司法制度已到了不改革不足以维系的临界点。

此宣言所展示的“强悍”司法干预的场景虽然与直接对抗场域中被害人挑惹行为引发暴力犯罪之情境不同，但是对于社会生活经验、知识体系以及“结构地位”是如何影响人关于暴力之评价并采取对应行动提供了生动图景，具有说明和象形意义。

4. 挑惹行为的“情境处理”分析

虽同样属于直接对抗场景中的被害人行为，挑惹行为与暴力、胁迫等攻击性行为引发的犯罪场域有根本的不同之处。暴力、胁迫的攻击性行为直接体现了行为人的不法侵害之意图，而且在特定的时空条件下侵害强度足以“紧迫”到引发正当防卫之生命本能的反击，因此被攻击的人采取暴力回击在一定意义上来说是“发乎自然”之必然回应，对此不能予以任何道义上和法律上的谴责，唯一需要关注的只是超过必要限度的回击造成的不必要的损害部分。而挑惹行为之场域不具有上述正当防卫之条件，因此，面对同样的挑衅刺激，可以产生不同的“情境处理”模式，暴力回应并非“不得不”为之，而是可以通过理性克制避免的。所以，当被挑惹人由于内心的认知体系与外界刺激相互作用产生“愤怒攻击”造成了伤亡之后果，那么，被挑惹之人的行为并非如被暴力攻击之人的正当防卫行为那样不可责难，暴力回击并非不可避免，此时的加害人（被挑惹之人）对自己的行为是具有辨认能力和控制能力的，这正是加害行为人（被挑惹之人）需要承担刑事责任的依据。因此，被挑惹之人获得了法律规范意义上的“犯罪加害人”身份

(实施挑惹行为之人成立犯罪被害人)，其行为应该被法律评价并产生相应的责任，亦即刑事责任以及民事损害赔偿责任。[1]

5. 挑惹行为在刑法领域中的量刑意义

由上述“情境处理”之分析论述中，可以看出，运用被害者学中“情境处理”理论以及“愤怒攻击”理论对互动性犯罪场域中的犯罪事件进行图景式分析，可以为犯罪人的责任根据找到耳目一新的论证路径；同时，更全面地了解犯罪是怎样发生并层层推进的，对于被害人行为对于被害后果发生之“贡献”机理也有了更深入的分析，这为在刑法、补偿法领域里对被害人之归责判断提供了依据。

挑惹行为外延宽泛，强度也有高低之差异，那么，在刑法领域，何种程度的挑惹行为才算是实质性引发了加害人的行为，加害人的刑事责任会因此而减轻呢？笔者认为，只有当被害人的行为是主动、故意实施的挑衅并具有高强度的刺激性，达到了一般人所不能容忍的情状，比如：低级下流的言辞侮辱，肆意的拦截并辱骂，在公开场合打耳光进行羞辱，挑衅性的肢体推搡等，方能成立“实质性引发”之判断，笔者称其为“高度的挑惹不当行为”。目前，此等被害人行为应否作为量刑情节予以考量，我国法律并未规定，司法实务则大多予以酌情考虑，但具体个案的裁量则差异巨大。笔者认为，应将其作为法定的量刑情节进行规定，比如《西班牙刑法典》第21条规定的可以减轻刑事责任的情况就包括“因为能产生冲动、混乱或者其他的类似情感状态的原因或者刺激”之情形。在我国法律未作规定之前，建议实务中应作“从轻或减

---

① 必须说明并强调的是，我们研究被害人之挑惹行为（其他行为亦然）对于犯罪加害行为的引发作用，但是并不因此给被害人增添额外的不利负担，因为正是因为加害人（被挑惹之人）的行为实质性的产生了犯罪结果，此种犯罪成立的因果关系应该一直是毫不动摇的。

轻处罚”之考量。而中低度的挑惹行为不能影响对加害人的量刑。

6. 挑惹行为于补偿法领域之被害人归责

前已论述，对于被害人的暴力、威胁、（暴力）侮辱等攻击行为引发的加害后果，补偿法应规定没有例外的完全拒绝补偿。挑惹行为与攻击行为引发的犯罪情境相似，但在“质”和“量”上有根本的不同之处，而且挑惹行为本身的强度也有高度、中度、低度之区分。那么，在被害补偿法领域，这些不同强度的挑惹行为，对于被害人归责的归责是否有不同的程度的影响呢？是应完全拒绝补偿还是减少部分补偿呢？

根据《日本犯罪被害人等给付金支给法实行细则》，被害人的行为如果属于“与该犯罪行为有明显关系之不正当行为”，不予支给犯罪被害人等给付金。《韩国犯罪被害者救助法施行令》也有“被害人有与该犯罪行为有明显关系之不正当行为，不予支给犯罪被害人等给付金”之规定。从中可以看出，在日本和韩国，只有当被害人之不当行为与加害行为之间具有“有明显关系”的，方可拒绝补偿。笔者认为，在挑惹行为导致被害的情境中，韩国和日本法规定的“有明显关系之不正当行为”中的“有明显关系”，应理解为被害人的激发挑惹行为与犯罪加害行为之间以“具有实质性的引发作用”，并达到了较高的强度。

笔者认为，当被害人的行为是主动的、故意实施的挑衅并具有高强度的刺激性，达到了一般人所不能容忍的情状，导致加害人达到愤怒的极点，迸发了犯罪加害行为；并且置身于这种高度对抗的情境中，一般人都应该能够合理地预见这种被害危险。此种情形中的被害人挑惹行为可称为“高强度的挑惹行为”，应拒绝补偿。以前文引述的发生在德国的“被害人I在外出探视中被岳父枪杀身亡”案件加以说明：

虽然该案依德国法的适用原则，I的遗属可以获得被害补偿，但笔者认为按照本书形成的评价体系，I的行为属于“高强度的挑惹行为”之被害人可归责事由。理由是，在该案中，被害人I实施了三个对其被害具有引发作用的行为。首先是违反“禁止进入”的命令，系违法行为；随后在与岳父J的争吵中，狠狠地打了J三耳光，显系挑衅和刺激之不当行为；之后，当J拿出手枪瞄准I要求I离开时，I默默地慢慢地朝J走去，且越走越快，直至两人距离不到九十厘米，此行为应认定为高强度的挑衅行为，因为，在已经瞄准射击的一触即发之危险状态下，被害人完全可以预见自己被射击的被害后果，在此情形下，被害人没有避免危险，反而是逐渐越来越快地走近犯罪人，这样的行为对于犯罪人来说无疑是高强度的刺激与挑衅。因为，综观整个过程，冲突与仇恨在不断升级，被害人的行为加剧着犯罪人正在激烈沸腾的愤怒情绪，直至顶点，加害行为终于爆发。应该认为，除了被害人的违法行为以外，被害人故意实施的高度的挑衅与刺激行为与加害人的加害行为之间具有实质的引发关系，被害人对其被害有可归责事由。若按照日本法和韩国法，显然已经满足了“有明显关系之不正当行为”之要求，应拒绝补偿。

从本案中亦可以看到德国法将被害人可归责事由限定为达到刑事违法性程度之行为是过于限缩了被害人责任的，在补偿法领域里，被害人责任显然不能用刑法体系中的犯罪人责任的标准和模式去评价和考量。被害人行为虽未达到犯罪程度，但其高度的挑衅、刺激之不当行为对引发犯罪加害行为的“原因力”以及与被害后果的“关联度”完全有可能高于一般的犯罪行为。若对于这种具有强烈的“自我招致”性质的被害人行为还给予全额补偿，由国家和社会为其提供经济利益扶助，显然严重背离了被害人国家补偿法的“救助无辜被害人”之宗旨。

综上所述，笔者认为，被害人故意实施的高度的挑衅、刺激等挑惹行为实质性引发了犯罪人的犯罪加害行为，被害人因此直接受到重伤或死亡的，不予补偿。

除此之外，还有中低度的挑惹行为。比如：随意拦截、辱骂他人，任意占用他人财物。中低度的挑惹行为应成为被害人可归责事由的原理与高度的挑惹行为是相同的，即应具有实质性的引发关系。但是，与高度的激发行为相较起来，在引发犯罪行为的“原因力”和与被害后果的“关联度”方面有所减弱，因此应考虑给予部分补偿。

（五）被害人的自陷危险行为

被害人的自陷危险行为指的是由被害人基于自由意志决定实施的使自己陷入了犯罪被害情境的行为。比如，进入了明知没有必要进入的危险情境，被害人没有采取有效措施防止犯罪的发生。有必要指出的是，自陷危险行为可以是非人身侵害性质的违法犯罪行为，也可以是日常生活中未尽注意义务的轻率行为。

1. 被害人自陷危险行为对于加害人刑事责任的意义

与主动的挑衅、刺激等挑惹行为不同，自陷危险行为与犯罪加害行为之间不存在引起与被引起的关系，自陷危险行为仅仅是为犯罪行为的实施提供了便利，因此，犯罪人的道义可谴责性并不能因被害人自陷危险情境的行为而有所降低，亦即被害人自陷危险行为对加害人的刑事责任不产生任何影响。

值得一提的是，补偿法领域中的“自陷危险行为”与刑法领域中的“自招危险行为”从语词表述上看有些相似之处，而实质上两者之间存在重大区别。所谓“自招危险”，是指由避险行为人有责地（基于故意或过失）招来的危险。[①] 刑法领域主要关注自招

---

① 胡嘉金、王昭振：《论紧急避险中“自招危险”的理论诠释及内在价值构造——以作为义务为视角》，载《法学评论》2007年第3期。

危险行为能否实行紧急避险[①]；被害补偿法领域关注的是被害人“自陷危险行为”导致的犯罪被害是否属于被害人可归责事由。两者有如下之区别：

(1) 危险来源不同。刑法领域中的紧急避险之危险，是指某种有可能对合法权益造成危害的紧迫事实状态。危险的来源，主要包括四种：自然的力量；动物的侵袭；非法侵害行为；人的生理、病理过程。[②] 自招危险之危险主要指动物侵袭和非法侵害行为。补偿法领域中的“自陷危险”之危险只能是他人的不法侵害。(2) 危险类型不同。刑法中考察的自招危险行为包括自招本人的危险与自招他人的危险两种类型。被害补偿法中考察的自陷危险行为只能是自陷本人危险一种类型。(3) 行为人的主观过错不同。刑法中的自招危险行为之行为人的主观心态可以是故意，也可以是过失。被害补偿法领域考察的自陷危险行为之被害人的主观心态只能是过失，对于故意招致的本人危险（非法侵害）已属于“挑惹行为”层级，无须作为自陷危险行为考量。

2. 自陷危险行为之被害人可归责的根据——被害人的自我保护义务

被害人的自陷危险行为属于被害人可归责事由的根据在于：被害人对于应该预见的危险因疏忽大意没有预见或者已经预见但没有采取措施积极避免危险，因此违反了自我保护义务（注意义务），

---

① 自我招致的危险能否紧急避险这个问题争议很大，目前有“全面否定说”、“全面肯定说”、“形式的二分说”、“实质的二分说”。相关理论争论可以参见马克昌：《比较刑法原理》，武汉大学出版社 2002 年版，第 382 页；张明楷：《刑法格言的展开》，法律出版社 2003 年版，第 235—236 页；刘明祥：《紧急避险研究》，中国政法大学出版社 1998 年版，第 29 页；[德] 克劳斯·罗克辛：《德国刑法学总论》（第 1 卷），王世洲译，法律出版社 2005 年版，第 485—486 页。

② 高铭暄、马克昌主编：《刑法学》，北京大学出版社、高等教育出版社 2000 年版，第 140 页。

违反自我保护义务的行为产生的后果应由被害人自己承担责任，不应成为社会的负担，故为被害人可归责事由。当然，对于违反自我保护义务的行为给予补偿也是不公平的。比如，《奥地利联邦犯罪被害人扶助法》第8条第1项就规定，被害人如因重大过失自行招致犯罪被害之危险，不得请求扶助给付。

根据德国联邦社会法院的判决，倘若被害人做出高度不理性的举动，或是对于显然可预见的危险因为重大过失不加以防止，此际给予补偿则是不公平的。[①] 基于不理性或重大过失而自陷危险时，不予以补偿基于这样的法律思考：被疏忽的自我保护不应成为社会的负担，行为人应承担此危险带来的后果。当然，有学者批评"要求被害人尽到自我保护之义务"的说法。Kunz 认为，"被害人应自我保护"之理论不但无法有效防止犯罪结果的发生，反而可能给予犯罪者一个"刑法空白空间"，而将原本由犯罪人应承担的责任转移到被害人身上，影响所及，当被害人要求补偿时，往往基于"因重大过失未能阻止可预期的危险"以及"未尽到自我保护义务"为理由而遭到拒绝。实则，从被害人补偿制度的目的与意义中并不能引导出这种"被害人有自我保护义务"的说法，毕竟被害人补偿法是在于改善被害人的地位，而不在于"侦测"被害人的过错。[②]

对于前述德国学者 Kunz 的批判，笔者不能苟同，但是，笔者认为其批判观点对我们具有警示意义：在刑法领域里，不能因为要求被害人尽到自我保护义务而减轻加害人的刑事责任；在补偿法领域里，也不能因为要求被害人尽到自我保护义务而损害了其自我决定生活方式的自由。因此，对于自陷危险行为的法律评价以及由此决定是否给予补偿的问题，关键在于"被害人自我保护义务"的

---

① BSGE58，S. 214.

② Kunz，Stefanie，a. a. O.，S. 186 – 187.

划定范围，也即什么情况下才能被定性为“被害人未尽自我保护义务”？被害人自我保护义务的设定，不能不当地干涉被害人的自主决定之自由。

确立自我保护义务的边界涉及共通的为社会上一般人认可的标准，但这不能成为唯一的前提条件，因为被害人在实施某些行为时可能会有合法的利益，即使大部分人并不这样做，特别是涉及生活方式的被害案件。比如，被害人喜欢在紧张的工作之余，夜间穿着性感的衣服在酒吧里喝酒，并因此遭受强奸。此案中，被害人“夜间穿着性感的衣服在酒吧里喝酒”之行为，并不能被定性为被害人未尽自我保护义务，因为被害人可以主张其选择夜生活放松消遣的合法利益。可见，自主决定自由与自我保护义务之间的平衡犹如寻找一个恰如其分的黄金分割点。在刑法领域里，“对受害人的生活方式的评判会不正当地在加害人和被害人之间分割应受谴责性”，[①] 在补偿法领域里，此种评判可能会不当地限制社会成员的行为自由且不当地限缩国家补偿义务。比如，一个不愿意工作的流浪汉在贫民窟游荡过程中被杀害（无其他招致被害之行为），如果仅仅因为其懒惰的生活方式就拒绝补偿，则侵犯了其通过流浪方式维持生存的权利和自主决定自由。再比如，某城市的某路段是暴力犯罪高发地区，政府部门在此悬挂大幅标语警示市民应避免在此路段夜间行走，并增派治安联防队员加强巡逻，一个上夜班的市民下班经过此路段回家被抢劫杀害，此案中，不能判定该市民未尽自我保护义务，因为经过此路段回家是其正当的利益。

因此，被要求“尽自我保护义务”的行为必须是符合社会性的，一般人都能谨慎从之的，并且必须是那种因为其中不存在基于自主决定有正当合法的利益诉求而能被合理期待的行为。只有此种

---

① Tatjana H. rnle: *Distribution of Punishment*: *The Role of Victim's Perspecive*, 3 Buff. Crim. L. Rev 175.

特征的行为才能称为“未尽自我保护义务”以及“被疏忽的自我保护”，应拒绝补偿。此种限制，不会违背自由保障之价值，同时，不会放纵不当行为额外增加国家和社会的补偿负担。

自我保护义务之设定除了权利与自由保障之限制外，还应要求被害危险是具有可预见性的。对于自陷危险行为之判断，法律实践中要求这种危险是能够被一般人合理预见的，假如此危险不能够被合理预见，不能当然的拒绝或减少补偿。

美国曾发生一起被害人 V 在一个没有营业执照的酒吧里被枪击的案件。依据美国法律，仅仅是在没有营业执照的酒吧里出现就已经违法，但是法院认为 V 的补偿申请不能被拒绝，因为在这里枪击伤害（gun - shot injury）是不可能被合理预见的风险。假如被害人某种特定的违反法律的行为导致被伤害的风险是非常遥远的和不可预见的（very remote and unforeseeable），委员会不应拒绝或者减少补偿。[①]在此案中，法院的根本理据在于被害风险是否能被合理预见，是具有说服力的。因为被害风险不能被合理预见，就不能说被害人未尽自我保护义务从而认定此行为是自陷危险行为，即便此行为是违法行为也如此，因为本案中，在没有营业执照的酒吧里出现之违法行为的不妥当性，与枪击伤害比较起来，实在是微不足道的。

3. 自陷危险行为之被害补偿的排除与限制

对于自陷危险行为补偿之排除与限制需要综合多方面因素予以考量。对自陷危险行为的评价因为内生性地蕴涵了道德价值的判断，对其被害补偿的决定不可避免要参酌道德考量，这与被害补偿的妥当性判断有关，也是一个疑难和富有争议的问题，关于此问题的阐释详见下文“自陷危险行为被害补偿的疑难问题——道德评判及其限制”之论述。此处主要论及被害人行为的不妥当程度对

---

① See McMillan v. Crime Victims Comp. Bd., 399 N. W. 2d 515, 519 (Mich. Ct. App. 1986).

被害补偿决定的影响。

被害人自陷危险行为包括了日常生活中的轻率行为和特殊场景中的违法、犯罪行为，其不妥当的程度依次递增，被害补偿的裁定要考量此种程度的差异。现分别加以说明。

(1) 自陷被害危险的轻率行为

所谓自陷被害危险的轻率行为指的是被害人在日常生活中由于过失而导致自己陷入被害危险的情境之行为。被害人主观上是过失而非故意，即对自己行为之被害危险并非故意引发，而是对于这种能够被一般人合理预见的危险，由于疏忽大意或者不理性没有预见，或是已经预见但没有采取措施避免，从而被动陷入被害危险情境。正是因为这一点，将其与主动挑衅、刺激等“主动型自招危险”行为区分开来。过失有程度上的差异，一些犯罪被害，跟被害人具有重大过失有紧密关联；一些犯罪被害，被害人只具有中度或轻度的过失，对此应区分考量。

具有重大过失招致的犯罪被害，应拒绝补偿。比如，乘客跨入出租车时即发现司机已经醉酒，但乘客没有要求下车，而是乘坐该车行进，结果发生交通事故当场身亡。因为作为一般人都能预见此种醉酒驾车的危险并进而采取措施避免危险的发生，这是能够被合理期待的，但被害人并没有这样做。因此，此种情况下，被害人没有尽到自我保护义务，对其被害具有重大过失，应拒绝补偿。

对于日常生活中因为被害人性格中的鲁莽、愚钝，未尽到注意义务的中低度过失的不当行为，也即犯罪之所以能实现，是借助了被害人的疏忽行为导致的有利状态的情形，例如，女子独自一人在酒吧喝醉酒而遭其他人性侵犯之情形，应考虑给予部分补偿。

(2) 自陷被害危险的违法行为

所谓自陷被害危险的违法行为指的是被害人实施的对于犯罪加害行为没有产生实质性引发作用但在结果上使自己陷入了被害危险

情境的违法行为。以女性性服务工作者在从事卖淫活动过程中被害为例，假如在性交易达成的时空范围内，被害人（女性性服务工作者）就直接遭受加害人的抢劫并杀害。卖淫行为属于牟取不法利益的违法行为，[①] 从一般社会大众的关于公序良俗的价值观来看，此行为也是违反社会性的不当行为；从权利与自由之保障限制来看，也不赞同行为人（卖淫者）通过此行为主张维持生存是一种正当权利。此种情形中，被害人在客观上其行为对犯罪加害行为并无引发作用，只是其卖淫之违法行为与其被害结果有紧密的特殊意义的因果关联，属于被害人自陷危险行为。

从危险之合理预见可能性来看（当然反映了被害人的过失程度），女子孤身一人与嫖客进行性交易与被抢劫杀害的危险之预见可能性，与前述的“进入没有营业执照的酒吧而遭枪击伤害”相比，显然不是“非常遥远且不可预见的”（very remote and unforeseeable）；但是将本案件情形与“乘客跨入出租车时即发现司机已经醉酒与发生交通事故之危险”相较，本案件的危险预见可能性则不如后者明显。本案被害人之过失程度与前述“女子独自一人在酒吧喝醉酒而遭其他人性侵犯”情形中被害人之过失程度相当，对于后者，如前所述，应给予部分补偿。但是，若给予本案中的被害人部分补偿，就像是在为被害人牟取不法利益之行为提供“社会保险”，由国家和社会为故意实施的违法行为中产生的被害后果承担责任，这样的结论显然是难以让人接受的，亦似有鼓励违法行为之嫌。之所以如此，根本原因在于被害人的行为是违法行为，不当性程度高，不能期待国家和社会为其行为结果承担责任。综上，自陷被害危险的违法行为所致被害后果，应拒绝补偿。

---

① 由于世界上一些国家和地区的“红灯区”区域里发生的性交易并不违法，因此，假定该被害案件发生在“红灯区”区域之外，或者法律规定性交易为违法行为的国家和地区。

（3）自陷被害危险的犯罪行为

自陷被害危险的犯罪行为指涉的具体情形是，被害人所实施的犯罪行为，虽然对于自己被他人犯罪加害之行为没有产生引发作用或促进性作用，但却处在与自己被害的同一时空条件之中，与被害后果有因果关联。现列举两种典型情形加以说明：

第一种情形是，在被犯罪加害之前，被害人已经身处其正在实施的犯罪活动的场景之中，在紧接而至的与此无关的另一场犯罪冲突中，被害人受到了犯罪加害。例如，甲前往乙家入室盗窃，行窃过程中，乙的仇人丙前来向乙复仇，黑暗之中误将甲当做乙杀害。第二种情形是，在被犯罪加害之前，被害人已经身处其实施犯罪活动的相关场景及人物关系中，他们之间有可能是“合作伙伴”、“交易伙伴”和“同事”之关系，在随后发生的另一场犯罪冲突中，被害人受到犯罪加害。比如，甲乙两人共同盗窃犯罪，后因分赃不均，甲将乙打成重伤；在“同时犯”的场合，丙丁两人“不约而同”来到博物馆盗窃，为争夺文物，发生“黑吃黑”斗争局面，丙将丁杀害；被害人从事赌博犯罪活动被赌友逼赌债惨遭杀害；等等。

上述两种情形中的被害人行为是自陷被害危险的行为，属于被害人可归责事由的范畴。对于此种情形，是否应该给予补偿呢？对此，笔者认为应完全拒绝补偿，其理由与自陷被害危险的违法行为所致被害后果应拒绝补偿之理由相同。因为，犯罪行为的非正当性程度是不言自明的，在此情况下，若给予被害人补偿，无疑像是在为被害人先前的犯罪行为提供“社会保险”，因而是荒谬而不能为人接受的，也不符合一般社会观念下关于公平与妥当性的判断。如果说将犯罪看做是一项高风险行为，此行为过程中产生的诸如被同伙灭口或被竞争者杀害等风险，当然应由行为人本人承担，而不应由国家和社会为其分担。

对于此种情形的被害补偿问题，大多立法例并没有作出明确规定，但美国的一些州法则是例外。美国的佛罗里达州（Florida）的补偿法规定：任何一个人正在参加违法行为的时候，其他与此无关的犯罪行为发生并使其受到伤害，被害人不能申请补偿。① 相应地，如果伤害发生之时的被害人的行为是犯罪（in the act of committing a crime），就更不能获得补偿了。② 爱达荷州（Idaho）的补偿法则规定给予部分补偿，考量犯罪行为的严重程度，配置不同的额度——如果伤害发生之时被害人正在实施重罪（felony），补偿额度将减少50%。③ 在德国法的立法文献中，立法者曾举例说明：若加害人进行暴力攻击时，被害人正在从事的是犯罪行为；或是被害人是媒介娼妓者、毒品贩卖者或者是其他犯罪从事者，因为在“同业竞争”之下沦为亡魂，这时被害人不能透过国家公器获得补偿。④

综上所述，对于被害人自陷危险的犯罪行为、违法行为，应拒绝补偿；对于日常生活中被害人自陷危险的轻率行为，重大过失的，应拒绝补偿，中低度过失的，应给予部分补偿。

4. 自陷危险行为被害补偿的疑难问题——道德评判及其限制⑤

不同于诸如违法、犯罪等典型的社会有害性行为，日常生活中自陷危险的轻率行为不具有强烈的法敌对性，有相当部分的自陷危险行为往往不合乎道德或善良风俗，这便与依据一般社会观念进行的妥当性判断相联系起来。这个问题由于涉及价值判断，理论和实务界争议很大。

---

① F la. Stat. Ann. § 960.065（2）（b）（West Supp. 1994）.

② Minn. Stat. Ann. § 611A.53（2）（d）（West 1987 & Supp. 1994）.

③ Idaho Code § 72－1016（7）（b）（1989 & Supp. 1994）.

④ Bundesrat－Drucksache 352－74，S. 15 zu § 3.

⑤ 此部分与下文所要论述的“被害补偿的妥当性考量”紧密相关，因为行文逻辑和结构的需要，笔者将此部分内容作为自陷危险行为被害补偿的疑难问题安放在本章予以论述。

首先举一个案例来说明。甲（男）在互联网上认识了一个网友乙（女），两人在网上交换了照片，并约定当晚在某酒店开房追求一夜情刺激。甲乙如约在酒店见面，五分钟后，两个男子丙和丁闯入房间，将甲捆绑，抢走甲随身携带的现金、手机以及银行卡，并逼迫甲说出银行卡密码，甲不从，丙和丁用刀将甲杀害。事后警方查明，乙与丙丁系共谋犯罪，三人分工合作，由乙出面约陌生网友一夜情，丙丁则尾随而至进行抢劫。本案中，被害人甲寻求一夜情刺激的行为显然是为一般的道德观点所反对的，在此情形下，甲的遗属是否可申请获得被害补偿金呢？如果裁定给予补偿金，是否因为不符合一般社会观念下的良善道德观念而显得不妥当、不公平呢？

对于这个问题，德国法的理论界和实务界的观点是众说纷纭，大部分人反对运用道德评判，认为道德考量在此应该尽可能避免。比如，德国学者 Kunz 认为，“非公平性”的认定不能从“道德想法”出发。①但实务界亦有因被害人的生活方式浪荡不羁属于社会有害性行为因而拒绝补偿的判例。②

由于德国的被害补偿法基础是“社会国”理论。德国学者 Faude 认为，社会法的最大功能在于促进国民的自由个人发挥以及协助个人进行自我决定的生活。从这样的理由可知，即使是基于自我决定危险实现行为所产生的后果，不见得这是社会法所不愿接受的。就这个层面而言，社会互助责任并不至于要求个人的一言一行都必须是无可非难的。③ Zacher 进一步指出，社会法之自由保障功

---

① Kunz, Stefanie, a. a. O., S. 156.

② 德国法实务中的案例：被害人生前无视妻儿存在，一直过着如同“花花公子”般的生活，因他整日流连于众多女人之间，其中一个长期女友无法忍受其不忠行为而将之射杀。地区补偿局认为，被害人浪荡的生活方式属于社会有害性行为，因而不值得给予被害补偿。法院对此则认为，单凭被害人的放荡生活是不足以符合补偿排除的要件，尚未达到社会有害性所必要的程度。参见：BSG vom 7.1（1979）。

③ Faude, a. a. O., S. 128.

能是要禁止社会法被当做一种制裁工具，即社会法不会意图去直接强迫人民做出合乎社会互助责任之正当行为，社会法顶多是要去阻止一个违反社会互助责任的行为所带来的后果。① 因此，其基本的观点就是：不能因为被害人的举止不符合道德或善良风俗或者是属于社会有害性的行为，从而否定其补偿请求。

而持相反意见的学者认为，探讨被害人不合乎道德或不合乎善良风俗的行为是否应当排除补偿时，应符合德国法中有关于“补偿排除之合致性功能”（Kondordanzfunktion des Leistungsausschlues），意即被害人补偿排除之目的要与社会法的价值基础形成一致性。而社会法的重要基础是社会互助责任。“社会互助责任这个机制是一个交互作用的体系，亦即透过国家提供社会福利款项（Sozialleistung），从而社会每一个成员尽到社会团结责任，但其同时也要求获得扶助者也要尽到个人的社会互助责任。因此，凡是做出社会违反性之行为的人，便不应该透过国家的扶助得到奖励。”② 若对此给予补偿，则对其社会违反性或社会有害性之行为有鼓励之嫌，则与立法的目的背道而驰，这样的补偿也就是不公平的。

笔者赞同上述反对意见，并且认为，德国学者以被害补偿法作为社会法之“自由保障功能”来论证完全拒绝道德性考量之正当性是站不住脚的。③ 对于自陷危险行为之被害补偿决定的道德考量的问题，笔者的基本立场是，自陷危险行为被害补偿决定之道德评

① 卢映洁：《论被害人补偿制度中排除条款的适用问题——以德国法为说明》，载《法学论丛》2002 年第 3 期。

② Vgl. Faude, Selbstverantwortung und Solidarverantwortung im Sozialrecht, Bonn, S. 483 (1983); Vgl. Zacher, “Soliadaritt ist nicht einseitig. Auch der Geschützte schuldet Soliadaritt.”, in ZfS, S. 174 (1983).

③ 当然，德国学者以及实务界的完全抗拒道德评判来排除被害补偿适用之见解与德国法之“全有或全无”之补偿模式有关，道德评判是宽泛的，若因此而排除补偿，则有使补偿法虚有其表之危险，故避免道德考量方能切实实现被害人之被害补偿请求权。

判是不可避免的，但此种道德考量要受到限制，不道德行为与被害结果之间要具有实质因果关系，亦即要以被害人行为成立“被害人可归责事由”为前提。下文详述之。

(1) 自陷危险行为被害补偿之道德考量不可避免的理由

第一，犯罪被害人国家补偿法不是一般意义上的社会法，因而不能将一般社会法的基础价值完全移植于被害补偿法中。社会法所关注的仅限于已经形成的需要物质给付之客观的结果与事实，而无须考察造成结果的原因，补偿法却必须考察造成被害结果的原因中是否有被害人自身的“贡献”。

第二，“自由保障”目标并不能免除被害人对于社会团结互助机制的道德良善行为之义务。被害人国家补偿制度通过国家给付被害人经济利益，其实质是社会成员对整个风险社会之犯罪被害风险进行共担，体现了社会成员的社会团结与互助责任，此种社会互助责任是一个交互作用的体系，获得扶助的被害人也要尽到个人对于社会的互助团结责任，不能额外为社会增添风险与负担，那就要求被害人应遵循一般人所认同的道德善良风俗行为准则，履行一般人所能尽到的谨慎注意义务。这与“自由保障”之价值目标并不相悖。

哈耶克认为，“自由不仅意味着个人拥有选择的计划并承受选择的负担，而且还意味着他必须承担其行为的后果，接受对其行动的赞扬或谴责。自由与责任实不可分。如果一个自由社会的成员不将‘每个人所处的境况乃源出于其行动’这种现象视为正当，亦不将这种境况作为其行动的后果来接受，那么这个自由的社会就不可能发挥作用或维持自身。”① 个人有自我决定之权利与自由，每一个人须对自己基于自由意志实施的行为负责，“自主”是将个人视为道德判断与道德责任的最终主体，违背一般道德和善良风俗的

① ［英］弗里德里希·冯·哈耶克：《自由秩序原理》，邓正来译，三联书店 1997 年版，第 83 页。

自我决定应由自己负责，不应由社会全体成员为其负责。

第三，社会法领域里中的社会权是一种赋予利益的新型权利，正如拉德布鲁赫所言，这“也是带有道德性义务内容的新权利的实现过程”。[①] 法与道德是不可分的，法律应具有“内在道德”，法律反映或符合一定道德要求；[②] 法律应维持社会生活的基本道义、自然情感或普遍伦理。当法律罔顾人们的自然情感和善良道德而作出规定时，只会招致社会的反叛。正如波斯纳所言，废除其所在社会的道德法典，或者同样地，坚持要求这一道德法典令人信服的理性化，都不是法官应做的事。被害补偿之裁定要以一般的社会观念为依据进行妥当性和公平性的考量，必然内蕴和附载着道德的价值判断。

综上，违反一般道德和善良风俗的行为属于社会有害性行为，背离了人应具有的社会性角色，背离了社会团结互助之宗旨，不值得社会集体成员为其分担后果。若对被害人自陷危险的行为完全拒绝道德性考量，对其社会有害性行为给予全部补偿，虽然保障了被害人自主决定之自由，却侵害了其他社会成员的利益以及法感情，产生了新的非正义和不公平。

（2）道德考量的限制

道德的范域是宽泛的，道德的价值判断的向度可能是多维的，为保法的安定性，为实现被害补偿法之目的，必须对排除或限制补偿法适用之道德考量的场域以及对象有所限制，那就是要以自陷危险的不道德行为与被害结果具有因果关系为前提。这方面，英美法实践给了我们反面的启示。

与德国法的理论和实务界大多反对道德考量相反，英美法实践中，被害人的人格和品质之道德考量占有较大的比重。1990 年英

---

① ［德］古斯塔夫·拉德布鲁赫：《法律智慧警句集》，舒国滢译，中国法制出版社 2001 年版，第 151 页。

② 沈宗灵：《现代西方法理学》，北京大学出版社 1992 年版，第 163—183 页。

国的补偿计划规定，补偿机构可援引被害人之生活方式或品质(character and way of life) 拒绝或减少补偿。后来的补偿计划进一步更明确地规定，补偿机构将对被害人历史上的犯罪行为或不合法行为中体现出的品行（character as shown by his criminal convictions or unlawful conduct）进行考虑是否拒绝或减少补偿。[①] 美国一些州的补偿计划也有差不多同样的规定，在作出补偿决定时，要求补偿机构考虑与之相关的所有情势（all circumstances determined to be relevant），包括先前的案件或者社会生活之历史，以及相关的其他事实。[②] 新泽西州（New Jersey）的补偿法规定了“相关情势条款”(relevant circumstances provision)，此条款意味着：如被害人有由犯罪记录（criminal record）来证明的犯罪历史，则补偿申请将被拒绝。俄亥俄州（Ohio）的补偿计划里有更进一步的规定：在申请补偿的被害事件发生之前的十年时间之内，如果被害人曾经被判重罪（felony），不得补偿。[③] 其目的就是保证将补偿金发放给那些无辜的、安分守己的（law - abiding）被害人。

可见，在英美补偿法中，被害人曾经的犯罪历史，曾经不名誉的行为以及由此体现出的生活方式和品行都将作为“相关情势”，要求补偿机构在做出补偿决定时予以考虑。笔者认为，此种规定体现了非常严重的“嫌恶被害人倾向”以及深深的“被害标签”意识。同时，如此宽泛的排除适用，本质上限缩了国家的补偿义务而损害了被害人获得国家补偿之权利。

---

① British Scheme, supra note 10, 6 (c). See Regina v. Criminal Injuries Comp. Bd., ex parte Thompstone and Crowe, [1984] 1 W. L. R. 1234; MIERS, supra note 10, at 76 - 82 and 91 - 99.

② Alaska Stat. § 18.67.080 (c) (1991). See also Del. Code Ann. tit. 11, § 9006 (b) (1987); Haw. Rev. Stat. § 351 - 31 (c) (1985 & Supp. 1992); Nev. Rev. Stat. Ann. § 217.180 (1) (Michie 1992); N. J. Stat. Ann. § 52: 4B - 10 (c) (1986).

③ Ohio Rev. Code Ann. § 2743.60 (E).

事实上，被害人的上述因素并不一定对被害人的自陷危险行为产生作用，两者之间可能毫无关系，故上述因素本身不能单独成为道德考量的对象。道德考量必须限定为被害人自陷危险的不妥当行为本身，此行为与加害行为应发生在同一时空条件里，并与被害后果具有因果关联。正如日本学者大谷实所言：被害人个人性格、生活状况、交友关系等因素不得仅作为抽象、道德之判断标准，而是应就其与犯罪事件之关联性作一检视，在二者间有关联性时，方得作为补偿不适格之判断依据，此外被害人前科有无之情形亦同。[①] 因此，一般情况下，对于被害人频繁出入高风险场所之行为并在此遭受犯罪被害的，满足了上述时空聚合性条件和因果关系链接，应认定为自陷危险行为，应根据过失程度等相关因素考虑拒绝补偿或减少补偿。

比如，宾夕法尼亚州（Pennsylvania）的被害补偿指引规则（Rules）规定：补偿委员会在裁决是否补偿时，应该要考虑被害人的行为，假如被害人有以下行为，补偿申请将被拒绝：经常出入（frequenting）卖淫场所（prostitution），经常出入毒品和酒精非法交易场所，经常出入非法赌博场所，或者参加其他非法场所。规则还进一步规定有促进作用的行为（contributory conduct）应包括以下情况："被害人因为醉酒或吸毒陷入兴奋状态（intoxication）而使得判断力减弱（poor judgment），导致自己进入到容易受到人身伤害的场所"。[②] 笔者认为上述指引规定是比较合理的。

综上所述，笔者认为，对于自陷危险行为的被害补偿的决定，

---

① 椎桥隆幸：《アメリカ合众国の刑事における被害人の役割》，载《刑法杂志》第29卷2号，1988年版，第96页。转引自谢协昌：《犯罪被害人体系保护之研究》，中国政法大学2007年博士学位论文，第96页。

② 37 PA. ADMIN. CODE § § 191.1 and 191.9（k）（2）（1994）. For similar guidelines, see D. C. Mun. Regs. , tit. 28, § 2309.9（1992）, Fla. Victim Comp. Program Rules, r. 2A－2.003（h）and Minn. R. § 7505.2900（1994）.

其道德评判是不可避免的，但是，道德考量的对象必须限定为被害人自陷危险的不妥当行为本身，被害人曾经的犯罪历史以及生活方式等因素本身并不能成为道德考量的对象。

5. 家庭暴力犯罪被害补偿的特殊性考量

对自陷危险行为被害而进行被害人可归责事由的判断不适用于与婚姻家庭暴力（或者类似于婚姻关系的男女同居关系）相关的犯罪被害案件。举一个常见的例子加以说明。妻子长期忍受来自于性格暴躁的丈夫的暴力殴打，长期伤痕累累，但为了孩子有个完整的家庭以及依靠丈夫收入生存，妻子并没有提出离婚并离开这个有严重暴力行为的丈夫。有一天晚上，妻子因聚餐喝了些酒，回家后立即遭受丈夫的殴打，酒后的妻子一反以往顺从的常态，进行言语指责和肢体反抗，丈夫一怒之下将妻子砍死。本案中，不能因为妻子没有采取理性行为离开长期实施暴力行为的丈夫避免所处的危险状态就判断被害人“未尽自我保护义务”而自陷危险。之所以没有离开，不是因为不理性，不是自愿陷入被害危险，而是为了维系家庭的完整以及需要丈夫的经济支持等理由。

而且，家庭关系更是具有特殊的法律属性，与别的法律关系不同，家庭之中的争执甚至是暴力冲突往往会因为亲情、爱情而自发得以弥补，有时从法律的判断而言，权利被侵害已是明显的事实，但法律仍然不能贸然介入。比如，我国刑法第260条规定的虐待罪，已属家庭成员之间非常严重的冲突，但法律规定虐待罪属“亲告罪”，必须由被害人亲自告诉法律才处理。婚姻家庭关系确实有着“清官难断家务事”之特质，法律对此关系的调整是必须是谦抑而内敛的。我国台湾地区云林地方法院发布的一民事保护令裁定，对婚姻暴力作了非常生动的描述：

婚姻暴力有其成因，也有其前奏及序曲。施暴者行为与其生活压力有关，产生有其阶段性，且会一再循环发生。“引发期—暴力发生—蜜月期”为一个循环，当压力开始累积时，夫妻就开始有小的争吵，施虐者开始喝酒，逃避冲突压力来源；直到压力累积到无法负荷，只好爆发出来，殴打一顿；释放压力后，生理上较为平静，施虐者开始有点惭愧，答应不再动粗。但是好景不长，双方都会继续犯相同的错误，继续增加压力，再度爆发暴力冲突。旧恨不断累积，于是彼此内心的空间愈来愈小，发生暴力的时间愈来愈短，双方冲突程度愈来愈高。①

上述螺旋式上升的暴力循环现象，在被害人学上被称作“习得性无助”，也谓“受虐妇女综合征”。周期循环由三个不断重复的阶段组成：关系紧张阶段、爆发阶段和平息后的和好阶段。② 由此可见，婚姻家庭关系中的“被害危险”是难以用理性去评判并作出离开危险之抉择的，其间牵涉太多非理性的情感因素以及现实生活的考虑，甚至出于病态的依恋。因此，自陷危险之可归责事由的判断不能适用于家庭暴力犯罪被害案件。

（六）小结（图表）

上文对互动场域中的被害人行为进行了差序化类型分析，并阐释了其在刑法领域和补偿法领域的法律意义。将上文的主要结论用下面的表格和图像显示出来，作为本部分的小结。

① 《云林地方法院2002年家护字第312号民事保护令裁定》，载［奥］鲁道夫·维瑟编：《法律也疯狂》，林宏宇、赵昌来译，商务出版社2004年版，附录第112—113页。转引自胡玉鸿：《“个人”的法哲学叙述》，山东人民出版社2008年版，第434页。

② Walker，L.（1984）. The battered woman syndrome. New York：Springer.

被害人行为类型及其刑法意义与补偿法意义比较

（犯罪被害后果均为重伤或死亡）

<table>
<tr><td>被害人行为类型</td><td colspan="2">“加害—被害”互动之定性分析</td><td colspan="2">刑法领域中对加害人刑事责任裁量的影响</td><td colspan="2">被害补偿法的适用</td></tr>
<tr><td>攻击行为（暴力、胁迫、暴力侮辱）</td><td>①高强度攻击下，回击行为成立无过当之正当防卫，防卫人不构成犯罪</td><td>②一般强度攻击下，回击行为构成防卫过当，防卫人构成犯罪</td><td>①不负刑事责任（法定量刑情节）（因不构成犯罪，故无规范意义上的“被害人”）</td><td>②应减轻或免除处罚（法定量刑情节）</td><td colspan="2">拒绝补偿</td></tr>
<tr><td>（非暴力）不法侵害行为（比如非法搜查他人身体、盗窃财物、毁弃他人信件）</td><td>①被害人的侵害行为未达无过当防卫之紧迫程度，但可引发正当防卫场域，加害人行为构成防卫过当</td><td>②被害人的侵害行为不具有正当防卫之紧迫性和破坏性，加害人行为构成犯罪</td><td>①应减轻或免除处罚（法定量刑情节）</td><td>②应从轻或减轻处罚（目前法律未规定为量刑情节</td><td colspan="2">拒绝补偿</td></tr>
<tr><td>自我损害行为（教唆、承诺、帮助）</td><td colspan="2">自我损害属于被害人自我答责部分，对于多发生的结果加害人不承担责任。加害人构成犯罪</td><td colspan="2">应减轻处罚（目前法律未明文规定，但已形成共识）</td><td colspan="2">拒绝补偿</td></tr>
<tr><td>挑惹行为（比如挑衅动作、刺激性辱骂）</td><td colspan="2">被害人的挑惹行为对加害行为具有实质性引发作用，加害人行为构成犯罪</td><td colspan="2">高度挑惹，可酌情从轻或减轻处罚（目前法律未规定为量刑情节）；中低度挑惹行为不影响量刑</td><td>高度挑惹行为，拒绝补偿</td><td>中低度挑惹行为，部分补偿</td></tr>
<tr><td>自陷危险行为</td><td colspan="2">被害人未尽自我保护义务，有利于加害行为实施，对被害结果有促进作用。加害人行为构成犯罪</td><td colspan="2">不能减少加害人的刑事责任，不影响量刑</td><td colspan="2">违法犯罪行为、严重过失行为，拒绝补偿；中低度过失行为，部分补偿</td></tr>
</table>

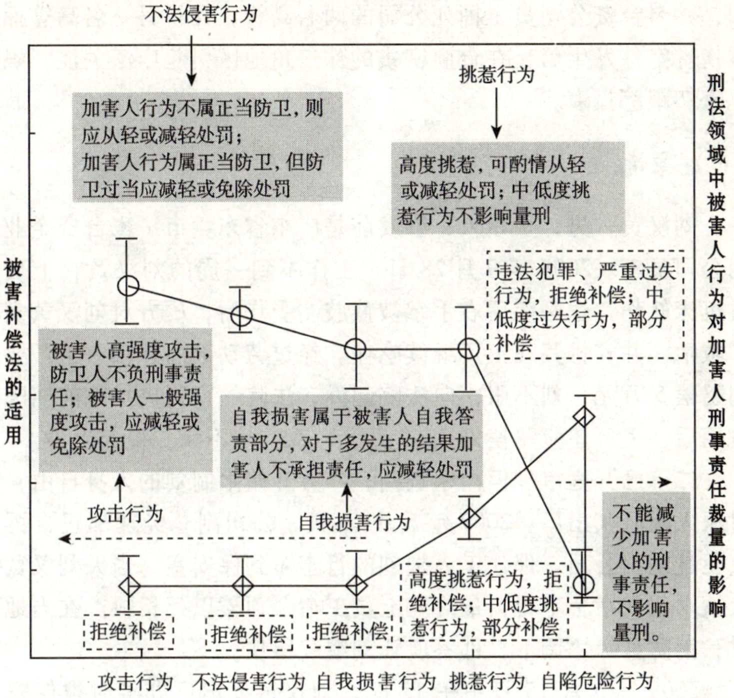

被害人行为对刑法量刑和被害补偿的影响示意图

三、被害人可归责事由的案例综合分析

上文将被害人的行为按照对于被害后果之“贡献”的大小与层级进行了分类阐释，这是为了论证之便试图建构的“理想模型”，真实世界中发生的案件往往复杂得多，被害人的行为可能并非仅仅属于某一个类型，或者是在一个犯罪被害结果的发生由多重被害人因素引发。因此，在阐释完上述几个类型的被害人行为之后，有必要用一个案例进行综合分析。

以下分析的案件发生在广东省东莞市，因为工伤纠纷引发悲剧，一名台资公司员工捅死公司的两名高管，并将另一名高管捅成重伤。案件发生后，在台商密集的珠三角地区引起广泛关注，媒体也密切跟踪报道。[①]

(一) 案情

刘汉黄，男，贵州人，事发前是广东省东莞市一家台资企业展明公司员工。2008 年 9 月 28 日，工作不到一周的刘汉黄在上班时被机床轧伤，送医院后右手掌被截肢。受伤后，厂方对刘汉黄实施了救治，并安排其在工厂继续吃住。经过劳动部门仲裁，工厂要向刘赔偿 5 万元，刘不服，向法院起诉，法院一审判决扣除前期医疗费用后，工厂还应赔偿刘 16.9 万元，双方均不满，提起上诉。

二审已开庭审理但尚未宣判，厂方开始限制刘的人身自由，有时派人驱赶其出厂。2009 年 6 月 13 日，公司副总经理邵正吉再一次驱赶刘出公司。邵让工人把刘的行李搬到保安室，当天刘汉黄多次请求留住宿舍不得，最终爬上员工宿舍顶楼以死相胁。在当地警方和消防员等协调下，邵答应让刘继续留住。

2009 年 6 月 15 日中午 12 时，刘汉黄要出厂办事时被保安拦下。刘被拦下后到保安室等待机会外出。等了 5 分钟后，公司总经理林裕腾驾车外出。刘于是站在车尾处，想等大门打开，跟着车一起出去，保安识破刘的用意，不愿开门，于是林下车与刘争吵。刘不认识林，林用台语打了个电话，随后邵正吉和公司另一副总赖振瑞赶到。赖赶到后，要求保安开门，并将刘推出去。到了大门外，邵打了刘两巴掌。此时，刘掏出弹簧刀朝赖的腹部连捅两刀，致赖倒地。邵见势不妙，往外面马路上跑，刘追上去，对着邵的颈部等部位连捅数刀。林裕腾见状从保安室里提了钢管追出去，对着刘的

① “东莞台商被杀案开审，凶手当庭请求判死”，载《南方都市报》2009 年 9 月 8 日，A08—09 版。

脑袋敲了一下，刘持刀与林对峙一阵后冲上去，林往后跑开，突然跌倒在地，刘随即持刀朝林的颈部、胸部、腹部等部位连捅数刀，致林不能动弹。当刘跑回展明公司门口，见到赖躺在地上，就又朝赖的颈部捅了一刀。随后，刘被闻讯赶来的展明公司一员工用钢管打晕，接警的治安员赶到现场将其抓获。

（二）案件分析

本案是被害人学中“加害——被害互动”理论、“愤怒攻击”理论、“情境处理”理论所研究案例的典型再现。犯罪人刘汉黄的行为是为典型的“愤怒攻击”和激情犯罪，一系列的不愉快事件聚集、酝酿终致不良情绪极端爆发，产生了犯罪加害行为。本案值得关注的核心问题有两个：在刑法领域中，被害人行为能否减轻加害人的刑事责任？被害人的行为对于犯罪加害行为有无实质性的引发作用因而成为被害人可归责事由？

1. 加害人和被害人的行为性质分析

本案的案发现场被害人和加害人的行为有：赖将刘推出门外；邵打了刘两巴掌；刘率先对赖发动暴力攻击，然后追杀邵；林见状拿钢管敲打刘的脑袋；刘对林进行暴力回击。

对刘的犯罪行为具有引发作用的事实因素有：刘遭受工伤，对赔偿金额的诉讼尚在进行中；刘被公司限制自由并被驱赶出公司，其中邵作为公司管理人员组织了驱赶行为；刘以死相胁，获得了留住机会；刘外出办事，再次遭到保安拒绝；林与刘争吵，并打电话叫来赖和邵。

以下运用前述的行为理论分别对各当事人的行为进行定性分析：

（1）赖将刘推出门外的行为不属于轻度的挑惹不当行为，不属于补偿法领域里的被害人可归责事由。在刑法领域里也不应属于降低加害人刑事责任的事由。

(2) 邵打了刘两巴掌的行为属于暴力侮辱行为，再加上其先前的驱赶行为给刘带来的巨大精神刺激（刘已采取以死相逼的举动），对于刘具有高度的挑衅性，在刑法领域里应属于降低加害人刑事责任的事由，也属于补偿法领域里的被害人可归责事由。

(3) 刘率先对赖发动暴力攻击的行为不构成正当防卫。因为打刘两巴掌的行为人是邵，而不是赖，也即刘暴力回击的对象不是不法侵害人本人，也没有证据表明赖和邵要共同对刘进行暴力攻击。因此，刘对赖的行为是纯粹的犯罪加害行为，是为故意杀人罪。

(4) 刘追杀邵的行为也非正当防卫，因为邵的暴力攻击行为已经结束，并且开始逃跑，不再具有暴力攻击之倾向，刘追杀邵的行为是纯粹的犯罪加害行为，是为故意杀人罪。

(5) 林用钢管敲打刘的行为属于紧急情况下的正当防卫，不属于犯罪加害。值得注意的是，林在此紧迫场景下，没有避开危险反而用钢管敲打刘，无论如何都不能将此行为定性为被害人的“自陷危险行为”，面临他人的生命遭受紧迫危险，每一个人都有正当防卫之权利。林先前打电话叫人的行为并无任何不当，不具有引发犯罪加害之作用，不具有补偿法意义上的归责意义。因此，在刘与林两人对抗之场域中，被害人林没有实施具有引发作用的攻击或挑惹行为，也没有自陷危险之行为，不具有被害人可归责事由。刘对林的行为构成故意杀人罪（未遂）。

2. 犯罪人的刑事责任分析

综上分析，从刑法的角度评价加害人的行为性质应为故意杀人罪，从其行为的强度、攻击部位以及犯罪结果等因素作出这种故意杀人罪的定性应无疑虑。在量刑上是否判处死刑则值得仔细斟酌考量。刘汉黄因工伤右手掌被截肢，遭受巨大的精神创伤，出于对自己今后人生无法正常工作难以维持生计之忧虑，期望能获得公正一些的赔偿，岂料二审判决尚未宣判，工厂开始限制其人身自由，并时常派人驱赶出公司，让刘深感即将流落街头之惶恐，于是以死相逼，方暂时留住下来，从中可以洞察到刘的内心隐藏着深切的不安全感和屈辱感，仇恨开始聚集，并有了“你死我活”之绝望惨念（携带的弹簧刀便是证明）。紧接着外出办事又遭遇限制和拒绝，曾经派人驱赶自己的公司高管邵正吉赶来又打了两巴掌，旧仇加上新恨，可以想象，刘汉黄愤怒的情绪喷薄而发，像电闪雷鸣般刺激着他开始了暴力攻击。可见，综观整个事件的来龙去脉，用一般人之常识、常理、常情去判断，犯罪人刘汉黄并非罪大恶极十恶不赦之谋杀犯，犯罪源于不公正对待和屈辱遭遇以及绝望情绪之刺激引发，被害人邵正吉及所属公司之行为在一定程度上促进了、推动了悲剧的发生。上述事实分析及情理之考量应该能为犯罪人罪不至死提供正当性论据支持。

3. 被害人的国家补偿分析

在被害补偿法领域里，本案中的被害人赖振瑞和林裕腾没有被害人可归责事由，在补偿法上应获得全部的被害补偿。[①] 被害人邵正吉对犯罪人实施了暴力攻击行为具有被害人可归责事由，不应获得国家补偿，但由于遭受犯罪被害，与实施职务管理有关，从其所供职之公司的相关保险中获得赔偿应无问题。

---

① 此处没有考虑被害人的台湾籍之问题。

第五章　犯罪被害人国家补偿制度的排除与限制条款之二

——被害补偿的妥当性考量

犯罪被害人国家补偿制度的目的和意旨在于帮助无辜的被害人，倘若受害者并非无辜或是因为其他情势若给予其经济补偿将显得不妥当，此时的补偿就会被认为是不符合公平正义的，因此将导致被害补偿法的排除和限制适用，这是除了“被害人可归责事由”之补偿排除与限制条款之外犯罪被害人国家补偿制度的又一个排除与限制条款——被害补偿的“妥当性考量”，其目的是为了确保被害补偿制度不被不符合目的地不妥当运用。

第一节　被害补偿的妥当性考量之意涵与向度

何谓被害补偿的妥当性考量？德国学者Schunlz - Lüke 与 Wolf 认为：倘若提供被害人补偿会促成加害人的利用，或是对其社会违反性或社会有害性之行为有鼓励之嫌，则与立法目的背道而驰，这样的补偿是不公平的。[①] 从立法例的规定来看，德国的《德国暴力犯罪被害人补偿法》第 2 条第 1 项规定：“若给予照护有不公之情

---

① Schulz - Lüke/Wolf, Opferentsch? digungsgesetz, Kommentar, §2Am. 5.

形时，应拒绝给付。”日本的《犯罪被害人等给付金支给法》第6条第3项规定：“斟酌被害人或其遗族与加害人之间关系及其他情事，认为支给犯罪被害人等给付金，依一般社会观念有失妥当者”，“得不支给犯罪被害人等给付金之全部或一部。”我国台湾地区的“犯罪被害人保护法”、韩国的《犯罪被害者救助法》与日本法均有相似之规定。

何谓“妥当”或“有不公之情形”？何谓“一般社会观念”？如同被害人可归责事由一样，这也是一个需要价值判断的问题，而且真实世界发生的案件千差万别，补偿机构须视个案之不同情形审慎斟酌之。

一、“一般社会观念”的内涵

一般社会观念出自人类长期的文化发展和历史变迁中形成的自然情感。自然情感根源于人的本性，并在重复性和习惯性的日常生活中养成，同时会受到文化环境和历史传统的影响。自然情感成为了个人、社会以及民族特有的精神态度和生活品质。“同一种文化、传统背景之下的社会成员，其在自然情感上并无质的区别。当然从更大的范围上而言，生活于世界各地的人民，在基本的需求、欲望上也是相通的，因而总体上在自然情感方面也能够大致保持一致。不同的国家会有许多相同或相似的法律规定本身就说明，人类许多的共性问题比起特殊性来说，更加普遍和重要”。[①] 就社会而言，健康的、共同的自然情感，是维系社会存在的根本动力。人类有着相通的情感天性，这也即“社会一般观念”或“社会通念”之来由。

作为切实保护被害人权益的被害补偿法，应当尽最大限度地达

---

① 胡玉鸿：《“个人”的法哲学叙述》，山东人民出版社2008年版，第405页。

致良善之追求，做到情理法兼容。正如刑法学者陈忠林教授所言："无论是良心，还是'常识、常理、常情'都是特定社会中的人性、人心最本源的形态，社会需要的最低要求和人民利益的最大共识，是现代法治不可或缺的人性基础和人民基础……我们很难设想一个违背社会基本常识、人民基本伦理、人类基本感情的法律规定，在实践中得到真正人民的支持。"① 法谚中所说的"法律尊重自然秩序"，就是对人类自然情感的尊重，也就是不应悖逆人之常理常情。当法律罔顾人们的自然情感而作出规定时，这样的法律只会招致社会的反叛，"官方法律与老百姓的正义感之间的差距也就越大。从而，在老百姓的眼中，法律就会渐渐地失去自身的可理解性和合法性。他们会认为，法律或是权贵们运用的魔术箱，或是随意地落在正人君子和邪恶小人身上的一系列霹雷而已"。②

因此，被害补偿中的妥当性与公平性判断所依据的"一般社会观念"，实质就是源于人类社会自然情感并在人类长期的文化发展和历史变迁中形成的"常识、常理、常情"。对于社会生活的基本道义的坚守、对自然情感的呵护和对普遍伦理的维持，应对被害补偿中的妥当性与公平性判断具有统领意义。

二、妥当性考量的意涵与向度

考察已有的立法例，关于妥当性或公平性判断之条款规定大多紧接在"被害人可归责事由"之后，并且两者被置于同一"条"的不同"款"中，共同属于被害补偿之排除（限制）条款。比如：《韩国犯罪被害者救助法》第 6 条是"可不支给救助金之例"，其

① 陈忠林：《刑法散得集》，法律出版社 2003 年版，第 37—38 页。

② ［美］昂格尔：《现代社会中的法律》，吴玉章等译，中国政法大学出版社 1994 年版，第 191 页。

中第2款规定了被害人可归责事由，第3款规定了“依其他社会通念上认为不支给救助金之全部或一部妥当时”；日本的《犯罪被害人等给付金支给法》第6条为“得不支给犯罪被害人等给付金之情形”，同样是用了第2款和第3款分别规定了被害人可归责事由和妥当性判断；我国台湾地区的“犯罪被害人保护法”的第10条规定了补偿之排除和限制条款，其中第1款为“被害人对其被害有可归责事由”，第2款规定了“斟酌被害人或其遗属与犯罪行为人之关系及其他情事，依一般社会观念，认为支付补偿金有失妥当者”。这就提出了一个问题，“被害人可归责事由”的判断和“妥当性”考量两者间是什么关系？两者间是相互独立的判断还是彼此间有所关联？两者间有无位阶次序之分？

对于上述问题，笔者的基本观点是：

第一，“被害人可归责事由”的条款只具有排除（或限制）补偿之单向功能。妥当性考量条款的功能则是双向的：首先是排除性判断功能——因具备某种事由若给予补偿显得不妥当的，将拒绝（或减少）补偿金之给付。比如被害人与加害人是处于经济生活的共同体关系之中，给予被害人补偿将增进加害人的经济利益因而是不妥当与公平的，因此应考虑拒绝补偿；其次还具有符合性判断功能——因具有特殊情形若不给予补偿显得不妥当的，因此要给予全部或部分补偿金。比如：被害人遭受犯罪侵害死亡，但被害人对其被害有可归责事由，作为遗属的未成年子女沦为孤儿，顿失生活依靠，惊恐无助，此种情形下若仅仅依据被害人可归责事由决定拒绝补偿就显得不妥当，应考虑给予部分补偿。对于此种“符合性判断功能”，大多立法例并没有明文规定，但依被害补偿法的性质——被害补偿法是一种新型的社会法，对被害人的物质补偿是为了保证国民享有符合人性尊严的生活，不难作出这样的理解和判断。唯《日本犯罪被害人等给付金支给法实施细则》第8条对此作了明确规定：“符合第2条至第6条规定之事由（为“被害人可归责事由”以及“被害人与加害人有亲属关系”等应被拒绝补偿或减少补偿之事由——笔者注)，依规定不予支给或仅支给一部分之犯罪被害人等给付金，被认为不合社会上之一般理念，此特殊情况者可不受此规定而分别援用下列所述各款（虽符合拒绝补偿或减少补偿之事由，但可获补偿金总额乘 2/3 所得之额——笔者注）时，得支给该各款规定之犯罪被害人等给付金之金额。”从此规定可以看出，日本法的被害补偿之妥当性考量包括两个向度：如果补偿将产生的非妥当性和如果不补偿将产生的非妥当性。我们认为，日本法的上述规定是合理的，但即便是没有作出明确规定，补偿机关也应就此进行两个向度的妥当性考量，而不是单一的考虑被害人应被拒绝或减少补偿的事由。

第二，在位阶与次序方面：“被害人可归责事由”的判断是前置的、必需的判断，但其并不是终局性判断；妥当性判断是后置的、终局性判断。这就意味着首先要进行“被害人可归责事由”的判断，之后才进行妥当性判断，亦即：若没有“被害人可归责事由”，一般情况下应给予补偿，但若有其他特殊事由，给予补偿显得不妥当、不公平的，应拒绝或减少补偿；具有“被害人可归责事由”，一般情况下应拒绝补偿，但若存在特殊情况，不给予补偿显得不妥当、不公平的，要给予部分补偿。因此，妥当性判断是通盘性的、统领全局式的判断。

第三，被害人自陷危险行为作为一种“被害人可归责事由”，因为内涵了道德考量以及价值评判，故其判断将有可能涉及关于妥当性的判断。在“被害人可归责事由”的判断中，被害人的自我损害行为、暴力攻击行为等作为被害人可归责事由因而对之做出拒绝补偿的决定，不可能给人不妥当之感，此点应无疑虑。但将被害人自陷危险行为纳入被害人可归责事由的判断中，将有可能涉及关于妥当性的判断。比如，对于被害人因为不道德或不符合善良风俗之行为而自陷被害危险情境中，被害人是否应给予补偿？这就不可避免地涉及妥当性的判断。上述问题在前文已有论及。

综上所述，被害补偿的妥当性考量指的是被害补偿之决定要考察与被害人有关的各种事项，依一般社会观念对是否补偿以及补偿额度进行的有关妥当与公平的综合性判断。妥当性考量是以“被害人可归责事由”判断为前置性基础的、通盘性的、统领全局式的判断；妥当性考量是并非单一向度的而是双向度的综合性判断，需要斟酌多方面的特殊事由特殊考量——如果给予补偿被认为是不符合公平正义的，将拒绝或减少补偿；或者相反，虽然有诸如“被害人可归责事由”等拒绝补偿之事由，但存在补偿之非常之紧迫性，若不给予补偿被认为是不符合公平正义的，应给予部分补偿。

第二节 妥当性考量的特殊事由

上文从抽象的层面论述了被害补偿妥当性考量的意涵和向度，但被害补偿妥当性考量的具体事项却是宽泛而复杂的，除了被害人自陷危险行为的被害补偿需要进行妥当性考量以外，还需要斟酌多方面的特殊事由特殊考量。笔者认为，此类特殊事由可体现为：特殊被害人以及由此决定的特殊需求；或者是其他特殊情况。这些特殊事由都需要运用一般社会观念对之进行妥当性考量。

需要特殊考量的特殊被害人对象包括：作为间接被害人的老年和未成年被害人、性犯罪被害人、家庭暴力犯罪被害人、亲属间杀害之被害人（the close family of homicide victims）。被害补偿中的妥当性考量就要关照到不同的被害人具有的特殊性质和特殊需求，这些被害人往往陷入具有补偿之非常必要性或紧迫性的困境中。比如被害人死亡，作为遗属的未成年子女沦为孤儿，或者是与被害人具有实际扶养关系的年老父母，在这些特殊情形中，作为补偿对象的被害人具有需要法律特别照护之特殊性。

特别值得一提的是：联合国1989年11月20日通过的《儿童权利公约》确立了“儿童最大利益原则”：“关于儿童的一切行动，不论是由公私社会福利机构、法院、行政当局或立法机构执行，均应以儿童的最大利益为一种首要考虑。”2005年联合国经济与社会理事会通过的《为罪行的儿童被害人和证人取得公理的准则》(Guidelines for Child Victim and Witnesses)，明确指出要关注儿童被害人的权利并予以特殊保护。当补偿对象为儿童或者更广范围的未成年人时，妥当性考量就应相当重视他们是需要特殊保护的对象这一客观事实。这也应当是与一般的社会观点或社会通念相符合的，也与一般的公平正义理念相一致。

由于在一个犯罪被害案件中，可能同时涉及上述多个类型的被害人，他们之间也存在交叉关系，都是属于需要特殊考量的被害人，因此笔者拟将运用一种特殊的犯罪被害事由——被害人与加害人之间存在一定身份关系之情形，将上述的老年被害人、未成年被害人、亲属间杀害之被害人之情形一并予以讨论。

一、被害人与加害人之间存在一定身份关系

在侵害他人生命、身体之犯罪中，被害人与加害人有一定身份关系的情形并非罕见，除了前述的家庭暴力犯罪导致的伤害以外，亲属间的杀害也时有发生，此种情形下，伤害补偿和遗属补偿请求是否应予以支持？

（一）立法例考察与观点聚讼

对于被害人与加害人具有一定身份关系的情形是否应予以被害补偿的问题，一些国家或地区的被害人补偿法对此有明确规定。比如：英国的《被害人补偿方案》第16条规定，补偿委员会在作出补偿裁定时，必须确信补偿之裁定不会使加害人获益。第17条则

进一步明确规定：对于家族中成年人之间的暴行，补偿委员会确信加害人和申请人在提出申请之前，已不居住在同一家庭，并且不可能再住到一起。[①] 美国南卡罗莱那州则规定：请求补偿之人在犯罪发生时与加害人同财共居者，除经补偿机关认定另有特殊正当理由之外，应不予补偿。此外夏威夷州、密执安州及伊利诺伊州亦有排除同居者、亲属或家属等关系之相关规定。《韩国犯罪被害者救助法》第 6 条第 1 项规定，被害者与加害者之间有亲族关系时（包括事实婚姻关系），不支给救助金之全部或一部。《日本犯罪被害人等给付金支给法》第 6 条第 3 项规定，"斟酌被害人或其遗属与加害人之间关系及其他情事，认为支给犯罪被害人等给付金，依一般社会观念有失妥当者"，"得不支给犯罪被害人等给付金之全部或一部。"

由此可见，按照一些国家和地区的被害补偿法规定，当被害人和加害人具有身份关系时，将被拒绝补偿或减少补偿。在理论上，赞同此种排除和限制适用的理由集中在以下四点："1. 由于被害人与加害人有一定之身份关系时，关于被害人之责任有难以认定之问题；2. 在被害人与加害人有一定身份关系时，二者共谋骗取补偿金之可能性大为提高，盖于此情况下犯罪行为有举证上之困难，因此虚伪补偿申请的情形便可能因而增加；3. 由于加害人与其有一定之身份关系，在此情况下，若对于被害人予以补偿，如此一来，加害人便可能因而间接得利；4. 由于有一定身份关系人之间的犯罪被害与偶然间遭受被害人情况显有不同，就社会感情上而言，应以不补偿较为妥当。"[②]

---

① 赵可主编：《犯罪被害人及其补偿立法》，群众出版社 2009 年版，第 285 页。

② ［日］齐藤诚二：《被害补偿制度的基本问题》，风间书局 1977 年版，第 67 页。转引自谢协昌：《犯罪被害人体系保护之研究》，中国政法大学 2007 年博士论文，第 214 页。

日本学者大谷实对上述支持理由进行了批驳："并非所有一定身份关系间之犯罪均有使加害人由补偿金上直接或间接获得利益；一般犯罪被害人补偿制度多排除轻微犯罪之适用，而限定在重大之暴力犯罪，因此关于较不易发生举证困难之问题。"① 而台湾学者谢协昌认为：关于有促成被害人与加害人间共谋、串通而致使虚伪补偿申请数量增加之问题，此乃补偿程序之技术上问题，此为补偿制度必然存在之道德风险，均有待补偿前之调查程序之充实以及补偿先例之建立以弥补之。若有因被害人与加害者有一定特定关系而遽予认定道德风险较高，进而一概排除或限制其补偿之请求，此时因程序上之问题而害及实体请求之权利，实有因噎废食之弊，亦极可能因而损及确有受补偿必要者之权益。②

（二）本书的基本观点：区分不同具体情形分别处理

笔者认为，对于被害人和加害人有一定身份关系的情形，是否给予补偿不能一概而论，要区分不同的具体情形分别处理。

第一，首先要明确指出的是，被害人与加害人有一定身份关系不属于被害补偿之不适格情形。身份关系并非补偿与否之考量重点，现代法律早已摒弃了"身份法"之桎梏，不能因为某种身份关系而承担不利法律后果，被害人与加害人有一定身份关系的情形并不能当然地被排除在被害补偿范围之外。在这个问题上，德国、荷兰、芬兰、美国加州等国家和地区并未针对被害者与加害人有一定身份关系时特别作补偿不适格之规定，值得借鉴。

第二，因为加害人与被害人的身份关系，彼此间往往已形成经济利益（生活）共同体，若补偿将有可能导致加害人因此间接获

① ［日］大谷实、齐藤正治：《犯罪被害给付制度》，有斐阁1982年版，第67页。

② 谢协昌：《犯罪被害人体系保护之研究》，中国政法大学2007年博士学位论文，第215页。

利，因此其补偿应予以严格限制在加害人不能因此间接获利的范围之内，若请求补偿之人与加害人是同财共居者，应不予补偿。比如在家庭暴力犯罪的被害案中，丈夫将妻子打成重伤，妻子以被犯罪侵害遭受重伤为由作出犯罪被害补偿之申请，但其并不愿意与丈夫（也即加害人）分开生活，若给予补偿，则犯罪加害人将从中获益，其补偿申请应被拒绝。同时，考虑到家庭暴力具有一定程度的因为亲情、爱情而得以“自我修复”之特性（参见第四章第四节“自陷危险行为”之归责事由中对家庭暴力犯罪被害特殊性的论述），因此，亲属间重伤害案件的伤害补偿更要予以严格限制，一般情况下不予补偿。

第三，在加害人与被害人有亲属关系时，是否给予补偿，要依据一般的社会观念和常理、常情通盘考虑，特别是一些特殊情形中具有补偿之非常必要和紧迫性时，即便加害人可能因此间接获利（减轻自己的经济负担），也应予以补偿。此处的“非常之必要性”应指有特殊的正当理由，主要指涉的情形是在亲属间杀害的情况下，作为间接被害人的被害人遗属是与被害人具有实际扶养关系的未成年子女或年老父母陷入了生活危机，或者其他因此家庭悲剧而陷入生存困难的亲属。

此处必须强调来自被害人之紧迫的现实需求，正是因为应尽最大限度地避免加害人因犯罪加害而获利之不公平结果，防止被害补偿被滥用；同时要实现被害补偿法之济危救困之法律内涵，帮扶到最需要帮扶的被害人，实现公平与正义。倘若对与加害人有亲属关系的被害人一概拒绝补偿，则不符合被害补偿法之意旨。以下举一个案例加以说明。①

甲（男）乙（女）系重庆开县一个贫困山村的一对农民夫妻，

① 此案例来自2009年7月27日中央电视台法制频道（CCTV12）《忏悔录》栏目播出的节目《极度恐慌》。

两人生育2个子女，分别为4岁和6岁，甲有一个70多岁的老母亲。两人外出打工，乙因为漂亮爱打扮和打麻将赌博，将甲所得收入花光，且和另一男子丙保持暧昧关系。甲陷入失去婚姻的极度恐慌中，两人经常争吵。某晚，甲下班回家，发现乙正和丙通电话，乙当着甲的面，故意在电话中使用言语挑衅、刺激甲，甲怒火难平，抢过电话痛骂丙，乙生气，抢过电话并关机。然后，甲乙两人开始了剧烈争吵，甲试图劝说乙和丙断绝关系，遭乙断然拒绝和更加激烈的言语辱骂，甲情绪激动，从床底下拿出了一把尖刀（该尖刀是甲为教训丙所准备而藏于床底下的），将乙杀死，随即电话报警自首。甲被逮捕归案。在开县老家里，没有任何经济来源的甲的老母亲带着两个年幼的孩子每天以玉米糊度日。由于当地贫穷，村干部从全村每年才2000元的特困补助金里为其申请到100元补助，除此之外，老人一家没有得到其他任何救济。

本案中涉及两个被害补偿法需要关注和评判的事由：第一，（直接）被害人乙的行为属于高度挑惹行为，实质性地引发了甲的加害行为，也即具有乙对其被害具有“被害人可归责事由”，依照前文的结论，此种情形应拒绝补偿；第二，甲乙的两个子女（间接被害人）既是加害人甲的抚养对象同时又作为乙的遗属，亦即加害人与被害人（补偿申请人）之间具有亲属关系，甲对两个子女具有抚养义务，因而补偿两个子女会让甲间接获利——减轻了自己的经济负担，依照上文的结论，似乎也应拒绝补偿。那么，依据一般社会观念，拒绝给予本案中的被害人（两个子女）被害补偿金是否妥当？[①]

笔者认为，虽然有上述应拒绝补偿的理由，但应裁定给予本案

---

① 以假设我国已有“被害人国家补偿法”为前提，在此做的是一般应然意义上的理论探讨。在已有被害补偿法律制度的国家或地区的补偿实务中，此种情形的案件及引起的争议并不少见。

被害人（两个子女）以犯罪被害人国家补偿金。依一般人的朴素情感，本案中两个孩子家破人亡的悲惨境地应获得广泛同情，他们不仅在情感上遭受着失去母亲的巨大伤痛，在物质生活上也因父亲犯罪服刑而无从获得照顾抚养，其生存权面临极大威胁，若仅仅因为杀死自己母亲的父亲是自己的抚养义务人就不能获得来自国家的补偿，则显然违背了一般人的正义情感。日本学者西原春夫在早稻田大学的一次演讲中谈道："刑法具有不可否认的严厉性，但刑法并非残酷无情，而是充满了温情与宽悯，在刑法的脸中，包含着受害人父母、兄弟的悲伤和愤怒，也包含对犯人的怜悯，更包含对犯人将来的祈望。在充分理解犯人犯罪动机的同时，不得不对他的犯罪行为动用刑法，而这中间必须含有审判官的泪水。"① 作为惩罚性色彩非常浓厚的刑法的"脸"尚且如此宽悯，何况是保护被害人权益的被害人补偿法呢？法律不单是"国家意识形态"，它还是一个"情感上重要标志的大水库"。② 弱小无助的孩子承受着家破人亡的巨大灾难，国家对之一概拒绝给予扶助与被害补偿法之立法意旨相背离，也不符合一般人的法情感，违背了"常识、常理、常情"之现代法治灵魂。

正如德国学者 Kunz 饱含深情地叙述的那样：倘若是因为家庭悲剧使得小孩成为受害人或是成为遗属，在这些案例中加害人与被害人的关系需要特别衡量，这种特别衡量的需求来自小孩的无辜及求助无门。换言之，小孩本身无法阻止家庭内部的争执与冲突，也无从逃离，每当有父母的暴力行为发生，小孩往往身心俱创；如果是父母的一方杀害另一方的情形，小孩心理上承受的压力是：杀死

---

① ［日］西原春夫：《刑法的根基与哲学》，顾肖荣等译，法律出版社 2004 年版，第 138—139 页。

② ［美］H. W. 埃尔曼：《比较法律文化》，贺卫方、高鸿钧译，清华大学出版社 2002 年版，第 80 页。

自己亲爱妈妈的人竟然是自己亲爱的爸爸（或者相反状况），另外，在遭遇丧失父母一方后，小孩还要面临另一方的离去（入监服刑），重要的是，此时小孩失去了家庭的保护。小孩的特殊被害地位正好符合社会法上保护弱者的任务，实务见解忽视了小孩的特殊被害情况，而狭隘解释补偿法的适用，颇令人难以接受。[①]

“法律智慧的结晶，在于它的协调精神”，[②] 若拘泥于被害人与加害人的身份关系担心加害人因补偿而获利因此剥夺被害人获得国家补偿的权利是坚硬的、缺乏变通的原则遵守，是不能实现被害补偿法之目的的。给予补偿是否不公平，在个案上必须有通盘性的综合考量，也就是说，提供补偿金的正面效应与负面效应必须结合起来加以斟酌。上述案件，倘若给予补偿金，负面的结果是：作为法定抚养义务人的加害人得以利用补偿金抚养孩子从而使自己间接获利；正面的效果是：两个子女在痛失母亲而父亲亦要服刑之家破人亡境遇中不至于还要面临生存危机。此时，我们不禁要问，这种立法者不愿见到的“获利的加害人”之负面效果真的如此重要，以致必须排除补偿，被害补偿法的目的才得以实现吗？难道给予补偿就会遭致“不公平、不妥当”的评判吗？事实上正好相反，不给予此种情形中的被害人以补偿，才是不公平、不妥当。Kunz 认为：在这种个案中，补偿金的提供或许对加害人有所利益，但相较于孩童受害人受帮助的需求，前者只能算是一个微小的“副作用”而已。因而，为了实践被害补偿法的目的，即使这样的副作用无可避免地伴随着出现，也不能因噎废食，将被害补偿全部排除。[③]

除了最典型的配偶间杀害以外，还有其他的亲属间杀害造成的

---

① Stefanie Kunz, a. a. O., S. 181.

② 谢晖：《法律的意义追问——诠释学视野中的法哲学》，商务印书馆 2003 年版，第 600 页。

③ Stefanie Kunz, a. a. O., S., 182.

家庭悲剧同样需要特殊考量。以一个案例予以说明：[1] 被害人陈某系广东茂名人，年近七旬，生前靠挖山草药为生，家境贫穷，其大龄结婚，妻子是精神病人，婚后生有两子一女，妻子已离家出走杳无音信。女儿病死，长子阿喜（本案加害人）17 岁，无业在家，次子阿辉 15 岁。阿喜认为自己生活艰难是父亲造成的，心存怨恨，常对父亲大打出手。案发当天，阿喜和父亲争吵后，用一根长约 80 厘米、手臂粗的木棍朝其父的头部连续敲打，直至父亲陈某死亡。加害人阿喜被警方抓捕，次子阿辉经历家庭变故后精神上受到严重刺激，不敢回家，在外流浪。本案中，15 岁的阿辉家破人亡沦为孤儿，加害人是自己的亲哥哥，被害人是自己的亲生父亲，精神上受到巨大伤害，并且衣食无着落。在此等悲惨的情况下，我们认为，尽管阿辉与加害人阿喜是兄弟之亲属关系，仍然应给予阿辉以全部的遗属补偿，一方面缓解其遭受的巨大精神伤痛，另一方面帮助他渡过物质生活难关。唯如此，才能达致犯罪被害人补偿法之立法精神和目的。

二、其他特殊情况

被害人与加害人的身份关系是依据一般社会观念对补偿给付进行妥当与公平考量的重要事项，除此之外，还有一些特殊情况需要纳入补偿裁定时进行妥当性考量。

特殊情况包括哪些具体情形？大多立法例采取了概括式规定，比如日本的《犯罪被害人等给付金支给法》规定：斟酌被害人或其遗族与加害人之间关系及其他情事，认为支给犯罪被害人等给付金，依一般社会观念有失妥当者，得不支给犯罪被害人等给付金之全部或一部分。其《实施细则》也以“其他事情”之表述做了概

---

① 《少男嫌家贫乱棍弑父》，载《新快报》2009 年 12 月 15 日，A22 版。

括规定但并未细化。我国台湾地区的“犯罪被害人保护法”第10条也做了与日本法相似的规定，“斟酌被害人或其遗属与犯罪行为人之关系即其他情事，依一般社会观点，认为支付补偿金有失妥当者，得不补偿其损失之全部或一部。”

《韩国犯罪被害者救助法》也以概括的方式规定“其他社会通念上认为不支给救助金之全部或一部妥当时，可不支给救助金之全部或一部”。但《韩国犯罪被害者救助法施行令》第8条“依社会通念等之救助金支给限制事由”款则作出了细化规定：被害者有如下各款之一事由时，不得支给救助金；但不支给救助金为有认定违背社会通念之特别事情时，可支给救助金之一部：（1）属有集团或常习行部分行为之虞组织时（可认定为属其组织与受该犯罪无关时，不在此限）；（2）以对犯罪行为复仇，害加害者或其亲族或其他与加害者有密切关系之生命，或加重大害身体时。

笔者认为，真实的生活世界纷繁复杂，法律规定不可能穷尽所有情形，再加之被害补偿的公平与妥当性考量本身就是情理法理并融一体的斟酌，因此采取概括式规定并无不当。上述韩国法实施细则列举的两种特殊事情作为妥当性考量事项是合理的，除此之外，笔者以为还有被害人的其他一些特殊事情须予以特殊考量，比如犯罪被害人遭被害之后的对犯罪人的不当态度与行为应是妥当性考量的内容。又如：犯罪被害人事后承认或容忍该犯罪行为者，犯罪被害人被害之后对犯罪人实施了复仇行为，应考虑拒绝补偿。申请补偿者怠于追诉犯罪和司法合作的，应考虑不予补偿或只给予部分补偿。为获得遗属补偿金，遗属被害人故意杀害前序位之遗属被害人的行为，也应拒绝补偿。

在此，重点阐述申请补偿者怠于追诉犯罪和司法合作之态度对被害补偿的影响。

考察各国立法例，有一些被害国家补偿法将申请补偿者是否协助司法机关追诉犯罪以及是否与补偿机构合作作为裁定是否予以补偿之考量因素。包括迟延向警察机关报案，或对于司法机关之追诉程序应提供却不提供必要之协助或不与司法机关以及补偿机构合作等情形。

比如，英国补偿法要求被害人与警察以及其他相关司法机构合作。假如补偿机构认为，申请者没有采取合理方式及时（without delay）向警方报案或者不与警方合作，拒绝为补偿机构提供合理协助（reasonable assistance），将裁定拒绝或减少补偿。[①] 美国法也规定了被害人及时（promptly）（一般是犯罪被害发生后 2 ~ 5 天之内）报案和与司法机关以及补偿机构合作的义务，而且规定允许各州法规定合作细节（what such co - operation details）。[②] 德国法在第 2 条“驳回理由”中规定：“被害人因其不作为，未提供所能提供之事实解释及行为人之追捕资料时，特别是未向刑事追诉机构为立即之告发时，得拒绝给付。”我国香港地区的被害人补偿法案中也明确规定补偿适格条件是“报告警察，不得无理拖延。”日本、韩国、荷兰等国补偿法对此则未作特别规定。

此项排除规定的功用和目的是明显的：及时报案将提高抓捕犯罪人的概率，有利于警方全面真实地了解犯罪全貌，有利于追诉和控制犯罪；最重要的一点是防止欺诈申请。此项排除规定的正当性在于：被害补偿法的基础在于社会全体成员对被害人的被害危险进行共担，体现了社会团结互助之精神，申请补偿之被害人获得补偿金之给付使得自己的遭受损害得以一定程度地修复，权利与义务对等，因此同样基于社会互助精神，应要求申请补偿之被害人提供追诉和控制犯罪之必要协助。如果不报案、不协助就说明了被害人没有履行社会团结义务，因而将失去获得社会帮助的权利。故宜将怠于协助司法机关追诉犯罪作为补偿不适格之因素进行妥当性考量。

---

① British Scheme, supra note 10, p. 6.

② 42 U. S. C. § 10602 (b) (2) (1988); CVCB HANDBOOK, supra note 56, at Ⅱ-3.

如此一来，不仅申请补偿之受害人的需求得到满足，而且社会防制犯罪之需求亦因被害人的积极协助，于良性互动的程序推进之际、在追诉时效以及真实发现犯罪之进一步突破中获得更大的实现。

但是问题在于：当被害人确实有正当合理的理由没有来得及报案该怎么处理？与补偿机构之间的“合理协作”该如何界定？同样的困难还存在于一些被害人脆弱而特殊的案件中——比如：性犯罪被害人、家庭暴力犯罪被害人、猥亵儿童犯罪之被害人，他们的报案时间是否同样要求“迅速而及时”方能取得补偿之资格？因此，补偿法中已有的此项排除规定或者虽没规定但妥当性考量应该涉及的此项事由，在具体裁量时应该富有弹性，并结合现实的具体情形来综合考量。比如德国法的规定是以“因其不作为”、“能提供”为前提条件，显示了其合理性，也是与依一般社会观念的妥当性考量相适应的。

第六章　我国犯罪被害人救助的实践与立法

在没有统一而规范的犯罪被害人国家补偿制度的情况下，自2004年2月山东省淄博市在全国首开刑事被害人救济之先河以来，我国各地陆续展开了对刑事被害人补偿、救助的实践探索，山东、浙江、湖北、四川、江苏、广东等十几个省份的城市开展了犯罪被害人救济的试点工作。但是，人们对犯罪被害人权利保护体系的基础概念并未给予足够的关注，不少研究文献和地方实践均将“刑事被害人补偿”与“刑事被害人救助”、“犯罪被害人司法救助”、“刑事被害人援助”和“刑事被害人救济”等术语在同一意义上不加区分地使用。而在“两高”的文件表述方面也是各有不同，2007年《最高人民检察院2007年刑事申诉检察工作要点》提出要试点建立“刑事被害人补偿机制”；2009年3月最高人民法院发布的《人民法院第三个五年改革纲要（2009—2013）》中将“建立刑事被害人救助制度”作为“改革和完善司法救助制度”的一个部分。[①] 而2007年“两会”期间，作为全国人大代表的孙谦，向大会提交了《关于制定〈中华人民共和国刑事被害人国家补偿法〉的议案》。而据2009年12月4日中央政府门户网站发布的《〈国家

---

① 参见：“最高人民法院《人民法院第三个五年改革纲要（2009—2013）》”，2009年3月25日 http：//www. court. gov. cn/html/article/200903/25/680. shtml. 2009年5月28日最后访问。

人权行动计划（2009—2010）〉中期综述》中关于“司法改革的有序推进”部分之介绍是：国家正加速“制定《关于开展刑事被害人救助工作的若干意见》”。①

由此，摆在我们面前的一个重大现实问题是：应该如何对我国已有的尚不规范和统一的被害人救助、补偿实践进行理论反思和重塑？结合我国当前的实际情况，我国的刑事被害人权利保护立法应该选择什么样的路径：是补偿立法还是救助立法？要回答这些问题，有必要首先检视我国已经开展的被害人救助实践的得失与利弊，然后再做抉择。

第一节　我国地方被害人救助的探索性实践述评

虽然我国尚无一部统一而规范的“犯罪被害人国家补偿法”，但由于存在补偿救助犯罪被害人的实际需要，加之“构建和谐社会”的宏大背景，近年来我国各地已经在不同程度和力度上开展了补偿救助犯罪被害人的试点工作，并有了我国第一部关于被害人救助的地方法规。总的来看，我国刑事被害人救助的实践大致经历了初步探索、逐步规范与地方立法的阶段。全国地方尝试性实践和地方立法取得了一定成效，亦存在相当多的问题，在对我国犯罪被害人国家补偿制度之立法路径进行论证时，有必要对此进行回望，冷静分析其利弊与得失。

① 参见：“坚持以人为本，沐浴人权之光——《国家人权行动计划（2009—2010）》中期综述”，2009 年 12 月 4 日 http：//www. gov. cn/jrzg/2009 - 12/04/content_1480569. htm. 2009 年 12 月 19 日最后访问。

一、我国地方被害人救助的实践评述

2004年2月，山东省淄博市在全国开创了刑事被害人救济之先河。2005年12月中央政法委员会发布《关于切实解决人民法院执行难问题的通知》，该《通知》明确提出，要“探索建立特困群体案例执行的救助办法。各地可积极探索建立特困群体案件执行的救助基金，对于双方当事人均为特困群体的案件，如刑事附带民事赔偿，按一定程序给予申请执行人适当救助，解决其生活困难，维护社会和谐稳定”。此后，我国各地陆续展开了对犯罪被害人补偿、救助的实践探索，山东、浙江、湖北、四川、江西、江苏、广东等十几个省份的城市开展了犯罪被害人救济的试点工作。

（一）实践的基本情况

我国的刑事被害人救助工作是在和谐社会的语境下为解决日益增多的涉诉上访案件而被动推出的，人们对犯罪被害人救济体系的基础概念并没有给予充分的理解和研究，将关于刑事被害人的“补偿”、“救助”、“司法救助”、“援助”、“救济”等术语在同一意义上不加区分地使用。在各地开展的尝试性实践其做法和称谓各有不同，但总的来说救助对象限于医疗、生活陷入困境的特困被害人，是一种紧急情况下的、临时的基本生存救助。

福建省福州市2006年开始试行的是《关于对刑事案件被害人实施司法救助的若干规定（试行）》，根据该《规定》，一审在福州中院审理的刑事案件中附带提起民事赔偿诉讼，但无法从加害人及其他方面获得实际经济补偿，生活特别困难的自然人，可以向福州中院提出司法救助申请。[①] 山东省济南中院实施的是《特困申请执行人救助专项资金管理暂行办法》，对特困当事人实施执行救助。[②] 江西省则由江西省委政法委、省法院等八部门联合下发《关于开展刑事被害人救助工作的实施办法（试行）》，展开对刑事被害人的救助工作，救助的对象主要是：遭受严重暴力犯罪造成严重伤残或死亡，无法通过诉讼及时获得赔偿，生活困难的刑事被害人以及遗属。[③] 值得一提的是，北京市一中院的被害人救济实践关注到了被害人权利保护体系不同层级的概念，将“司法援助”、“社会救助”与“被害人补偿救助”进行了区分，并尝试建立关于“特困案件当事人协调救助机制”。[④]

（二）存在的问题

上述我国各地开展的刑事被害人救助实际上是以因遭受犯罪侵害而陷入生活困境中的被害人为对象的临时的、应急的社会救助，属于社会救助的一种特殊形式。该积极探索应当被视为我国法治建设与文明社会进程中的巨大进步，切实解决了部分特困被害人的生活困难，一定程度上缓和了社会矛盾，但是该项工作的开展仍然存

---

① 蔡小伟：《福州4类刑事被害人可获司法救助，救助金额最高2万元》，载《人民日报》2007年1月25日第6版。

② 参见：“济南对特困当事人实施执行救助”，2008年12月9日。http：//rmfyb.chinacourt.org/public/detail.php？id＝124273. 2009年1月16日访问。

③ 参见：“江西试行刑事被害人救助实施办法：有能力赔偿要追偿”，2009年11月20日。http：//www.law－star.com/cacnew/200911/300048535.htm.2009年12月5日最后访问。

④ 据报道：北京市一中院在实践中实施的是“特困刑事案件受害人的协调救助制度”，基本思路是实行“四位一体”的补偿救助工作机制：司法援助、社会救助、个人自助的救助机制与国家补偿救助机制衔接配套。为此，北京市一中院已向有关部门提交了《关于北京市建立刑事被害人国家补偿救助机制的若干建议》。参见：“司法人文关怀的样本”，2008年1月6日。http：//rmfyb.chinacourt.org/public/detail.php？id＝113621. 2009年10月12日最后访问。

在较多问题。

第一，被害救助是一项只做不宣传的工作，“特事特办”的色彩相当浓厚

尽管被害人救助工作在各地都已经开展多年，但有关被害人救助的政策、法规并没有得到广泛宣传，基于对申请救助高潮的担心，司法机关及工作人员对被害救助的工作是只施行而不宣传，公众的知悉程度相当低。① 比如，宁夏回族自治区于2010年1月1日开始施行被害救助的地方法规——《宁夏回族自治区刑事被害人困难救助条例》，一年以后，即2011年3月，自治区人大常委会执法检查组在宁夏回族自治区第十届人民代表大会常务委员会第二十三次会议上所作的《关于检查〈宁夏回族自治区刑事被害人困难救助条例〉实施情况的报告》中指出：“有的办案机关心存顾虑，担心因财政资金不能保证，救助资金不能及时到位而引起新的上访案件等，对救助条例不敢宣传，或宣传不主动、不深入、不广泛。”② 所以，相对于庞大的刑事被害人群体，能知悉并获得国家被害救助的只是极少数人，被害救助基本是为解决涉法信访问题而开展的一项临时与应急、严重欠缺规范性的工作，“特事特办”的色彩相当浓厚。在并不知晓尚有被害人救助的说法的情况下，极少数特别困难的被害人可能会获得“意外”的一笔救助金，他们中

① 据宋英辉教授的课题组调研报告，社会公众对被害救助内容的知悉程度普遍不高，在被调查的486名社会公众中，超过40%以上的被调查者（207人）表示完全没有听说过特困刑事被害人救助。在279名听说过被害救助的被调查者中，有206人根本不清楚被害救助的具体内容，只有73人对被害救助的内容有所了解，约占全部调查对象的15%，而这73人中的80%是公务员、教师和法律专业的大学生，他们因为工作和学习的原因有机会了解，一般人很难通过公开的信息渠道获悉被害救助的具体内容。参见宋辉英等：《特困刑事被害人救助实证研究》，载《现代法学》2011年第5期。

② 参见宁夏人大网：“关于检查《宁夏回族自治区刑事被害人困难救助条例》实施情况的报告”，http://www.nxrd.gov.cn/ReadNews.asp?NewsID=5158. 2011年9月10日最后访问。

的一些人的感激涕零往往是溢于言表,[①]被害救助工作所沿袭传统的施舍、恩赐色彩以及随意性被淋漓尽致地体现出来。

第二，救助程序不规范，效率不高

各地救助工作的开展情况极不均衡，缺乏统一的组织机构和规范。有的将救助决定权赋予法院，有的则赋予检察院，还有的是由民政部门行使决定权。救助虽然多是以现金形式发放，但是各地在金额确定上又有很大不同，有的是发放补偿金，有的则是发放低保救济金或临时救济金。此外，在对象的选择、申请程序等具体操作环节上也不统一，不同地区同类案件也会存在救助金额差异较大的问题，极易产生“暗箱操作”和处事不公的怀疑，进而引发被害人进一步的缠诉上访。在效率方面具有滞后性，无论救助发生在检察院审查起诉阶段还是法院审判阶段，被害人获得救助往往都是在已经经历了漫长的侦查程序和公诉、审判程序之后，被害人在犯罪被害之后急迫窘困的医疗和生活处境并没有被办案机关重视，救助明显具有滞后性。

第三，资金来源极为有限，保障不到位

目前，救助资金的来源主要是财政拨款或法院从法院经费、社会捐助等多方筹措，但是多为权宜之计，尚未形成专门的资金来源，受到资金“瓶颈”的制约，此项工作开展举步维艰，有限的救助经费显系“杯水车薪”。在救助金非常有限的情况下，获得救助的被害人人数不多，而且获得的救助金额亦非常有限。

---

① “2008年2月4日，春节临近，寒冷的冬天里，山东省威海市环翠区人民法院的会议室里却暖意融融，受害人王某之父激动地从执行法官手中接过2万元救助款。年逾花甲的老人一再向法官鞠躬致谢，感谢法院在他生活陷入困境时帮他解了燃眉之急。这是环翠区法院设立‘特别困难当事人司法救助基金’以来接受救助的第一位当事人。”参见：“特困当事人感受到司法温暖——威海市环翠区法院建立司法救助基金制度纪实”，2008年9月19日。http：//rmfyb. chinacourt. org/public/detail. php? id = 122446. 2009年3月29日最后访问。

总体而言，目前我国的被害人救助机制很不完善，实施机构不统一，救助对象范围及其条件不一致，救助标准不统一，救助程序不完善，特别是经费没有保障，严重地制约了各地被害人救助制度的建立和健全。

二、关于被害救助工作公正性的反思与诘问

在我国，由于被害人提起的信访、上访、申诉案件的激增，一定程度上影响了社会的和谐稳定，因而形成一种倒逼性的力量促使了被害人救助制度在我国得以探索性实践。因此，一些地方的救助实践过多地倾向于刑事被害人涉访和涉讼案件，救助被害人的一个直接而重要的目的就是在于息诉罢访。① 在这样的问题解决之宏观思路指引下，救助对象明确指向主动提起上访、信访、申诉的被害人，在客观上导致了“爱哭的孩子有奶吃”的局面，附带催生了更多的刑事被害人走上了申诉上访之路的负面后果。另一方面，实践中救助金的发放往往附带条件与“对价”，那就是要求被害人不再上访与缠讼，② 此种做法显然制约了刑事被害人申诉或申请再审权利的行使，与刑事被害人救助济危扶困的意旨和目的不相符合。

值得指出的是，在“维稳”思路的广泛影响下，法院、检察院也肩负着“维稳”的政治使命冲锋陷阵，过度的“和谐司法”已产生令人忧虑的侵害公平正义的迹象。反映在刑事被害人救助实践中，被害人救助与刑事和解、相对不起诉竟然被“和谐”在了一起，也就是说被害人救助已经介入和影响到了刑事司法的实体判

---

① 北京市第二中级人民法院直接将被害人救助的文件规定为《涉诉信访救助金使用办法》，将被害人救助与解决涉诉涉访案件对接起来。

② 广东省珠海市检察机关《对部分刑事案件被害人实施经济救助的若干规定（试行）》第 18 条规定了救助金发放谈话制度，其中的重要内容就是：向救助金领取人说明领取救助金后应安心生产、生活、息诉罢访，维护社会和谐稳定。

决和程序裁量。据一份已公开的学者和实务工作者组成的联合课题组的调研报告显示，“实践中，检察院通过整合现有司法资源，将刑事被害人救助与刑事和解、案件快速处理等机制相结合，”在实行特困被害人救助后，“使部分原本无法和解的案件的当事人达成了和解”，作者还附带列举了一个案例，“据报道，宁波市海曙区检察院成功地为一起故意伤害案的被害人申请了刑事救助，从而使双方当事人达成了和解协议，依法对犯罪嫌疑人范某作出相对不起诉处理”。[①] 启动刑事被害人救助的基本事实条件是被害人因遭受严重的人身伤害而又无法得到加害人或其他途径的赔偿因而陷入生存困境，救助的目的是为了帮助被害人减轻痛苦、渡过难关，而不是为了帮助加害人获得被害人的谅解而达成和解协议。当前，关于“刑事和解”内涵和外延的理论争议较大，但刑事和解限于犯罪加害人和犯罪被害人之间的良性互动关系是最起码而基本的共识，亦即通过加害人的真诚忏悔和积极赔偿损失以获得来自被害人的谅解。可以看出，此种情况下，已经没有启动刑事被害人救助的必要性。同时，如果加害人不赔偿被害人的损失，而是不得已启动和运用被害救助金救助被害人，那加害人就没有获得被害人原谅的可能性，即便被害人因为领取了救助金才达成了“和解”，但并没有真正的谅解。正是因为如此，面对来自司法机关的“主动救助”，一些被害人心怀怵惕与疑虑，甚至是断然拒绝。[②] 事实上他们的担忧

---

① 宋英辉等：《特困刑事被害人救助实证研究》，载《现代法学》2011 年第 5 期。

② 江苏溧阳低保户黄小牛的女儿，在无锡市经营夜排档时惨遭杀害，一家人的生活由此陷入困境。适逢无锡市锡山区出台《特困刑事被害人专项救助实施办法（试行）》。文件中规定，锡山区在办理刑事案件过程中，公检法任一环节发现符合条件的特困刑事被害人就可实施救助。当检察官告知黄小牛符合救助条件可申请救助时，黄小牛一口回绝了。原来，黄小牛担心，如果申请了救助的钱，被告人就会被减刑。他对承办检察官说：“我不要钱，但死刑要由我来执行！”参见：“制度遭遇‘瓶颈’，犯罪被害人补偿救助呼唤国家立法提速”，2009 年 6 月 16 日。http：//fazhi. cixi. gov. cn/art/2009/6/16/art_ 742_ 314684. html. 2009 年 9 月 20 日最后访问。

并非没有缘由。

运用自公共财政的被害救助金救助被害人而换取被害人的谅解，实质上用纳税人的钱为加害人承担法律责任（被害救助是一种紧急生存救助，救助机关在发放救助金后并不能取得被害人对于加害人的损害赔偿请求权，亦即代位求偿权，这在下文将要阐述——笔者注），违反了被害救助制度和刑事和解制度的基本原理，有违公平与正义。

综上所述，我国部分地区的被害救助实践因为应承了维稳的政治使命因而具有浓厚的“息事宁人”、“花钱买平安”的功利色彩，偏离了关切被害人悲惨境遇的初衷和实施被害救助的意旨，制约了被害人的诉讼权利行使，带来了新的不公平，值得反思和警惕。

第二节　我国被害人救助的地方性立法评述

随着刑事被害人救助的探索性实践的广泛开展，救助工作的不规范和随意性问题日益凸显，为解决上述问题，一些地方把被害救助的立法规范工作提上了议事日程。截至目前，我国已经出台了两部被害人救助的地方性法规：《无锡市刑事被害人特困救助条例》和《宁夏回族自治区刑事被害人救助条例》。下文就两部法规的内容进行简介和评析。

一、《无锡市刑事被害人特困救助条例》简介

2009年5月20日，江苏省十一届人大常委会第九次会议批准了全国首部对刑事被害人进行司法救助的地方性法规——《无锡市刑事被害人特困救助条例》（以下简称《无锡条例》）。《无锡条

例》于2009年10月1日开始施行。[①]

(一) 救助目的、条件与对象

对刑事被害人的救助属于经济救助，通过一次性给付金钱的形式来实现，目的在于缓解刑事被害人因遭受犯罪行为侵害家庭生活、医疗救治陷入严重困境所面临的紧迫性经济问题。因此，救助对象包括两类被害人：一是在该市行政区域内遭受犯罪行为侵害受重伤或死亡，无法及时获得加害人的赔偿、工伤赔偿、保险赔付，因医疗救治等原因造成家庭生活陷入严重困境的人员；二是刑事被害人因受到犯罪行为侵害致死的，依靠其收入为主要生活来源的被赡养人、扶养人、抚养人生活陷入严重困境的。

(二) 救助原则

《无锡条例》第4条规定刑事特困被害人救助应遵循的三大原则：救助要与经济社会发展水平相适应原则；与社会保障和其他救助相结合原则，刑事被害人应当通过主张刑事附带民事赔偿、工伤赔偿、保险赔付以及申请其他救助等途径，缓解医疗救治和家庭生活困难；公正、公开、救急、便捷原则，救助信息，救助过程和决定，以及救助的事实、理由、依据、金额等都要公开，救助经费的管理和使用也要公开。

(三) 不予救助之情形

刑事被害人的不法侵害直接导致加害行为的；救助申请人隐瞒家庭财产、经济收入等有关情况或者提供虚假材料申请救助的；法

① 《立法救助被害人：无锡开先河》，载《检察日报》2009年5月25日第5版；"无锡市刑事被害人特困救助条例"，2009年5月31日。http：//fzb. wuxi. gov. cn/lfgz/fggzkd/375234. shtml. 2009年7月19日最后访问。

律、法规规定的其他情形。

（四）救助机关与救助程序

根据《无锡条例》规定，无锡市人民法院、人民检察院、公安机关负责刑事被害人特困救助申请的受理、审查，提出救助意见和救助金发放。民政、劳动和社会保障、卫生、金融等部门应当支持和配合人民法院、人民检察院、公安机关做好特困救助申请的调查核实等相关工作。《无锡条例》对申请救助程序也作了明确规定，救助申请应当在刑事诉讼期间向案件承办机关提出：刑事案件处于立案侦查阶段的，向公安机关提出；处于提起公诉阶段的向人民检察机关提出：处于审判阶段的，向人民法院提出。刑事附带民事诉讼案件，救助申请应当在审判和执行期间，向人民法院提出。

（五）救助资金的来源与管理

《无锡条例》规定，市、县级市、区人民政府应当设立刑事被害人特困救助专项资金，列入财政预算，实行分级筹集、分级管理，单独核算，专款专用。为规范救助资金的使用，《无锡条例》还规定：财政、审计部门负责监督同级刑事被害人特困救助专项资金的使用、管理。

（六）救助金额度

应当综合考虑刑事被害人遭受犯罪行为侵害所造成的实际损害后果、医疗费用、家庭实际困难等情况，提出救助意见和救助金额。救助金一般不超过1万元，特殊情况不超过本市上一年度职工年平均工资的3倍。“特殊情况”是指以下四种情况之一：刑事被害人医疗救治费用特别巨大的；刑事被害人完全丧失劳动能力的；刑事被害人死亡，救助申请人无劳动能力或者患有严重疾病且没有其他经济来源的；救助申请人陷入其他特别严重困境的。

二、《宁夏回族自治区刑事被害人救助条例》简介

2009 年 3 月 30 日，宁夏人大常委会在听取和审议《自治区高级人民法院关于执行工作情况的报告》时，决定制定刑事被害人救助的地方条例。2009 年 4 月以后，宁夏人大着手进行《刑事被害人救助条例（草案)》的调研起草，召开了 20 多场次 100 多人次参加的各种座谈会、听证会；常委会组成人员对草案做初审；通过媒体向社会征求意见；8 月 31 日，举行立法听证，进一步征求社会各界对该部地方性法规草案的意见；此后由常委会议进行二审。2009 年 11 月 19 日宁夏回族自治区第十届人民代表大会常务委员会第 14 次会议通过了《宁夏回族自治区刑事被害人救助条例》(以下简称《宁夏条例》)，自 2010 年 1 月 1 日起施行。①

（一）立法目的

《宁夏条例》的第一条开宗明义地规定被害救助的立法目的是“为了帮助刑事被害人及其近亲属解决特殊生活困难，维护社会稳定，促进社会和谐”。

（二）救助对象及条件

根据《宁夏条例》的规定，救助对象是特困被害人，其符合性条件包含了三个层面：第一，因严重暴力犯罪造成被害人严重伤残或者死亡；第二，刑事被告人无力支付赔偿；第三，刑事被害人

---

① “宁夏出台《刑事被害人救助条例（草案)》”，人民网 2009 年 11 月 23 日：http：//politics. people. com. cn/GB/14562/10432420. html；《宁夏回族自治区刑事被害人救助条例》，http：//www. chinalaw. gov. cn/article/fgkd/xfg/dfxfg/201003/20100300250552. shtml；2010 年 10 月 8 日最后访问。

或者由其赡养、抚养、扶养的近亲属无能力维持最低生活水平所必需的支出，确有特殊生活困难。

（三）不予救助之情形

已获得民事赔偿、保险机构赔偿、社会保障机构救助的；刑事被害人实施不法侵害直接导致加害行为的；犯罪嫌疑人、被告人及其他赔偿义务人自愿赔偿受害人损失，但刑事被害人拒绝的。

（四）救助机关与程序

宁夏的被害救助是一次性的临时救助，其救助机关包含了救助决定机关、救助金发放机关和救助金拨付机关。救助决定和救助金发放机关指的是指办理刑事案件的公安机关、人民检察院和人民法院，刑事被害人的救助申请应向上述办案机关提出；救助金拨付机关指的是财政局。刑事被害人或者其近亲属申请困难救助，应当向办案机关提交救助申请书，并如实提供有效身份、实际损害后果、未获得民事赔偿、保险机构赔偿、社会保障机构救助情况和特殊生活困难的证明。特殊生活困难证明由刑事被害人户籍所在地的县（市、区）民政部门出具。刑事被害人或者其近亲属申请困难救助，办案机关应当在受理困难救助申请之日起十个工作日内提出是否给予救助的意见，并对决定给予救助的，办理相关的审批手续。对已经获得一次性救助或者困难救助申请已由其他机关受理尚未办结的，不予受理。对不予受理的，办案机关应当在五个工作日内书面通知救助申请人。经审查决定给予救助的，本级人民政府财政部门应当在接到给予救助决定书十个工作日内，向办案机关拨付困难救助资金。办案机关应当自收到困难救助资金后五个工作日内，将困难救助资金发放给被救助人。

（五）救助资金的来源与管理

根据《宁夏条例》的规定，各级财政部门应当将刑事被害人困难救助资金列入本级财政年度预算，专项管理，专款专用。自治区人民政府财政部门应当安排一定的专项资金，作为向贫困县（市、区）刑事被害人困难救助资金的预算补助。提倡和鼓励企业、事业单位、社会团体和公民为有特殊生活困难的刑事被害人提供捐助。

（六）救助金的额度

救助金额应当根据刑事被害人实际损害后果和犯罪嫌疑人、被告人及其他赔偿义务人实际赔偿情况以及刑事被害人的家庭经济状况、维持最低生活水平所必需的支出等情况确定。救助金额一般不超过1万元。极其特殊困难的，最高救助金额不超过5万元。

三、评析

通观《无锡市刑事被害人特困救助条例》和《宁夏回族自治区刑事被害人救助条例》的各条规定，总体而言，是符合被害救助是紧急的、临时的生存救助之性质与定位，因而大体上是符合救助制度原理的，但也有一些规定欠缺合理性。将两者相比较，则各有优劣，现评析如下：

（一）关于救助的符合性条件（救助对象）

符合了什么样的条件才可以给予救助？根据被害救助制度的基本原理，被害救助是一种紧急的临时救助，对象应是因为犯罪被害陷入了医疗或生活困难的被害人，所须应对的是伤残或死亡的被害后果以及被害人的紧迫需要，而无须区分造成此种后果的犯罪类型，亦即犯罪被害是由暴力犯罪还是非暴力犯罪、是故意犯罪还是过失犯罪导致的，在所不问，只要出现了伤亡之被害结果且具有救助之紧急需要就可申请救助。因为在被害救助领域，所关注的是被害人的紧急需要，无论是哪一种类型的犯罪导致的伤亡之被害后果并没有性质差异，不应该受到区别对待。只是在刑法适用领域确定犯罪人的刑事责任之时，暴力犯罪与非暴力犯罪、是故意犯罪还是过失犯罪才具有区分意义。

《无锡条例》将救助对象规定为因遭受犯罪被害而遭受重伤和死亡且得不到赔偿陷入生活困境的被害人，也就是所谓的“救急不救穷”，并没有对引发被害的犯罪类型做限制性规定，此规定是符合救助制度原理的。《宁夏条例》则将救助对象限定为在自治区行政区域内因严重暴力犯罪造成严重伤残或者死亡且得不到赔偿陷入生活困境的被害人，将引发被害的犯罪限定为严重暴力犯罪，如上所述，是不符合救助制度原理的。

（二）关于救助的排除性条件

如果具有特殊情形给予救助金是不公平不妥当的，应排除救助，此谓救助的排除性条件。被害救助属于社会法领域里的紧急生存救助，救助金额有限，且是一次性的临时救助，无须考察救助对象本身的行为是否符合社会性以及到底是什么原因导致了需要救助之境况，救助制度只须考察救助申请人的需求足矣，除了被害人实施的不法侵害行为直接导致了被害之例外情形。

《无锡条例》和《宁夏条例》关于考察被害人行为而拒绝救助的规定，只排除了“刑事被害人的不法侵害直接导致加害行为”一种最为严重的情形——此种情形下实际上并不能成立“典型意义上的被害人”，而没有规定被害人其他的诸如挑衅行为、没有尽到自我保护义务的自陷危险行为等“被害人可归责事由”，两部条例的规定是符合救助制度原理的。

(三) 关于代位求偿

由被害救助是一种紧急的生存和医疗救助社会保障之性质决定，它是单向度的国家给付因而被害救助制度不具有被害补偿制度之“替偿性”和“补充性”，因而救助机关并不能对被害人获得的其他来源的物质给付进行追索或者取得对于犯罪加害人的“求偿权”。

《无锡条例》并没有规定救助机关的“求偿权”，也就是说在救助申请人获得救助金后，如果又获得了来自加害人的刑事损害赔偿或其他的工伤赔偿、保险赔付等，救助机关不对已发放的救助金进行追索或要求返还。《无锡条例》并没有削足适履地移植国外被害补偿制度中的“代位求偿”制度，其设计是符合救助制度理论因而是科学合理的，值得赞赏。相反的情况是《宁夏条例》第11条规定了救助机关的代位求偿权：“刑事被害人获得救助后，办案机关发现犯罪嫌疑人、被告人或者其他赔偿义务人有能力履行民事赔偿义务的，应当依法向其追偿。追偿的资金除用于补充救助资金外，超过刑事被害人已获得救助额的部分，应当支付给刑事被害人。”笔者认为，上述规定是立法者没有深入理解被害补偿制度中代位求偿制度的原理的情况下的一种错位的法律移植，国家给予陷入生活和医疗困境中的被害人以救助金是一种基本的生存保障，并不是代替加害人先行代为赔付，所以救助之后并不能影响被害人对加害人的赔偿要求，亦即被害人获得刑事损害赔偿的权利并不因获得救助而让渡给国家。考察我国的被害救助实践，这种不明法律原理的错误移植亦并不少见，比如江西省的《关于开展刑事被害人救助工作的实施办法（试行）》。①

---

① “江西试行刑事被害人救助实施办法：有能力赔偿要追偿”，2009年11月20日。http：//www.law-star.com/cacnew/200911/30004853 5.htm．2009年12月5日最后访问。

(四) 关于《无锡条例》中的"主动救助"条款

《无锡条例》第19条对"主动救助"进行了规定，"符合本条例规定的条件但未提出救助申请的，人民法院、人民检察院、公安机关根据案件具体情况，也可以直接提出救助意见和救助金额，并办理相关的审批手续。"这为那些符合救助条件但又不了解此项制度的特困刑事被害人提供了救助保证，但这与"依申请而给付"的一般原理不符。更重要的是，如果被害人并不愿意接受救助，主动给予救助会带来额外的负面效果。案件发生后，被害人最本能的反应和最主要的需求就是要"报复"、"严惩"犯罪人，他们会担心"拿钱后会给犯罪人减刑"或者是犯罪人试图"以钱买刑"，引起被害人对司法不公的担忧，特别是死亡被害人的遗属还会担心"拿钱后觉得对不起九泉之下的亲人"，因而对救助金心存戒备甚至是断然拒绝。[①] 所以，笔者认为，要对被害人救助制度进行广泛宣传，同时，应规定相关办案机关的"告知义务"，要让被害人在知悉的情况下自主选择，而不宜规定此种"主动救助"的义务。

综上，《无锡市刑事被害人特困救助条例》的规定瑕不掩瑜，没有重大的理论基础性问题，没有将"被害救助"与"被害补偿"两种不同的制度体系混淆，定位科学合理。作为中国首部对刑事被害人进行司法救助的地方性法规，改变了过去一直以来的"只有

---

① 江苏溧阳低保户黄小牛的女儿，在无锡市经营夜排档时惨遭杀害，一家人的生活由此陷入困境。适逢无锡市锡山区出台《特困刑事被害人专项救助实施办法（试行）》。文件中规定，锡山区在办理刑事案件过程中，公检法任一环节发现符合条件的特困刑事被害人就可实施救助。当检察官告知黄小牛符合救助条件可申请救助时，黄小牛一口回绝了。原来，黄小牛担心，如果申请了救助的钱，被告人就会被减刑。他对承办检察官说："我不要钱，但死刑要由我来执行！"参见："制度遭遇'瓶颈'，犯罪被害人补偿救助呼唤国家立法提速"，2009年6月16日 http://fazhi.cixi.gov.cn/art/2009/6/16/art_742_314684.html. 2009年9月20日最后访问。

做法没有规范”的局面，具有重要的开创性意义。《宁夏回族自治区刑事被害人救助条例》虽然制度细节方面有不符合救助制度原理的地方，但是作为全国首部省级的被害人救助地方法规，在作为经济尚不发达的西部地区得以颁布施行，具有非常重要的引领意义：被害人救助工作的开展与经济基础有关但并不是最重要的条件，制度先行应对迫切的社会现实问题具有现实可能性，以经济条件为借口对需要救助的被害人视而不见的政府表现不能获得理解和支持。事实确实如此，在当今中国，在救助困难刑事被害人的问题上，制度支持比经济条件更重要。

四、经验与问题

尽管存在诸多不足和缺陷，也遇到了资金不足和制度缺位等诸多困难，但是我国各地的犯罪被害人救助的试点工作还是逐步开展起来了，这在一定程度上反映了被害人救济的迫切性。而两部地方性法规——《无锡市刑事被害人特困救助条例》和《宁夏回族自治区刑事被害人救助条例》的颁布实施，也在一定程度上反映了制度建构的迫切性和可行性。

但显然，如此低层级的、不统一的救助制度是远远不能满足被害人救济之需要的。立法层次过低必然会影响制度的可靠性与权威性，从而影响到制度的实施与完善，由于缺乏基本立法而导致的全国各地的制度不统一，制度的横向公平也由此受到质疑，因此，要制定一个全国统一而规范的被害人救济制度应是我国构建和谐社会进程中的必然选择，而前述的地方性立法以及地方尝试性实践为我们的制度构建工作提供了有益的经验。但问题在于，我国已有的零散的、不规范的救助制度与发达国家所施行的犯罪被害人国家补偿法律制度存在非常巨大的差距。那么，我国的被害人救济立法应选择什么样的立法路径，是摆在我们面前的一个重大现实问题。

第三节　我国犯罪被害人救济立法的可行路径——由“救助”过渡至“补偿”

一、观点聚讼及评述

关于如何构建我国刑事被害人救济制度，目前主要存在五种观点：一是补偿法模式。即制定单独的《刑事被害人国家补偿法》，其主要理由是，制定能够集中规定与国家补偿相关的各项内容，便于实际操作；通过直接立法的方式可以向全社会宣示被害人的权利；确立全面保障刑事人权的观念；有利于对公民进行加强被害人权益保护的法制教育。二是保护法模式。即制定《被害人保护法》，立法中不但规定国家补偿的内容，也要规定被害赔偿、被害援助等内容。其主要理由是，如果只考虑到刑事被害人国家补偿，而对其他与被害人保护相关的制度没有设计或者没有通盘考虑，将难以达到保护和救济被害人的初衷。三是混合立法模式。即将国家补偿的程序性问题规定在刑事诉讼法中，将国家补偿的实体性问题以单行法的形式出现，然后由各地根据本地区的实际情况对法规予以解释。在国家补偿已经成为一种制度，已经形成一种体系之后，再出台统一的《刑事被害人国家补偿法》。其主要理由是，刑事被害人国家补偿所有事宜均纳入刑事诉讼法会破坏刑事诉讼立法的结构，对刑事被害人的进一步保护已经超出了刑事诉讼法的范围，等等。四是阶段性专门立法模式。即先制定刑事被害人补偿法，待条件成熟后再制定被害人保护法或被害人援助法。其主要理由是，目前我国被害人权利保障不力，引发种种社会矛盾，此模式可以尽快落实中共中央关于构建和谐社会的精神；我国正处于社会转型期，改革也呈现出渐进性特点，直接建立被害人保护法会欲速则不达。五是分阶段建立我国刑事被害人救济制度的模式，即“先施行救助政策后施行补偿立法”的模式。[①]

上述五种模式当中，第二种模式即制定《被害人保护法》对被害人进行全面体系的保护，脱离目前中国的实际情况，背离制度渐进性生长的规律，连最基础的被害人物质补偿制度都尚未建立的情况下，“一步到位”的全面保护是不切实际的设想。例如，我国台湾地区的“犯罪被害人保护法”虽名称为“保护法”，却“名不副实”，因为其内容只规定了被害人补偿制度，却无其他更多内容。“混合立法”模式将补偿法的程序内容规定在刑事诉讼法中，只是徒增技术难度，难以操作。“阶段性专门立法模式”其思路无疑是可取的，但没有考虑到目前我国并不可能立即出台《犯罪被害人国家补偿法》，而当下却必须救助被害人的现实。

第五种模式即“先施行救助政策后施行补偿立法”的模式由陈彬教授提出，[②] 该种模式充分关切到我国的实际情况，考量到法律的渐进生长规律，提出分阶段的由“政策”向“法律”过渡的方案，值得赞赏。但是，笔者不能赞同论者此种方案中的如下观点：“刑事被害人救助不宜同刑事被害人补偿、国家赔偿一样被界定为国家法律责任。将其视为国家基于政治责任对“治下”社会成员的一种“恩恤”或“关怀”更容易达成维护国家利益的目的。”[③] 论者的此番表述中，将犯罪被害人看做维护国家统治的“工具”的思维清晰可见，这种观点早在被害人权利保护运动中以

---

① 2008年4月2—3日，中国法学会召开“中外司法体制比较研究”专题研讨论证会。期间，与会人士对我国刑事被害人救助制度的构建进行了讨论。会后，中国法学会法律信息部编写了综述材料。关于以上5种观点的介绍来源于该综述材料。转引自陈彬：《由救助走向补偿——犯罪被害人救济路径的选择》，载《中国法学》2009年第2期。

② 陈彬：《由救助走向补偿——犯罪被害人救济路径的选择》，载《中国法学》2009年第2期。

③ 陈彬：《由救助走向补偿——犯罪被害人救济路径的选择》，载《中国法学》2009年第2期。

及关于被害人权利的研究文献中广受批评，此种批判也是加强被害人权利保护立法的重要动因，故，此种论述在此显得有些格格不入。

同时，在论述关于为什么当下中国还不具备建立被害人国家补偿制度的主客观条件的问题时，陈彬、李昌林教授认为："补偿"责任的根据源于责任主体对法定义务的不履行或者不完全履行。当国家保护社会成员不受刑事侵害的义务由抽象的"政治义务"具体化为"法律义务"时，因刑事犯罪遭遇经济困难的被害人就应当获得请求国家补偿的法定权利……应否对国家课以补偿刑事被害人的法律义务，应当取决于社会成员的主流价值选择。只有在"国家依法补偿刑事被害人"已经成为社会主流需求的时候，对国家课以补偿刑事被害人的法律义务才具有合理性、可行性。① 从中可以看出，陈彬、李昌林教授认为犯罪被害人国家补偿法的理论根据在于"国家责任说"，然而，依"国家责任说"，所有的犯罪被害人都有获得国家补偿的权利，但又为何单单是"因刑事犯罪遭遇经济困难的被害人就应当获得请求国家补偿的法定权利"呢？而且，论者也没有可采用的理据证明"国家依法补偿刑事被害人"不是当前"社会成员的主流价值选择"。事实上，由国家给予遭受重伤和死亡的犯罪被害人予以一定的物质补偿的观点，是为一般人所能接受的，我国尚不具备被害补偿立法的时机最主要的原因是受经济发展水平制约国家财力承担不了被害补偿庞大的财政支出。其次是目前我国的社会保障体系尚处于建立阶段，被害补偿制度施行所需协调和弥合的外部制度环境尚不具备。

有必要指出的是，我国有学者将"被害补偿"和"被害救助"所涵摄的内容进行比较，认为"刑事被害人救助的内涵比被害人权利保护的内涵要窄，但比被害人国家补偿的内涵要广"的结论：

① 陈彬、李昌林：《论建立刑事被害人救助制度》，载《政法论坛》2008 年第 4 期。

“救助的内容应当主要是指司法机关或一定的社会组织给予被害人一定的救济、援助和帮助，这里的救助不仅仅是物质上的，还包括精神上的，不仅仅是法律意义上的，还是社会意义上的……对被害人的救助方式，不仅包括国家补偿、社会救济等经济措施，而且应当包括法律援助、心理辅导、社会关怀等非经济措施……实施救助的主体自然也就不能仅仅限于司法机关等国家机关，也还应包括一些社会公益组织和团体”。[①] 这是没有弄清“救助”之内涵、将“被害人的体系保护”等同于“被害人救助”所得出的错误结论。在中国，如此全面而体系的被害人保护还尚需时日，目前首要解决的是对被害人最基本的物质帮助问题。

二、可行路径：由“救助”过渡至“补偿”

一部法律的立法时机的抉择有三方面的因素需要考虑：第一是从必要性来看是否有急切的立法需求？第二是从现实性来看是否具备了满足立法需求的条件？第三是在必要性和现实性不能完全对接的时候，考虑在何种程度上满足立法需求？亦即考虑通过先行建立“相对合理”的相关法律制度，然后循序渐进地趋近立法需求和目标。

作为切实保护犯罪被害人权利的犯罪被害人国家补偿法而言，其立法之急迫性已在前文中充分论述，此处不赘言。但是，从现实性来看，我国当下尚不具备犯罪被害人国家补偿法施行需要的条件：目前我国还是发展中国家，经济、社会、文化发展水平与发达国家还存在较大差距，在安全生产、社会治安、社会民生等领域影响社会稳定的因素还比较多，严防国际敌对势力干扰破坏和化解社

① 金鑫、唐锴：《犯罪被害人救助制度立法问题思考》，载《中国检察官》2009年第1期。

会矛盾的任务较重。在这种背景下，国家的策略部署是在一段时期内集中比较有限的公共财政，优先考虑解决扩大就业、社会保障等“保增长、保民生、保稳定”一系列问题；[①] 目前，《社会救助法（草案）》的审议、修改以及征求意见的工作还在进行过程中，《工伤保险条例》修正案尚未出台，覆盖城乡居民的社会保障体系还在建立健全的过程中。由此可见，我国目前的经济发展水平以及制度建设等各方面的国情都不具备被害补偿法立法所需要的条件；如果不顾外部条件的制约制定高于社会保障水平的被害补偿法，会对目前正稳步推进的社会保障体系之建立健全工程造成冲击，而且其实施的有效性也会大打折扣。

因此，笔者认为，目前我国制定单独的《犯罪被害人国家补偿法》的时机还未到，但立法需求却相当急迫，在这种情况下，可考虑建立“相对”满足此种需求的法律制度——“犯罪被害人国家救助制度”作为过渡，等条件成熟后，再制定单独的《犯罪被害人国家补偿法》。亦即应选择由“被害人国家救助制度”渐进式地向“被害人国家补偿制度”过渡之路径。此种渐进式而不是一蹴而就式的制度构建具有现实合理性，“主张渐进而不主张激进倒并不是对渐进的偏好，而是因为从社会特定的各种情境因素出发，同时考虑到解决社会问题在方式和方法上的有效性。渐进意味着逐步的改善。”[②]

法律制度的实效性离不开社会条件的支撑，因此，“制度建构也仿佛积薪，需要累积性的努力。如果具体制度的建设长期被忽

---

① 参见：“尹蔚民在全国人力资源和社会保障工作会议上的工作报告（摘要）”，2009 年 2 月 20 日 http：//www.gov.cn/gzdt/2009－02/20/content_ 1237105.htm2009 年 11 月 5 日访问；另又参见：“尹蔚民出席人力资源社会保障部务虚会并讲话”，2009 年 7 月 29 日。http：//www.cnss.cn/yjpt/ldhd/zy/bwld/200907/t20090729_ 238466.html.2009 年 11 月 5 日最后访问。

② 龙宗智：《相对合理主义》，中国政法大学出版社 1999 年版，第 18 页。

视，只是一味地寄希望于所谓根本性的变革，那么，改革充其量只能获得一些表层的成果。”[①] 对于犯罪被害人这个特殊群体而言，从获得救助到获得补偿的这种变化是从享有“privilege”（特惠）向享有“right”（权利）的转换，体现了国家随着经济财力增强和社会文明进步而循序渐进地加大保护社会成员的力度之进程。正如庞德所言：“就理解法律这个目的而言，我很高兴能从法律的历史中发现这样的记载：它通过社会控制的方式而不断扩大对人的需求、需要和欲望进行承认和满足；对社会利益进行日益广泛和有效的保护。”[②]在我国的《犯罪被害人国家补偿法》出台之前，在全国建立并施行统一的犯罪被害人救助制度是我国构建“和谐社会”背景下的当务之急。与此同时，应在救助实践中积累被害人救济的经验，进行《犯罪被害人国家补偿法》的立法论证和制度设计。此种立法时机和立法路径的选择，也是遵循了法律制度生长的客观规律的结果。

值得一提的是，2008 年 8 月我国国务院法制办公室公布并公开征求意见的《中华人民共和国社会救助法》的修改稿中规定了“临时救助”，亦即：“对因交通事故等意外事件或者其他特殊原因，导致基本生活暂时出现较大困难的家庭，由县级以上地方人民政府民政部门给予资金、物资、服务等临时救助”。[③] 那么，在正式的《社会救助法》出台之后，这种临时性救助是否能够满足犯罪被害人救助之需要因而无须制定单独的犯罪被害人国家救助制度呢？笔者认为答案是否定的。原因在于：被害人国家救助之救助对

---

① 贺卫方：《司法改革中的上下级关系》，载《法学》1998 年第 9 期。

② ［美］E. 博登海默：《法理学、法律哲学与法律方法》，邓正来译，中国政法大学出版社 1999 年版，第 147 页。

③ “国务院法制办就社会救助法公开征求意见（附全文）”，2008 年 8 月 16 日 http: //news. xinhuanet. com/ local/2008 - 08/16/content_ 9371443_ 1. htm. 2009 年 6 月 28 日最后访问。

象具有特殊性，与刑事司法制度紧密相连，具有刑事政策层面的意义，这决定了其应与社会救助制度中的“临时救助”制度在制度构造方面具有大量的相异之处，“临时救助”是难以及时、准确地满足救助刑事被害人的特别需求的。

因此，我国需要制定单独的犯罪被害人国家救助制度，而且具有相当的紧迫性，当前我国存在大量的犯罪被害人急需救助的客观情况，特别是在“少杀、慎杀”的死刑改革的推进过程中，犯罪被害人这一特殊的社会弱势群体，特别是得不到任何刑事损害赔偿而陷入生活困境中的被害人的愿望和需求已经聚集到一个高压点上，由犯罪引发的社会矛盾日益尖锐，给予被害人以救助已是迫在眉睫、势在必行的事情。

犯罪被害人是否有权获得国家的帮助与国家是否有足够的财力给予充分的物质帮助是两个不同的问题，财力强弱决定的给付多寡涉及保障水平高低，保障水平的高低与保障权利的有无没有必然联系。比如美国是世界上经济实力最强的国家，但是美国的社会保障制度并不完善，从奥巴马政府致力推行的医疗改革之艰难博弈进程中，我们可以由此窥见一斑。因此，我国目前首先要解决的是犯罪被害人这个特殊的弱势群体有无物质救济制度的问题，其次才是要解决救济水平高低的问题，所以，不能以经济发展水平低为由怠于建立被害人的权利保障制度。正是在这个意义上，制度比钱更重要。因此，就被害人权利保护而言，虽然我国目前还无法达到西方发达国家的“补偿”水平，但是我们可以建立满足特困被害人“救助”需求的被害人救助制度，先把制度建立起来，然后再随着国力的强盛而提高权利保障水平，制定在我国具有可行性的犯罪被害人国家补偿制度。这正是我国犯罪被害人物质救济立法的可行路径和务实做法，亦即，由“救助”过渡至“补偿”。

第四节　我国犯罪被害人国家救助制度的设计

考虑到我国立法活动的立法程序与周期颇费时日、立法成本高昂的实际情况，而又面临着紧迫需要一个统一的犯罪被害人救助规范文件的现实，笔者认为，作为过渡阶段的我国犯罪被害人国家救助制度并不适宜由国家立法机关进行立法，理性而务实的可行方案应是制定一个对全国各地具有指导意义的统一而规范的政策文件。

值得一提的是，全国人大常委会2007年立法计划中特别提出了18件建议项目，其中包括刑事被害人国家救助法，并且全国人大内务司法委员会把被害人救助立法调研列为了2007年的工作重点。[①] 该立法计划是否将“补偿”与“救助”混同使用，还是直接将我国的犯罪被害人救济制度定位于救助，由于信息资料的不可获取，不得而知，但笔者认为，从长远来看，补偿立法是势在必然，但目前的可行性方案应是被害人救助政策，此过渡期内，遵循法的稳定性原则，不适宜进行救助立法。

在救助制度的具体设计操作方面，卢希起博士认为：“在中央司法体制改革领导小组统一领导协调下，由最高人民法院牵头，会同公安部、最高人民检察院、国家发改委、民政部、全国人大法工委等，先行制定犯罪被害人国家补偿、救助制度实施办法，待时机成熟时，由政策性文件过渡到国家立法层面。”[②] 此方案具有一定的可行性，但笔者认为牵头的机关应选择司法部，联合制定的政策

---

① 参见“中澳刑事被害人保护问题研讨会综述——比较视野下的刑事被害人保护”，2008年6月23日 http://www.yfzs.gov.cn/gb/info/xsll/yjdtyzs/2008-06/23/1407096759.html. 2009年6月28日最后访问；“刑事被害人救助制度立法（无锡）研讨会”，2008年2月27日 http://live.jcrb.com/html/2008/227.htm，2009年6月28日最后访问。

② 卢希起：《刑事被害人国家补偿制度研究》，中国检察出版社2008年版，第176页。

文件称谓应明确为“救助”而不是“补偿”，其全称可以是《犯罪被害人国家救助实施办法》。

被害人国家救助虽然具有一般社会救助的浓厚色彩，却如同被害补偿不能被定位于社会救助一样，被害人国家救助也并不能等同于一般的社会救助。被害人国家救助是兼具了被害国家补偿和一般社会救助的相关特征但又与两者不同的制度，是在尚不具备出台犯罪被害人国家补偿法的现实条件下对因犯罪被害陷入生活困境中的犯罪被害人进行的与一般社会救助水平相当的物质帮扶制度，具有被害补偿制度的雏形，亦可说是一种“中间型”或“过渡性”制度。此种制度定位的具体理由阐释如下。

一、我国犯罪被害人国家救助制度的定位

如何确立我国的犯罪被害人国家救助制度的性质和定位？笔者以为，结合我国国情，参照已有的从尝试性实践中得来的经验，比对密切关联的三大制度——社会救助制度、犯罪被害人国家补偿制度、司法救助制度，作为过渡阶段的我国犯罪被害人国家救助制度应从以下三个方面予以定位：

第一，我国的犯罪被害人国家救助制度应与一般的社会救助制度区分开来，但又应该在救助力度和水平上与一般的社会救助制度保持大致协调和平衡。正如前文所述，被害人国家救助制度与刑事司法制度和刑事政策紧密相连，其救助对象具有特殊性，统一的社会救助制度难以及时、准确地满足救助刑事被害人的特别需求，故需要构建和制定单独的被害人国家救助制度，因此两者是有重大区别的应区分开来。但是，被害人国家救助制度又是保障被害人最低限度的基本生存和生活的制度，故其实体内容规定应充分比照已有的社会救助之力度和水平，比如在救助申请人经济状况的评价标准及救助标准的规定上，应尽量保持其与社会救助制度的基本协调和

平衡。

第二，作为犯罪被害人国家补偿法出台之前的过渡，我国的犯罪被害人国家救助制度应具备一定程度的被害人国家补偿法之雏形以及一些可以被合理“移植”的制度因素。当然，毕竟两者的性质存在较大的差异，被害人救助制度更多的带有单向度的“救助”之性质，被害人补偿制度中相当多的具体制度不能“削足适履”地移植于被害人救助制度中。举例来说，被害补偿制度中的“被害人可归责事由”的排除或限制补偿之条款，补偿机关的“代位求偿权”，不服补偿决定的救济之行政复议或诉讼程序配置，都不能移植到被害人救助制度中，在这三个具体制度问题上，前文论及的《无锡市刑事被害人特困救助条例》的规定给予了准确把握；另外，被害补偿制度中的便捷、及时原则，“妥当性考量”，被害人的及时报案，协助追诉犯罪的“合作义务”等制度因素并不与救助制度之原理相冲突，可被适当地引进充实到被害人国家救助制度中。

第三，我国的犯罪被害人国家救助制度具有“紧急司法救助”之特别属性。考虑到案件已经进入刑事司法程序中，办案机关更熟悉案件情况从而有利于作出是否予以救助的判断，由其他不熟悉案情的机关来承担救助工作可能会严重降低效率，不能满足救助之急迫性要求，再加之已经开展的尝试性实践大多都由刑事司法机关来主导，已经积累了一些经验。故笔者建议：具有过渡性质的我国的犯罪被害人国家救助制度可以定位为“紧急司法救助”，与目前正在进行的刑事附带民事诉讼制度改革（比如保障被害人优先受偿的权利，加大财产保全、先予执行制度在刑事附带民事诉讼中的力度）以及正建立健全的执行救助制度一起作为当前“改革和完善司法救助制度”的主体内容。[①]

在此有必要对我国的司法救助制度的产生背景和制度内容作一个简要交代。司法救助是人民法院为某些经济困难的公民或特殊案件的当事人提供减、免费的法律帮助，以保障其合法权益得以实现的一项司法救济制度。[②] 司法救助制度具有扶贫助弱、实现司法公正、保障弱势群体等基本价值。司法救助问题最早是在2000年3月全国九届人大三次会议上提出来的，在这次会议上，原最高人民法院院长肖扬向全国人大代表承诺：要让那些权利受到侵害但是因经济困难打不起官司的人，能打得起官司、打得赢官司。2000年7月最高人民法院公布《关于对经济确有困难的当事人予以司法救助的规定》，其第2条规定“本规定所称司法救助，是指人民法院对于民事、行政案件中有充分理由证明自己合法权益受到侵害但经济确有困难的当事人，实行诉讼费用的缓交、减交、免交。”附带一提的是，外国法律一般没有对涉及法院批准当事人缓交、减交或者免交诉讼费用问题以“司法救助”进行专门规定，而是统一纳入广义的法律援助这一范畴内。也即是说，广义的法律援助，既包括律师费的减免，又包括法院诉讼费的减免。英国、美国、日本等国实行的便是此种广义的法律援助制度。

随着司法改革的深层次推进，司法救助的内容正在扩展，救助

---

① 参见最高人民法院《人民法院第三个五年改革纲要（2009—2013）》。最高人民法院发布的《人民法院第三个五年改革纲要（2009—2013）》规划了“2009—2013年人民法院司法改革的主要任务”，其中之一“健全司法为民工作机制”，在此部分内容中明确规定：“改革和完善司法救助制度。建立刑事被害人救助制度，对因受犯罪侵害而陷入生活困境的受害群众，实行国家救助，研究制定人民法院救助细则。配合有关部门推进国家赔偿制度的完善，规范赔偿程序，加强赔偿执行，增强赔偿实效；完善执行救济程序，建立执行救助基金。”2009年3月25日 http：//www.court.gov.cn/html/article/200903/25/680.shtml，2009年5月5日最后访问。

② 李文华、王文鑫：《试论我国司法救助之价值及其实现》，载《经济与社会发展》2006年第2期。

对象由最初的民事、行政诉讼中的当事人扩大到刑事诉讼中的当事人，对当事人的司法救助从诉前、诉中扩展到诉后的执行救助。2009年最高人民法院发布的《人民法院第三个五年改革纲要(2009—2013)》中"改革和完善司法救助制度"部分就对"建立刑事被害人救助制度"和"完善执行救济程序，建立执行救助基金"进行了规划。

也因此，就有法官撰文认为：在法院开展对被害人的救助定性为"司法救助"更为适宜、确切。"因为，定性为'司法救助'，能够与最高人民法院制定的《关于对经济确有困难的当事人提供司法救助的规定》相衔接。根据《关于对经济确有困难的当事人提供司法救助的规定》开展的救助是对民事、行政诉讼中的当事人的司法救助，与对刑事受害人的救助，同属于人民法院诉讼活动中的救助，称谓应当统一。而且，根据《关于对经济确有困难的当事人提供司法救助的规定》开展的救助是诉前、诉中的救助，对刑事受害人的救助是诉后救助，是人民法院诉讼过程不同阶段的救助，可视为一个完整系统的救助过程，作为同一系统中的一个环节，称谓也应当统一。"①司法救助制度所保障的是弱势群体参与诉讼的权利，因此，由司法机关来运作此项制度应是题中应有之义，自不待言。

从被害救助具有的社会保障属性来看，由民政部门来执行被害人救助工作是与该属性相适应的。但是问题在于是否应当对被害人进行救助，需要了解案件情况才能够确定，而且被害人救助具有紧迫性，不参与办案、不了解案情的民政部门显然难以为被害人提供及时、妥当的救助。犯罪被害人国家救助制度关于"紧急司法救助"的定位就意味着公安机关、检察院、法院三大刑事司法机关

① 刘振会："建立刑事被害人国家救助制度之构想"，2008年11月6日 http://rmfyb.chinacourt.org/public/detail.php?id=116082，2009年11月1日最后访问。

是救助机关，这必然与刑事司法机关的职能不符，正如前文对《无锡市刑事被害人特困救助条例》的评述一样，这是一个“难解之题”。但将三大司法机关作为救助机关能满足被害人紧急救助之需求，因为，三大司法机关具有熟悉案件和启动调查的优势并利于作出是否予以救助的判断——比如，犯罪被害人是否遭受重伤或死亡；被害人及其家庭是否无力承担被害人医疗费用；死亡被害人的遗属是否因遭受犯罪被害而丧失生活来源；犯罪人或者其他负有赔偿责任的人有没有赔偿能力；犯罪人是否去向不明因此没有及时获得赔偿的可能性；等等。综合上述因素，没有必要单设一个专门机关来处理此项事务，为了满足被害救助之便捷、及时的需要，由公、检、法三机关作为救助机关，承担救助申请之受理、审查、决定的工作。但这只是作为权宜之计的过渡，犯罪被害人国家补偿制度则需要单设专门的补偿机关——犯罪被害人补偿审议委员会，这在下文中将有详述。

综上所述，我国的犯罪被害人国家救助制度应是兼采一般社会救助制度和犯罪被害人国家补偿制度相关合理因素的“紧急司法救助”制度。

二、我国犯罪被害人救助制度的粗略构想

由上文中关于我国犯罪被害人救助制度的定位，笔者对我国的犯罪被害人救助制度做如下构想：

（一）救助对象

救助对象应限于遭受重伤的被害人或死亡被害人的遗属，且由于医疗救治等犯罪被害原因陷入生活困境中。犯罪地国家机关承担救助责任，不应对申请救助人做“户籍地”之限制。

（二）救助金项目与救助金额度

由于被害救助具有典型的“救急”之性质，救助金项目应限于医疗救治费用和生活费用。救助金额度应与当地的经济发展水平、医疗条件和生活水平相适应，并且是一次性现金支付。获取救助后被害人还继续陷入窘困状态的，应该纳入长期的社会保障体系，以保障其基本的生活。

（三）救助条件

如前所述，被害人救助不同于被害人补偿，除了被害人本人自我损害和不法侵害直接导致的被害后果得拒绝救助以外，不能对被害人的行为进行“可归责事由”的判断。被害人获得救助的核心条件是被害人因遭受犯罪被害陷入了生活困境，具体体现为：犯罪人或者其他负有赔偿责任的人没有赔偿能力或者是犯罪人去向不明没有可能获得赔偿，被害人无法及时获得工伤赔偿、保险赔付等其他途径的社会救济和赔偿，被害人及其家庭无力承担被害人医疗费用、因被害人丧失劳动能力或者死亡导致被害人的家庭生活水平低于当地最低生活保障标准等。除此之外，还应规定被害人应履行及时报案、积极协助追诉犯罪的司法合作义务，作为是否给予救助的考量因素。

（四）救助资金的来源、管理、发放和监管

救助资金来源采取由中央财政支持和地方各级配套的方式，设立省、市、县（区）三级犯罪被害人国家救助专项资金，列入本级财政预算，实行分级筹集、分级管理，单独核算，专款专用。由司法行政机关负责救助专项资金的管理以及救助金的发放。财政、审计部门对同级犯罪被害人国家救助专项资金管理和发放负责监督。

（五）救助机关和救助程序

如前所述，由人民法院、人民检察院、公安机关作为救助机关，负责陷入生活困境中的犯罪被害人救助申请的受理、审查并作出救助决定。司法行政机关应根据司法机关的救助决定，及时核拨救助金。

救助申请应当在刑事诉讼期间内向相应案件承办机关提出：立案侦查阶段的，向公安机关提出；提起公诉阶段的，向人民检察院提出；审判和执行阶段的，向人民法院提出。

承办机关应当在受理救助申请之日起十个工作日内进行审查并作出是否救助的决定，并将相关的审批手续移送司法行政机关；不予救助的，应当及时告知救助申请人并说明理由。司法行政部门应当在收到救助决定之日起两个工作日内一次性发放救助金。

为避免重复救助，公安机关、人民检察院、人民法院应当将刑事被害人救助情况的书面说明材料随案移交。

民政、劳动和社会保障、卫生、金融等部门应当支持和配合人民法院、人民检察院、公安机关做好犯罪被害人救助申请的调查核实等相关工作。

第五节 我国犯罪被害人国家补偿立法的必然性和现实性

一、犯罪被害人国家救助制度必然存在的缺陷——补偿立法的必然性

对犯罪被害人进行物质帮扶的最佳制度是犯罪被害人国家补偿制度，这也应是我国对犯罪被害人进行救济的最终制度选择，犯罪被害人国家救助制度作为过渡期间“不得已”的制度选择和设计，

实际上“不得不”承担起被害补偿制度才可能具有的功效，但其制度本身又是不符合被害补偿法原理的，因此，这就注定了犯罪被害人国家救助制度是一种存在先天不足的制度杂糅合体，势必存在诸多缺陷。

第一，救助机关的设置并不符合司法机关的职能定位。已如前文所述，从被害救助的社会保障属性来看，由民政部门来执行被害人救助工作是与该属性相适应的。但是问题在于是否应当对被害人进行救助，需要了解案件情况才能够确定，而且被害人救助具有紧迫性，不参与办案、不了解案情的民政部门显然难以为被害人提供及时的救助。由参与办案的公安机关、检察院、法院负责救助，则有熟悉案件的优势，但是，被害人救助之物质给付与司法机关的职能定位大相径庭，由公、检、法机关决定刑事被害人救助问题，不利于排除其对依法行使侦查权、审查起诉权、审判权的干扰。

第二，将救助对象限定为生活陷入困难的犯罪被害人，不仅有操作难度，而且会引发新的问题。救助对象限定为生活陷入困境的被害人，也因此被害人在遭受了犯罪侵害、充当了“证据炮灰”之后，还要再次接受来自救助机关的“经济调查”，此举不仅徒增技术难度，而且还给被害人带来“第二次被害”甚至“第三次被害”。美国的补偿法实践中曾要求对被害人进行“经济调查”，只有达到一定“窘困”标准的被害人才可获得补偿，这一做法在实践中困难重重，而且对被害人造成了再次伤害，因此遭受广泛批评，修改后的联邦《犯罪被害人法》（VOCA）取消了这一做法。

而在中国这个“社会权利”意识并未充分成长发育而儒家文化底蕴却颇为深厚的东方国家，关于“经济困难的调查”更容易给身心俱创的被害人带来再次伤害。因为，以儒家为主的家族主义文化，强调自立做人，“中华文化里存在贫困的个人责任观和贫困耻辱观。当一个人陷入困境之后，在观念上常常会被要求忍耐而无求于人。这些思想不但影响着民众，作为文化也影响着现代政府中的某些工作人员。我们会发现一些地方会以个人责任对待接受救助的低收入群体，比如在甄别申请最低生活保障者时，会自觉不觉地运用歧视的语言和做法，思想中总有申请者可能“骗保”的潜意识。”①在申请犯罪被害人国家救助金的程序中，正经历着犯罪被害带来的巨大伤痛的被害人还要试图向救助机关证明自己生活难以为继的悲惨，这无异于“伤口上撒盐”，是一种再次伤害。

而且，在如何确定是否达到生活困难需要救助这个问题上，技术操作存在难度。而且大量达不到救助之穷困标准的犯罪被害人被排除在外，这不符合法律原理。来自国家对犯罪被害人的物质给付不仅具有“帮困济危”之物质方面的作用，而且还承载了精神抚慰的价值和功用，因此，从法理上讲，国家对犯罪被害人的物质给付义务不应由被害人的财产多寡来决定。因此，得不到救助的被害人会感到愤怒，并引发对公平的质疑，从而使得本来造就和谐的好事情可能变成引发不和谐的导火索。正如有论者评论的那样：“刑事被害人国家救助既是匡扶社会正义、实现社会公平之必需，亦是关乎社会和谐之必要，但又面临重重陷阱，既包括制度陷阱，又包括实施程序陷阱，更有法理的陷阱。”②

综上所述，犯罪被害人国家救助制度只能是当下“不得已”选择的“相对合理的”过渡型制度，犯罪被害人国家补偿制度才应是我国犯罪被害人救济的最终制度选择。

二、我国犯罪被害人国家补偿立法的现实性之展望

作为体现国家物质给付义务的犯罪被害人国家补偿制度，影响

---

① 王思斌：《转型中的中国社会救助制度之发展》，载《文史哲》2007年第1期。

② 《南方日报》评论员：《刑事被害人国家救助任重而道远》，载《南方日报》2007年1月10日，第A02版。

其立法的主要现实因素是社会保障水准和经济发展水平，正如前文所述，目前我国尚不具备被害补偿立法的现实条件。但经过五年至十年或者是更长时间的发展，我国的社会保障水准和经济发展水平应该有较大程度的飞跃，“补偿”水平所需的经费，国家财力能够承担，而且与已有的社会保障水平也大致相当，不会对已有的制度造成冲击；再加上犯罪被害人国家救助法实践积累了丰厚的经验成果以及广泛的社会共识，到那时应该具备进行犯罪被害人补偿法立法的现实条件，在此时节上应出台我国的《犯罪被害人国家补偿法》。

我国的《犯罪被害人国家补偿法》之具体制度设计在第七章详尽论述。

第七章　我国犯罪被害人国家补偿制度的立法设计

前文内容集中论述了被害人国家补偿制度的基本理论以及我国被害人补偿制度立法路径的问题，并单列两章论述了补偿法制度中最复杂的两个具体制度问题——“被害人可归责事由”和“妥当性考量”，这为我国犯罪被害人国家补偿制度的构建奠定了理论基础。

我国的犯罪被害人国家补偿法应采取实体与程序于一体的立法体例，其法律规范应当蕴涵被害补偿法所追求的价值理念和所应遵循的基本原则。在立法技术上，应尽量避免法律规范的技术性缺陷，应尽量地避免抽象和虚化，因此应摒弃粗放型的立法模式，而是在平衡各方法益的同时，借鉴其他国家或地区的被害补偿制度中的有益制度因素，对被害补偿的相关制度和环节作出周圆和理性的安排，制定出一部内容完整、规定翔实、便于操作的被害补偿法。

第一节　补偿的基本原则与补偿经费

一、补偿的基本原则

我国的犯罪被害人国家补偿法应规定四大基本原则：补偿法定原则，补偿必要原则，补偿妥当原则，补偿及时原则。详细内容参见本文第三章第二节。

补偿法定原则意指犯罪被害人之国家补偿请求权是一项新型社会权利，需要用法律规定的方式来明确此种权利，而且还应设计相应的制度来保障这些权利的实现。当然，此种权利应该被规范和限制，补偿条件应符合明确性要求，是否补偿以及补偿之额度都应有据可循；有权利就有救济，被害补偿法必须规定相应的权利救济制度，建立规范和操作简便的行政复议和行政诉讼之救济程序，建立责任明晰的补偿经费之监管制度。

补偿必要原则指的是犯罪被害人国家补偿法是保障犯罪被害人这一特殊弱势群体之权益的法律，有其立法目标和价值，其物质给付应给予最需要帮扶的被害人，因此其并非阳光普照式的社会福利，不能被不符合条件和目的的滥用，需达到相当程度的条件和必要性，方能补偿。

补偿妥当性原则指的是作为切实保护被害人权益的被害补偿法，应当尽最大限度达致良善之追求，做到情理法兼容。补偿机关所做出的是否补偿之决定要符合“一般社会观念”之妥当性判断，要遵循源于人类社会自然情感并在人类长期的文化发展和历史变迁中形成的“常识、常理、常情”。对于社会生活基本道义的坚守、对自然情感的呵护和对普遍伦理的维持，都应体现于被害补偿法的实体和程序内容里。

补偿及时原则指的是被害补偿具有相当程度的危难救助的性质，因此补偿程序应尽量简化、快捷并确保公平，以保证被害人得到及时补偿。比如，为了避免时间拖延严重影响请求权人之权益，补偿机关应自受理之日起一定时间期限内作出决定；规定预付补偿金制度，亦即授权补偿机构，在作终局补偿决定之前，于一定条件之下，为照顾受害人之特殊需要，允许预先给付一定金额之补偿，以便及时有效发挥被害补偿制度之功能，满足被害人生活上、医疗上等方面之急迫需要。

二、补偿经费的来源与监管

补偿经费问题是犯罪被害人国家补偿法律制度中的关键问题之一，如果补偿金来源不足，再良善的制度设计也只能是空中楼阁。历史上，墨西哥在1929年、古巴在1936年曾尝试过施行被害人补偿制度，均因资金不足而以失败告终。[①] 目前我国一些地方的被害救助试点工作也因资金难以保障而举步维艰、难以为继。事实上，任何一个国家都面临着补偿资金不足的问题，而我国的被害补偿立法设计更需特别关注此问题。因为我国正处于各种矛盾尖锐的转型期，犯罪率高，有被害补偿需要的人口基数大，再加上我国目前的经济尚不发达，社会保障制度还很不完善，被害补偿资金的需求将极为庞大，故，补偿资金的来源及其监管工作均是需要重点关注和研究的课题。

（一）补偿经费的来源

关于补偿金经费的来源，各国和地区的立法规定各有不同，但总体而言，大部分的立法例均规定了政府税收作为补偿金经费来源，一般是逐年编列预算。除此主体部分，还有的立法例还规定了由罚金、监所劳作金、没收的保释金等经费来源作为补充，比如美国法规定，补偿金之来源，除政府税收以外，还包括额外征收之罚金及监狱劳作金等加害人之所得或缴纳之财产。我国台湾地区也有相似之规定。而德国、日本等国家的补偿法对补偿经费来源的问题则并无明确规定。

如此看来，关于补偿金经费之来源，各国和地区的立法者意见并不相同。而理论上学者们的见解也并不一致。我国有学者主张补

---

① ［日］大谷实：《刑事政策学》，黎宏译，法律出版社2000年版，第311页。

偿金之来源可以是：(1) 依裁判对犯罪人收取的一定比例的罚金；(2) 依裁判没收的犯人一定比例的财产；(3) 依法提取的监狱中罪犯一定比例的劳动收入；(4) 被害人身份尚不明确或其他原因未领取，但犯罪确实给其造成损害的由犯罪人支付的补偿费；(5) 已经没收而又无法发还被害人的赃款赃物；(6) 社会捐助。[①]

将税收和罚金收入充作补偿经费，在理论上并无太多争议，但是是否将犯罪人在监所中的劳动收入充作补偿经费，则有相当多的反对意见。例如，日本学者大谷实反对将犯罪人于监所中之作业收入所得充作补偿经费，其最主要之主张乃认为若将该收入之一部分充作补偿经费，如此一来将造成犯罪人社会复归困难的问题，而且过度强调个人责任原则亦非适当。[②] 此反对意见是从犯罪人保护之视角加以立论的，我国台湾学者谢协昌对此持相同看法。并且认为："基于下列理由，是否将该作业所得作为补偿经费之一部分实有商榷之必要：(一) 一般犯罪被害人补偿制度仅系居于补充之性质，即因犯罪而遭受被害人仍得行使对于加害人之损害赔偿请求权。而国家对于因犯罪而遭受被害人给予金钱上的补偿之后，亦得代位行使补偿金额范围内之请求权。加害人并非因补偿制度之存在而免除其损害赔偿责任，因此作业报酬金既为其拘禁期间之唯一所得，亦属其资力之一部分，本应已充作其本身损害赔偿能力的资金来源，自毋庸将之纳入补偿经费来源。(二) 将刑事收容机构之作业报酬金悉数充作补偿经费来源，将影响其之作业意愿。而且如此一来，犯罪人除了依其所负损害赔偿责任而支付之金额之外，须另支出其作业所得，造成其损害赔偿责任二重负担之不合理现象，恐

① 梁玉霞：《刑事被害补偿刍议》，载《法商研究》1998 年第 4 期，第 79 页。

② [日] 大谷实：《刑事被害人补偿をめぐる诸问题》，载《法学セミナ1231 号》，第 35 页。转引自谢协昌：《犯罪被害人体系保护之研究》，中国政法大学 2007 年博士学位论文，第 225 页。

将影响其社会复归之困难。（三）在刑事收容机构之作业报酬金微薄，对于补偿经费之补助有限。"①

笔者以为，上述两位学者从保护犯罪人利益的角度得出的见解有失偏颇，尚不足以否定将犯罪人监所劳动收入作为补偿金经费来源的正当性。理由在于：

第一，将犯罪人监所劳动收入作为补偿金经费来源并不会造成犯罪人社会复归之困难。犯罪人复归社会的能力并不主要取决于犯罪人结束监狱生活后所能支配的财产，而是犯罪人在接受感化和改造后内心世界里对自己罪行的悔过与责任承担、对被害人的真诚歉疚以及积极复归社会开始新生活的决心。而将犯罪人监所劳动收入作为补偿金经费来源，正好可以铺就犯罪人责任承担和积极复归之通道。比如，"美国南卡罗来纳州（South Carolina）补偿法规定：假释部门及矫治单位有权以促使犯罪人对州政府全部或一部分之履行为条件而假释，以犯罪人偿还政府所发放之补偿金为假释条件。"② 因此，将犯罪人监所劳动收入作为补偿金经费，同时具有保护被害人及教育加害人之作用，可以在一定程度上助推刑罚目的之实现，达到恢复性之司法效果，从而有利于犯罪人的社会复归。

第二，代位求偿权的行使不会造成加害人损害赔偿责任的二重负担。求偿权的原理在于：因犯罪行为造成之损害，原应由犯罪行为人或其他依法应负赔偿责任之人负责赔偿，国家之支付补偿是基于社会安全和被害人境遇考量使被害人能先行获得救济与帮助，故国家于支付补偿金后，对原应负责之人当有求偿权。在本质上，求偿权的行使属于债权之转移。若犯罪人的监所劳动收入已经缴纳作

① 谢协昌：《犯罪被害人体系保护之研究》，中国政法大学2007年博士学位论文，第225页。

② 许启义：《犯罪被害人保护法之实用权益》，台北永然文化出版公司2001年版，第42页。

充补偿金经费，那国家的求偿权（债权）数额应减去已经缴纳的数额。而且，由于被害补偿之发起正是源于犯罪人根本无力赔偿被害人，倘若犯罪人入狱服刑就意味者犯罪人没有其他收入来源，唯一的收入就来自其在监所的劳动收入，因此求偿权本身就可能以犯罪人的收入为行使对象。比如，《韩国犯罪被害者救助法》第 9 条第 3 款规定，国家行使代位求偿权时，依大统令由加害者之受刑者、被保护监护者之工作奖金或勤劳补偿金，可受其赔偿金。①

第三，将犯罪人监所劳动收入作为补偿金经费来源，符合补偿法基于危险共担和社会连带之公平原则。从求偿权的原理中我们可以再次明确犯罪被害人补偿法是具有补充性质的制度，真正的赔偿责任主体是犯罪人，犯罪人之损害赔偿义务实不应因国家之补偿而免除，求偿权的确立为追寻真正的赔偿责任主体奠定了可能性。但也仅仅是可能性，现实世界的真实情况是很多加害人根本去向不明，或者是并无支付能力，所以绝大多数情况下求偿权都无法实现。比如，美国纽约州的被害补偿计划中的求偿权条款是相当完备且颇有影响的，在 1991—1992 年，州政府总支付了 1.5 亿美元补偿金，但是从加害人那里追偿到仅仅 21083 美元，从针对第三方的民事诉讼那里追偿到 60437 美元，少于补偿总金额的 1%。② 因此，犯罪人在监所的劳动收入几乎是唯一可能用来承担其责任的经济来源。本应由犯罪人承担的赔偿责任基于社会连带和危险共担的原理由被害补偿法之规定转嫁到了社会上的其他人（纳税人），再加之基于公平原则以及民事上之个人责任主义，那么犯罪人的劳作收入还有什么理由不能用来充实被害补偿金之经费呢？处于社会连带中的犯罪人应对自己的犯罪行为承担应有的社会责任，这样才符合公

① 赵可主编：《被害者学》，群众出版社 2009 年版，第 334 页。

② New York State Crime Victims BD. 1991 - 1992 Annual Report 39 (1992).

平与正义。

值得一提的是，美国法规定：补偿金之来源，除政府税收以外，还包括额外征收之罚金及监狱劳作金等加害人之所得或缴纳之财产。各州之补偿经费，除联邦补助40%以外，其他经费来源包括州政府税收、罚金、附加罚金、假释后工作收入、监狱作业成品所得及犯罪人出售有关犯罪情节及犯罪动机等文字或影片之所得（Notoriety - for - profit）以及没入之保释金。[①] 从中可以看出，依美国法规定可以充实补偿金经费的犯罪人的监所劳动收入包括了其知识产权的收入，这一规定对我们颇有启发意义。据媒体报道，近年来，我国的服刑人员中有不少的“精英犯罪”罪犯，他们在监狱里的劳动改造不限于传统的体力劳动，有的著书立说，有的发明专利[②]，这些都属于知识产权的范畴，我们可以借鉴美国法的规定，将其收入充作被害补偿经费，从而在行刑方面有相对应的奖励，如此可兼收改造犯罪人和保护受害人之双重功效。

除此之外，企业作为以营利为目的的组织，正是因受惠于广大消费者才得以创造业绩实现其营利目的，因此应呼吁企业的社会责任，热心捐助从而反馈社会，这也是社会连带的应有之义。

---

① 许启义：《犯罪被害人保护法之实用权益》，台北永然文化出版公司2001年版，第43页。

② 据有关报道，河南省确山县原县长李建华贪污落马后在狱中著写三部小说，被河南省作协吸收为会员；前国家统计局局长邱晓华的狱中新作《中国经济新思考》已获准出版发行。“天价烟”局长周久耕犯受贿罪，一审被判处有期徒刑11年，周久耕的辩护律师金辉告诉记者，周久耕不打算上诉，并称其正在写一部小说，内容是反映官场的。以上内容来源于2009年10月19日http：//msn. people. com. cn/GB/170494/10214962. html。2009年12月2日最后访问。另据媒体报道：万某因犯故意杀人罪被判处无期徒刑，在广东省怀集监狱服刑，其在狱中发明的“黑板粉尘处理机”获得国家专利，据了解，目前已有三所科学技术研究院正通过监狱与万某进行协商，希望购买这一实用技术，转化为生产力。以上内容来源于2009年6月5日http：//www. gdjyj. gd. gov. cn/news_ view. asp？newsid =3010。2009年12月2日最后访问。

综上所述，我国犯罪被害人补偿制度之经费来源，除了政府税收之主体来源以外，罚金、（犯罪人）监所劳动收入、刑罚上没收之财产、追缴的赃款赃物等均可充作补偿金，社会捐助亦可作为补偿经费来源的补充。

（二）补偿经费的监管

笔者认为，我国的犯罪被害人国家补偿专项资金应由市、地区一级以上人民政府作为基础建立。之所以要做如此之设计，是因为要与被害补偿机构的设置相适应，补偿机构设置将在下文即论述。中央和地方实行分级筹集，单独核算，专款专用。至于国家财政、省级财政、地级财政负担的比例如何确定，则需要在对全国各地的经济发展水平、财政负担情况、需要的被害人救助资金进行全面调研和论证以后另行规定。

犯罪被害人国家补偿专项资金由被害补偿机构——犯罪被害人补偿审议委员会统一管理和发放。

各级政府的财政、审计部门负责监督同级犯罪被害人国家补偿专项资金的使用和管理。

第二节 补偿范围

一、补偿范围划定之基准

犯罪被害人国家补偿的补偿范围关涉被害人补偿的边界划定之基准问题，目前学术界对此并没有达成共识，各国和地区的立法例也各有不同。因此，哪些情形值得补偿哪些情形不值得补偿，各国的规定并不相同，理论界也有相当的争议。总结起来，补偿范围涉及的问题主要集中在以下三个方面：第一，财产犯罪被害是否可以纳入被害补偿范围？第二，被害补偿是否局限于暴力犯罪之被害？

第三，是否只有故意犯罪之被害可以申请补偿而过失犯罪之被害应排除在外？其中第二个和第三个问题是目前争议比较大的问题。

下文中笔者就此三个争议问题切入，就立法例和理论学说展开评述，并阐述自己的见解。

(一) 关于财产犯罪被害

关于财产犯罪被害是否可以纳入被害补偿范围的问题，前文关于被害补偿的理论基础一章中“优位法益多重保护”的论说中已做详细的论述，被害补偿应限于生命、身体健康法益受到重大损害的被害人，而不应包括财产犯罪被害，不再赘述。[①] 从现实性来考虑，将所有的财产犯罪被害纳入被害补偿范围之内，即便是最富裕国家的财力也是难以承担的。而就立法例的考察来看，绝大多数将补偿范围限缩为因遭受生命、身体上损害之犯罪被害，加拿大则是一个例外，多数省的犯罪被害人补偿法规定对于在生命、身体被害的同时，被害人身上所穿的衣服、眼镜以及假牙等亦在补偿之列。[②]

(二) 关于暴力犯罪被害

经由对犯罪被害人补偿制度的立法例观察，绝大多数国家的补偿制度之适用范围并非包括所有的犯罪被害，大多将补偿范围限缩为因遭受生命、身体上损害之暴力犯罪被害。[③] 更有的国家和地区

---

① 此处的财产犯罪被害是从犯罪被害结果的角度来称谓的，指的是仅仅财产法益受到犯罪侵害之结果，而不是指财产犯罪行为，因此，因被抢劫侵害而遭受生命或身体健康损害的情形就不属于此处的财产犯罪被害。

② Alberta Criminal Injuries Compensation Act, §13 (3); British Columbia Criminal Injuries Compensation Act, §17 (2); Manitoba Criminal Injuries Compensation Board, Third Report, 1972, p. 11.

③ 加拿大魁北克犯罪被害人补偿法规定每个犯罪被害人均可申请被害补偿。

直接将补偿法称谓为“暴力犯罪被害人补偿法”，比如德国和美国加州。

不同的国家和地区对何为“暴力犯罪被害人”之规定又有所不同：[①]

（1）补偿对象限定为特定暴力犯罪的被害人，亦即列举式地明确规定了具体的暴力犯罪类型。如新西兰就列举规定了侵犯人身权利的暴力犯罪——伤害、杀人、造成身体伤害的强奸等犯罪的被害人。美国的新泽西州（New Jersey）的被害补偿法也采用列举的方式规定了可以补偿的犯罪类型：除了诸如谋杀、绑架、身体伤害（mayhem）等典型的暴力犯罪外，还列举了夜盗罪（burglary）、猥亵儿童行为（indecent acts with children）等犯罪行为，同时还采用兜底条款规定了其他任何包含了暴力的犯罪，包括家庭暴力，以防止一些新出现的或者正在发生变化的犯罪之被害人失去补偿机会。

（2）虽规定了补偿对象限于暴力犯罪的被害人，但已经扩张至许多非暴力犯罪之被害人。比如，英国法规定的补偿对象为：一是暴力犯罪的被害人（包括纵火和投毒）；二是凡因逮捕或意图逮捕犯罪嫌疑人而受到伤害的被害人；三是因阻止或意图阻止正在实施的犯罪行为而受伤害的被害人；四是因帮助警察人员逮捕犯罪人或防止犯罪发生而受伤害的被害人；五是对于被害人的某些精神伤害，如由于自己直接受到身体伤害而处于恐惧之中，或者由于当场目击到犯罪行为对被害人造成身体或精神伤害（包括致命伤害），或者受到侵害行为直接后果严重影响的与被害人有亲密关系的人，以及性犯罪中不顺从的被害人等；六是由于年龄、精神病或外交豁免等原因，尽管加害人不可能被判有罪，其被害人仍然被视为犯罪行为的被害人，应当给予一定的补偿。

从上述关于美国和英国关于补偿之暴力犯罪类型的扩张规定可

---

① 赵可主编：《被害者学》，群众出版社2009年版，第268—370页。

以看出，所谓“暴力犯罪”本身的外延是不确定的，而且一些非暴力手段的犯罪可以造成和暴力犯罪一样严重的被害后果，比如纵火、投毒、生产、销售有毒有害食品的犯罪行为，均有可能产生侵害被害人生命和健康法益的后果，这与暴力犯罪的结果并无二致。因此将被害补偿的犯罪类型严格限定为暴力犯罪，就意味着不能实现被害补偿法的目标，因此需要对法律规定的“暴力犯罪”外延不断解释和扩充。英国补偿方案中规定的“非法进入铁道”行为之被害人有权申请补偿，因此作为现场目睹了侵入铁路自杀者奔向飞速前行火车前方之情形遭受巨大惊恐的火车司机应该获得补偿，此种规定正是对“暴力犯罪”的无限扩充解释之典型代表，此种实用主义的解释路径也正好说明了立法者真正关注的是被害结果而不是犯罪行为。

犯罪被害人补偿法所需解决的问题是被害人已经遭受侵害而无从获得赔偿而需要国家给付的紧迫现实，所关注的是犯罪被害的结果而非犯罪的手段，非暴力性的平和性的犯罪同样会造成被害人生命和身体健康的重大损害。因此，笔者认为将犯罪被害补偿的范围局限于暴力犯罪之被害人是不合理的，而应以被害结果为基准设定被害补偿范围——生命、身体健康法益受到重大损害的被害人，而犯罪手段是暴力的还是非暴力的均在所不问。

（三）关于故意犯罪与过失犯罪被害

必须强调被害结果对于被害补偿的意义，目前关于被害补偿是否应该限于故意犯罪被害而排除过失犯罪被害的问题争论也可由此得以解决。主张应仅对于故意犯罪被害予以补偿之论点认为：因故意犯罪而遭受被害，对于被害人及其遗属在精神上所受到之打击远较过失犯罪被害严重许多，也因此较易得到由社会全体予以救济之共识。[①] 而主张不应排除之论点认为：过失犯罪被害与故意犯罪被害相同，皆有可能遭受生命、身体、精神上无可弥补之伤害，因此仅对故意犯罪被害予以补偿而排除过失犯罪被害，似有失公平。[②] 笔者赞同后一种观点，无论故意犯罪还是过失犯罪，均有可能造成生命和身体法益受到重大损害而需要国家补偿之危急情状，对故意杀人罪的被害人给予补偿，而对过失致人死亡罪的被害人丢弃不管，显而易见是不公平的，也难以找到任何一个理论依据给予支持。

综上所述，笔者认为，我国的被害补偿法规定的被害补偿范围应以犯罪的被害结果为基准划定，无论暴力犯罪还是非暴力犯罪，也无论犯罪行为人的主观上是故意还是过失，只要造成了被害人的生命和身体健康法益的重大损害之结果，均可纳入被害补偿范围。

目前，以犯罪的被害结果为基准划定被害补偿范围的立法例的典型代表是日本、韩国和我国的台湾地区。《日本犯罪被害人等给付金支给法》第 1 条规定，国家对因危害生命身体之犯罪行为而意外死亡者之遗属或受重障者支给犯罪被害人等给付金；《韩国犯罪被害人救助法》第 1 条规定“本法以救助害人命或身体之犯罪行为而死亡者之遗属或受重障碍者为目的”；台湾与之类似，限定为因犯罪行为被害人而死亡者之遗属或受重伤者。

① ［日］村泽真一郎：《犯罪被害给付制度の创设——犯罪被害人等给付金支给法》，载《时の法令第 1095 號》，1980 年 12 月，第 8 页。转引自谢协昌：《犯罪被害人体系保护之研究》，中国政法大学 2007 年博士学位论文，第 186 页。

② ［日］齐藤诚二：《被害补偿制度的基本问题》，风间书局 1977 年版，第 40 页。转引自谢协昌：《犯罪被害人体系保护之研究》，中国政法大学 2007 年博士学位论文，第 187 页。

二、被害补偿范围的具体问题

（一）“重伤害”与“精神损害”的关系

被害补偿要求是对“重大损害”的补偿，一般指的是被害后果为死亡或重伤的情形，轻微的身体伤害应排除在外，这是从有无补偿之必要性和紧迫性来考虑的。当然在具体程度上，各国和地区的补偿法规定也是有所差异的。《韩国犯罪被害人救助法》第 1 条规定“本法以救助害人生命或身体之犯罪行为而死亡者之遗属或受重障碍者为目的”，“重障碍”依其第 2 条第 2 款是指“负伤或疾病治疗后（包括症状固定时）之身体上障碍”。英国法将造成二百英镑以下之损害和伤害排除在外。笔者认为，就我国的被害补偿立法而言，关于重伤的标准可参考刑事司法实践中适用的《人体重伤鉴定标准》。

目前争议最大的问题是被害补偿范围内的重大伤害是否包括精神损害？有的国家和地区的立法特别规定重伤害包括情感和心理受到的严重伤害，另一些国家和地区则明确将精神损害排除在被害补偿范围之外。

比如，英国 1964 年的被害补偿方案就明确规定，伤害包括情绪或精神上受到的惊吓（“injury” includes “mental or nervous shock”），但是，英国一些地方的补偿计划将“非肉体”伤害（non – physical injuries）排除在补偿范围之外，而是规定应补偿实际的身体伤害（“actual bodily harm”）和身体疼痛、疾病或其他任何身体损伤（physical pain, physical illness or any impairment of physical condition)。[1] 其原因是，立法者们考虑到如果补偿精神损害将有可能导致方便欺诈申请并增加技术困难和执法成本，因而作出上述限制。

美国的一些补偿计划则走得很远，伤害的定义包含了精神损害（“mental harm”）和情绪伤害（“emotional injury”），当然，情绪伤害的补偿则要求伤害行为已经发生且被害人已经受到身体伤害或身体伤害的威胁。[2] 实际上，近年来，美国半数以上的州的补偿法则规定：即便被害人并没有实际承受身体伤害（接触）或性侵害（接触），也要对被害人在被害人遭受身体伤害威胁（threatened）的过程中所产生的心理康复咨询（mental health counseling）费用予以补偿。[3]

通过上述立法例的考察，笔者认为英美国家将精神损害纳入补偿范围的规定是有借鉴意义的，但是过于“慷慨”又会导致补偿法的滥用以及可能的申请欺诈，国家财政将不堪重负，因此反对者的理由并非没有道理。因此，设置严格的、合理的标准划定边界便具有重要意义。

对于本问题，笔者的基本立场是：精神健康属于身体健康的一部分，因此，严重的精神损害也应属于重伤害之范畴。换言之，所有的犯罪被害都有产生精神损害的可能性，只是其损害的强度会因犯罪行为的性质以及被害结果有所差异，有的精神损害性质和后果很严重，比如强奸犯罪可能导致被害人精神崩溃行为失常；有的则

---

① See, e. g. , CARROW, supra note 52, at 33; Colo. Rev. Stat. § 24 - 4. 1 - 102 (8) (Supp. 1993) (“actual bodily harm”); Me. Rev. Stat. Ann. tit. 5, § 3360. 2 (West Supp. 1993) (“physical pain, physical illness or any impairment of physical condition. . . ”); Mich. Comp. Laws § 18. 351 (1) (f) (1994); Tex. Crim. Proc. Code Ann. § 56. 32 (9) (West Supp. 1994) (“physical harm to a victim”).

② Cal. Gov't Code § 13960 (b) (West Supp. 1994).

③ CVCB HANDBOOK, supra note 56, at Ⅱ -2.

相当轻微，比如盗窃罪的被害人感到安全感大为降低。因此，大部分国家的法律允许犯罪被害人提起精神损害赔偿的民事诉讼。[①] 精神健康属于身体健康法益的一部分，严重的精神损害意味着本书中的“优位法益”受到了侵害，因此需要国家给予补偿，这也是对前文补偿法基础理论中“优位法益多重保护”论说的一以贯之。给予所有的犯罪被害人之精神损害以国家补偿是不现实的，也不符合补偿法之宗旨，轻微的精神损害可通过其他方式进行修复，无须纳入补偿法体系；而严重的精神损害与其他的身体重伤害一样，可导致被害人无法获得符合人性尊严标准的生活而需要医疗救治，医疗费用的支出意味着被害人实际上也遭受了物质损害，因此，国家应对其提供物质帮助。

何种程度的精神损害才属于重伤害从而需要补偿法考虑给予补偿呢？目前尚没有标准化的定义，笔者认为，可以从以下两个方面进行严格限定。

1. 医学标准。被害人的精神损害至少达到了需要药物治疗或者精神病治疗、心理干预与咨询的程度，亦即已达到了医学确认的精神障碍的程度。很少有法律对严重精神损害进行定义，美国爱达荷州补偿法的描述性规定则是一个例外，富有启发意义：严重精神损害（“extreme mental distress”）是指因为遭受犯罪侵害，判断能力、日常行为以及生活能力受到损害，导致的情绪、思考和认知的严重紊乱状态（substantial personal disorder）。[②] 但笔者认为，将严

① 我国目前法律上不支持刑事案件中精神损害赔偿的刑事附带民事诉讼或单独提起的民事诉讼，许多学者对此提出了强烈批判，这个问题与本书中“严重的精神损害是否属于重伤害”不是同一个问题。因为：严重的精神损害与身体伤害一样产生医疗费用，意味着被害人的物质利益遭受损害，被害人可因此主张损害赔偿之诉，而不受现有法律关于精神损害赔偿之诉的限制。但笔者的意见和大多数论者的意见一致，认为法律应支持精神损害赔偿的刑事附带民事诉讼或者单独提起的民事诉讼。

② Idaho Code § 72－1003（6）（1994）.

重的精神损害用医学标准进行限定将更为严谨，也能在一定程度上防止被害补偿的欺诈申请。

2. 因果关系。被害人的重大精神损害之结果与犯罪加害行为具有直接的引起与被引起的因果关系。若有其他非犯罪侵害之因素介入导致因果关系发生中断，导致被害人患上精神障碍疾病的，一般不纳入犯罪被害补偿的范围予以考虑。

特别一提的是，目前我国不支持精神损害赔偿的刑事附带民事诉讼或者单独的民事诉讼，就很有可能造成一种错误认识：遭受了犯罪行为的实际侵害没有造成其他的身体重伤害但直接造成的严重精神损害的结果，不属于人体伤害，更谈不上重伤，因此应拒绝补偿。比如，被害人遭受持枪抢劫或者绑架，并没有造成肉体重伤，但精神受到重度恐吓而精神失常的情形。如前所述，此种情形属于补偿法意义上的“重伤”，应予以补偿。

（二）强奸犯罪被害的补偿问题

强奸罪作为一种严重侵害个人人身权的犯罪，法律给予了特别关注，引起的被害问题也具有特殊性，往往涉及精神损害的问题，有必要单列出来进行探讨。强奸罪导致的被害至何种程度才可纳入被害补偿范围？是否需要符合“重伤”之标准？其精神损害如何认定？

从法益的角度来看，强奸罪侵害的是性的自主权，这是一种可以基于真实意志而处分的自决权，是刑法要保护的法益，同时，性的载体还体现了身体健康法益，因此，身体伤害包括了因遭受强奸犯罪引起的任何伤害，强奸犯罪的被害人所遭受的精神伤害应视为身体伤害。因此强奸造成被害人身体重伤害的，按照一般的“重伤”之标准，当然应该属于补偿范围；或者是造成了被害人严重的精神损害达到需要医治的程度的，依照前述的关于重大精神损害属于补偿范围的论述，也应给予补偿。

强奸罪的特殊问题在于，当犯罪人违背被害人意志的强奸行为既没有造成肉体伤害，被害人也并没有因此导致严重的精神损害达到了需要治疗之程度的情况下，此种情形是否属于补偿范围呢？笔者认为，相较于其他侵犯人身权利的犯罪，强奸罪的精神损害具有特殊性，被害人遭受的精神损害在很多情况下内化为被害人隐秘的、默默的痛苦，不愿为外人所知，[①] 如果还让其接受有关精神损害是否达到需要医治的程度之医学检查，则会给其带来更大的屈辱和伤害。因此，不能用一般犯罪被害之精神损害标准去衡量，只要遭受了强奸犯罪侵害，就应视为遭受了严重的身体伤害和精神损害，都应予以被害补偿。

为避免关于强奸犯罪的伤害问题之争议，美国的一些补偿计划里则明确表述伤害（“injury”）包括了：强奸行为本身，[②] 由强奸导致的怀孕（pregnancy），[③] （不管是否造成身体伤害结果）之性侵害（sexual assault “without regard to whether bodily injury occurred”），[④] 以及由性交行为引起的或者其他性行为途径传播的疾病。[⑤] 笔者认为，美国法的规定是相当合理的，值得我国借鉴。

（三）家庭暴力犯罪被害的补偿问题

虽然缺乏统一的定义，但大多数学者认为，家庭暴力（domes-

---

① 在美国的一项对犯罪受害人进行的调查表明：在未遂的强奸案件中，只有50%的被害人能向警察报告，在既遂的强奸案中能报告警察的占75%，也就是说所有的强奸案中有25%到50%没有向警察报案。See Stats Gregory R. “Changing Conceptualiztions of Professional Criminals: Implications for Criminology Theory”, Criminology 15. 1977. pp. 49 – 65.

② Fla. Bureau Guidelines, 10L – 2. 02 (4) (1986).

③ See, e. g. , Haw. Rev. Stat. § 351 – 2 (Supp. 1992); Mich. Comp. Laws § 18. 351 (1) (f) (1994); Minn. Stat. Ann. § 611A. 52 (9) (West 1987 & Supp. 1994).

④ See, e. g. , Me. Rev. Stat. Ann. tit. 5, § 3360. B. 1. B (West Supp. 1993). Under Cal. Gov't Code § 13960 (b) (West 1992), Similarly in Nev. Rev. Stat. § 217. 050 (3) (Michie 1993).

⑤ See, e. g. , Idaho Code § 72 – 1003 (6) (Supp. 1994).

tic violence），是指对家庭成员或亲密伙伴造成身体、性、心理和经济上的伤害。[①] 2001 年我国《最高人民法院关于适用〈中华人民共和国婚姻法〉若干问题的解释》第 1 条规定：家庭暴力是指行为人以殴打、捆绑、残害、强行限制人身自由或其他手段，给其家庭成员的身体、精神等方面造成一定伤害后果的行为。家庭暴力问题作为一种古老的社会现象，并没有随着社会的文明进步而消亡或者是减少，不仅在夫权思想浓厚的亚洲国家广泛存在，在文明发达的欧美国家也并非罕见，正如美国学者库克指出："今天，欧美国家存在一种奇怪的规范，它使结婚证书变成了一张准予殴打的契约。"[②] 相较于其他暴力行为，家庭暴力具有隐蔽性、长期性、对象特定性以及暴力循环性等特征；受害人主要是妇女，也即丈夫对妻子的暴力，其次是儿童。在传统的陈旧观点中，"打老婆"乃"家务事"，外人以及法律不能介入；在权利意识普遍高涨的今天，尽管困难重重，反对家庭暴力的法律实践在世界各国和地区都有开展。

被害人补偿法作为保护被害人利益的法律，所关注的核心问题是：遭受家庭暴力而致重伤的被害人应否获得国家被害补偿？家庭暴力的被害人和加害人之间具有一定的身份关系或者属于一个共同生活体，如给予补偿，将有可能给加害人被害人合谋欺诈申请补偿金带来可乘之机，同时还可能为加害人带来不正当的利益增进，损害一般的社会正义观点。因此，各国和地区的法律对此问题都持比较审慎的态度。

在 1979 年之前，英国的补偿方案是将家庭暴力被害排除在补

---

① 荣维毅、宋美娅主编：《反对针对妇女的家庭暴力——中国的理论与实践》，中国社会科学出版社 2002 年版，第 2 页。

② ［美］丽贝夫·J. 库克：《国家根据〈消除对妇女一切形式歧视公约〉负有的说明责任》，黄列译，载《外国法评译》1998 年第 2 期，第 5 页。

偿范围之外的。随着社会公众对妇女儿童遭受家庭暴力的关注，英国的立法者认为排除适用将导致不公平，于是作了修改，规定对于家庭暴力犯罪的被害人应给予补偿，但应满足特定之限制性要求：如果案件的受害人系成年人，只有当被告人已经被起诉才能予以补偿——如果没有被起诉，则需要充足的合理理由，并且被告和被害人不再居住在同一家庭住所（the same household），同时补偿委员会确信被告不能从补偿中获取任何利益。如果案件的受害人系未成年人，补偿的支付则无须满足分居之要求，但是，如果补偿金的支付违背了未成年人的利益，补偿申请将被拒绝。①

1988 年以前，美国法也是将家庭暴力犯罪被害排除在补偿范围之外，但在实践中，补偿机构会根据不同的个案情况以正当利益之需求（the interests of justice so required）为由给予补偿。1988年，美国国会通过对《犯罪被害人法》（VOCA）的修订，规定除非有可能不当增进犯罪者的利益（unjust enrichment of the offender），家庭暴力受害人应获得补偿，各州也作了相应的修订。有的州甚至规定要求这种不当利益增进应是实质性的（substantial），以将其与微小的或并不重大的（minimal or inconsequential）利益增进区分开来。② 但为了防止被滥用，美国一些州的补偿法增设了相关限制条款，比如，除非有特别的理由，与犯罪人同在一个家庭共同生活或者还与犯罪人保持性关系的被害人不能获得补偿。密苏里州（Missouri）的限制规定则更为审慎：只有当有足够理由确定被告不能从中获得实质性经济利益（substantial economic benefit）或者不正当的财富增加（unjust enrichment）时，才可获得补偿。③ 因为这

---

① See generally GREER, supra note 10, at 84 - 93.

② See, e. g., Conn. Gen. Stat. Ann. § 54 - 211 (b) (West 1985 & Supp. 1994).

③ Mo. Rev. Stat. § 595. 020. 2 (Vernon 1994) (emphasis added). N. H. Code Admin. R. Jus. r. 606. 01 (1993) and Wyo. Stat. § 1 - 40 - 106 (b) (i) (Supp. 1993) are similar.

样的严格限定，所以实践中家庭暴力犯罪成年被害人申请补偿的数量在增多，但真正获得补偿的却相对较少。当然，这也许与受害人不愿意报案或即使报案又不支持调查工作有关系。与之相对，未成年性虐待（child sexual abuse /child molest）被害人获得补偿的数量却在增多。

综上所述，家庭暴力犯罪被害只要达到了补偿法之被害程度要求，应属于被害补偿范围。但由于家庭暴力犯罪的特殊性，为防止补偿法之滥用导致违背社会公正，应对被害人的补偿申请条件做严格限定，一般情况下应不予补偿。当然，家庭暴力犯罪的被害人与加害人往往具有亲属关系，其是否值得补偿的问题还与下文论述的补偿对象及上文论述的补偿的妥当性考量密切相联，此处不再赘述。

（四）交通犯罪被害的补偿问题

在讲究高效率的现代社会，交通工具的广泛使用已成为社会正常运转不可或缺的部分。然而交通工具本身却具有高度危险性，在给社会带来效率的同时也给社会公共安全带来巨大威胁，交通犯罪所造成的伤亡事故简直与人们的生活如影随行。是否将交通犯罪被害纳入被害补偿法范围，目前不同国家和地区的补偿法规定并不相同，许多立法例专门就交通犯罪被害的补偿法问题作出特别规定。

比如，英国法规定：除了故意（a deliberate attempt）用汽车对被害人发动攻击以外，英国的补偿计划将一切交通事故被害排除在补偿范围外。1988 年之前的美国法也是如此规定。《德国暴力犯罪被害人补偿法》第一条第六项亦规定“损害如系源于侵害者使用汽车或拖车为暴力攻击方法所造成，则本法不适用之”，表明交通犯罪被害并不适用该国之犯罪被害补偿法。立法者最主要的理由有两点：国家不应对事故伤害（“accidental”injuries）进行补偿；不管司机是否具有赔偿能力，因为有汽车责任保险故通常情况下被害人均能获得赔偿。

笔者以为，交通犯罪被害是否应排除被害补偿法之适用，不能一概而论。被害补偿制度是对犯罪被害危险的共担，具有补充其他制度之性质，如果已有其他的制度，比如汽车责任保险制度，对被害后果进行有效分担，被害补偿制度就不必启用之；如果其他的保障制度缺位或者是不能完全有效的对被害后果进行危险分担，被害补偿制度就应该适用。日本法、德国法、英国法之所以将交通犯罪被害排除在外，正是因为日本的《汽车损害赔偿保障法》、德国的《义务保险法》、英国的《交通事故法》均是专门针对交通事故遭受损害者之赔偿保障制度，在该制度所得补偿之额度内已得解决其问题，因此将交通犯罪被害排除于犯罪被害人补偿范围之外不会损害被害人的利益。因此，在欠缺其他保障制度的情况之下，若一律排除其适用，显然大大地削弱犯罪被害补偿制度之存在功能，不符合补偿法保护被害人权利之基本宗旨。同时，交通犯罪被害结果往往较其他犯罪被害结果严重许多，所需之赔偿费用往往相当高，非加害人所能负担，且有限的保险金亦不足涵盖此赔偿之需求，若对被害人丢弃不管，显然有违被害补偿法保护被害人利益之宗旨。特别是在加害人酒后驾驶或者肇事后逃逸造成伤亡的情况下，保险赔付将有可能被拒绝，被害补偿作为补充，实有适用之必要。

比如，1988 年美国对《犯罪被害人法》（VOCA）做了修订：可予以补偿的犯罪类型包括了“昏醉驾驶”（driving while intoxicated，DUI）。[①] 昏醉驾驶指的是受酒精和毒品影响状态下的驾驶（driving under the influence of alcohol or drugs）。之后，美国所有州的补偿计划都依据 DUI 条款对于昏醉驾驶造成的伤亡予以补偿做出规定。明尼苏达州（Minnesota）则作了更详尽的规定：违反有

---

① 42 U. S. C. § 10602 (d) (3) (1988).

关酒后驾驶的法律驾驶以及肇事后逃离现场的，造成的伤亡应补偿。[①] 很多州的补偿计划里都规定肇事逃逸（“hit - and - run”）造成的伤亡应予以补偿。

就我国而言，《道路交通安全法》第17条规定：“国家实行机动车第三者责任强制保险制度，设立道路交通事故社会救助基金。具体办法由国务院规定。”第75条规定：“医疗机构对交通事故中的受伤人员应当及时抢救，不得因抢救费用未及时支付而拖延救治。肇事车辆参加机动车第三者责任强制保险的，由保险公司在责任限额范围内支付抢救费用；抢救费用超过责任限额的，未参加机动车第三者责任强制保险或者肇事后逃逸的，由道路交通事故社会救助基金先行垫付部分或者全部抢救费用，道路交通事故社会救助基金管理机构有权向交通事故责任人追偿。”如此看来，似乎发生在我国的交通事故之被害人尚能得到及时救治和相应的赔偿，但问题在于，责任保险金额的覆盖率低、金额有限，[②] 而且，以我国《道路交通安全法》所确立的道路交通事故基金来说，迄今为止其尚未真正建立起来。[③] 再加上对于诸如醉酒驾驶、服用迷幻药驾驶、肇事后逃逸等造成被害人伤亡之情况，保险公司将有权拒绝赔付。所以，事实上，大量交通犯罪之被害人处于孤立无援之悲惨境地。综上所述，在我国，交通犯罪被害不能一律被排除在被害补偿法适用范围之外。

---

① Minn. Stat. Ann. § 611A. 52 (6) (c) (West 1987 & Supp. 1994); See, e. g., Cal. Gov't. Code § 13960 (c) (West 1989 & Supp. 1994); Ohio Rev. Code. Ann. § 2743. 51 (C) (1) (Baldwin 1990).

② 依《机动车交通事故责任强制保险条例》和保监发（2008）2号文件的精神，其责任限额是12.2万元。

③ 王利明：《建立和完善多元化的受害人救济机制》，载《中国法学》2009年第4期。

（五）不具有刑事责任能力行为人造成被害的补偿问题

不具有刑事责任能力的行为人对自己的行为不具备刑法意义上的辨认能力和控制能力，因而无须对自己行为造成的危害结果承担刑事责任，亦即其行为性质不是犯罪。那么由此造成的被害人重伤或死亡的情形，是否可以纳入犯罪被害人国家补偿法范围呢？

犯罪被害人补偿法是以被害结果为基准划定补偿范围的，从结果来看，虽然刑法对于无责任能力之行为并不予以刑罚处罚，但是因其所产生的被害情况却不会因此而有所不同，在造成重伤和死亡的情况下，完全符合被害补偿条件，应该纳入被害补偿范围。同时，依据被害补偿的“危险共担”之理论基础，遭受来自无刑事责任能力人的攻击而致的伤亡显然是一种被害危险，需要国家和社会与之共担，而不是由被害人独自默默承受。正如台湾学者谢协昌所言：“基于犯罪被害人补偿制度制定之意旨乃系以援助被害人为目的，而非为处罚加害人而存在，因此对于此等具有构成要件该当性及违法性，却因不具有责性而不构成犯罪之行为所致生之被害，实无理由排除于犯罪被害人补偿制度之适用之列。”①

考察目前各国和地区之立法例，对于上述的非犯罪之行为所造成的伤亡，大多以明文加以规定扩充适用于补偿范围之内。例如，《英国犯罪被害补偿方案》第 10 条规定，加害人是否被判有罪不是补偿的必要条件。而且，某一行为是否为犯罪行为，由于考虑到年龄、精神病或者外交豁免等原因，尽管不可能被宣判有某罪，但是还应当把它作为构成了犯罪行为来对待。德国法也有类似规定。日本、韩国的立法例亦将因无刑事责任能力人造成的伤亡之被害情形，包括适用于犯罪被害人补偿制度。我国的犯罪被害人补偿法也

① 谢协昌：《犯罪被害人体系保护之研究》，中国政法大学 2007 年博士学位论文，第 192 页。

应做如此之特别规定。

第三节 补偿对象

犯罪被害人国家补偿法的补偿对象是犯罪被害人。根据前述犯罪被害人关于直接被害人与间接被害人的分类，直接被害人为补偿对象应无任何疑义，与此同时，作为死亡直接被害人的遗属之间接被害人也应为补偿对象。因为，在直接被害人死亡时，已无可能实现被害补偿请求权，但间接被害人却因此遭受精神上、经济上的巨大损害，特别是依靠其生前扶养的人可能因此而丧失生活来源，生存面临严重困难，按被害补偿法保护被害人权利之宗旨，对之当然不宜不管不顾。但是为了实现补偿法之意旨并考量现实性，间接被害人补偿部分应限于被害人死亡时与被害人具有一定身份关系者，也即是直接被害人的亲属和其受扶养人为限，即遗属补偿，其他的间接被害人应被排除在外。综上所述，补偿对象应是受重伤害的直接被害人和死亡者之遗属。

各国立法例中于被害人死亡之情形，均有对于被害人之遗属予以补偿之规定。当补偿对象为死者之遗属时，主要涉及两个问题：一是遗属范围的划定；二是遗属补偿的序位。

一、遗属范围的划定

关于遗属范围的划定，各国立法例在规定方式和内容上各有不同。有的采取概括规定方式，如英国犯罪被害补偿法规定，死亡之受扶养人得受补偿。而受扶养人系指于被害人死亡时，完全或主要依赖被害人收入生活，或因被害人死亡之伤害而致无法生活之人；或被害人死亡后出生之子女，以及生于被害人生存期间，依同条项前款而解释为受扶养者。有的采列举规定方式，例如日本法、韩国法则明确列举被害人之遗属为被害人死亡时之配偶（包括有事实上婚姻关系者）、子女（包括胎儿）、父母、孙子女、祖父母及兄弟姐妹；而荷兰法则列举配偶、子女、父母为补偿之遗属。笔者认为列举之方式更简洁科学便于操作，特别是被害补偿法的给付具有相当程度的“救急帮难”的性质，明确的列举规定操作起来更富效率。

二、遗属补偿的序位

在遗属补偿的序位上，美国多数州、英国、芬兰等国，多偏重于其与被害人生前之受扶养关系，即重视其对于被害人经济上之依存关系来确定补偿序位。韩国、荷兰等国则依照与被害人间亲属关系之亲疏来确定补偿序位：配偶、子女、父母、孙子女、祖父母、兄弟姐妹。日本法的规定却是兼采亲属关系和受扶养关系来确定补偿序位：被害人之配偶为第一序位之补偿遗属；对于配偶以外之遗属，以是否依赖被害人之收入以维持生活来限制其补偿顺序，即：依赖被害人之收入以维持生活之被害人之子女、父母、孙子女、祖父母及兄弟姐妹为第二序位之补偿遗属。笔者认为，从补偿法的功能与定位来看，一方面补偿是要帮助被害人渡过困苦难关，另一方面补偿内涵了恢复性价值，有对被害人内心的精神创伤进行抚慰的功效，因此亲属关系和受扶养关系均是遗属补偿需要考量的问题，二者不可偏废。美国马萨诸塞州就明文规定必须兼具实际扶养关系和一定的亲属关系始得作为补偿对象。因此，笔者认为日本法的规定是比较合理的——首先原则上将补偿对象限定在有亲属关系者，而后是将受扶养之关系者来决定其补偿序位。有前序位之遗属存在，后序位之遗属则不得受补偿。

不过，明确规定补偿序位虽可省却一些程序上之烦琐，然而硬性之规定在实际运作中可能会产生不妥当之结果。例如，一般均将配偶列为最优先受补偿之序位，但是假如妻子因嫌弃丈夫家穷，离家出走，丈夫于独立抚养子女期间被害身亡之情形，此时，最需要补偿的显然系被害人的子女，而非离家出走的配偶，若按规定由配偶居先序位而得受补偿，显然不妥。因此有日本学者主张：应将其有关遗属顺位之规定弹性的加以运用。①

综上所述，笔者认为在确定补偿对象和序位时，要同时进行实际扶养关系和亲属关系之全面而妥当的考量，在具有亲属关系的前提之下，要优先考虑与被害人具有实际扶养关系的亲属的经济需求，比如未成年子女和年老父母。此种实际扶养关系的优先考量在一些国家的立法例中有所体现，比如，当间接被害人同时有生父母和养父母的情况下，日本法、韩国法均规定“对父母，以养父母为先，生父母为后”。

关于被害人的补偿对象问题中有一个补偿之例外情形，就是当被害人与加害人是亲属关系是否需要补偿的问题，这个问题已在上文关于补偿妥当性考量一章中予以阐释，不再赘述。

第四节　补偿的排除与限制条款

犯罪被害人国家补偿法的排除和限制适用，已经在论文的第四章和第五章做了详细论述，不再赘述。依照前文的结论，笔者建议我国的犯罪被害人补偿法可用专门条款对补偿的排除和限制条款作出如下规定：

① ［日］古川守夫：《犯罪被害人に対する救済の现状と若干の问题点》，《警察学论集》第36卷第10号，1983年版，第49页。转引自谢协昌：《犯罪被害人体系保护之研究》，中国政法大学2007年博士学位论文，第198页。

一、关于“被害人可归责事由”的规定

“被害人行为实质性引发了犯罪人加害行为或者是对于犯罪被害后果的发生具有促成作用成立被害人可归责事由的，应视具体情形不予补偿或只予以部分补偿：

1. 被害人实施了暴力、胁迫、侮辱等攻击行为的，不予补偿；

2. 被害人实施了（非暴力、胁迫）不法侵害行为，不予补偿；

3. 被害人实施了教唆、帮助、承诺等自我损害行为的，不予补偿；

4. 被害人实施了高度的挑衅、刺激等挑惹行为，不予补偿；若为中低度挑惹行为，可视具体情形给予部分补偿；

5. 被害人因为自己的违法犯罪行为或严重过失行为自陷被害危险的，不予补偿；若为中低度过失行为，可视具体情形给予部分补偿。”

二、关于“妥当性考量”的规定

“斟酌被害人与犯罪加害人的关系及其他情况，依一般社会观念，认为给予补偿有失妥当的，不予补偿：

1. 被害人与犯罪加害人有亲属关系或其他密切关系的；

2. 被害人不积极报案，或者怠于协助司法机关追诉犯罪，或者怠于与补偿机关合作的；

3. 被害人事后承认或容忍该犯罪行为者，或者被害人对犯罪加害人或其亲属实施了加害生命或身体健康之复仇行为的。”

三、例外规定

“虽具有上述应不予补偿之情形，但死亡被害人之遗属陷入生存困境具有补偿之非常紧迫性的，应给予部分补偿。”

四、其他绝对排除补偿情形之规定

“为获得遗属补偿金，遗属被害人故意杀害前序位之遗属被害人的，不予补偿。”

“因相互斗殴遭受重伤或死亡的被害人，不予补偿。”

第五节　补偿金的若干问题

一、补偿金的项目

关于补偿金的项目，各国立法例规定有所不同。截至 1994 年，英国补偿法关于补偿金额的估算在原则上是以普通法的损害赔偿为基础来估算的（assessed on the basis of common law damages），因此包含了全部的经济损失和精神痛苦的计算补偿。被害人因犯罪被害而缺乏工作能力或丧失部分工作能力的，可获得收入损失补偿（compensation for loss of earnings）；致死案件的补偿（compensation in fatal cases）包括了丧葬费、被害人之扶养对象的扶养费和未成年子女的抚养费（也称“附加补偿”）。美国法规定的一般补偿金额之计算范围：医疗费（包括复健费用）、被害人之收入或被扶养者所丧失之损失和丧葬费。我国台湾地区的被害人保护法规定的补偿之项目包括：被害人受伤所支出之医疗费、死亡之殡葬费、因被害人死亡无法履行之法定扶养费、受重伤被害人丧失或减少劳动能力或增加之生活上需要。

笔者认为，通常因犯罪而导致死亡、受重伤之被害人其所遭受的损害主要在于：医疗费用、收入之减少以及因丧失或减少劳动能力所产生之损害、被扶养者所丧失之扶养利益、丧葬费以及精神损害。对于其中的精神损害，不应作为被害补偿之项目，最务实的原因来自现实性考量——一方面，精神损害的估算异常困难，并有虚伪申请的困扰；另一方面，补偿经费有限，再强大的国家财力恐也难以支付。但必须指出的是，因为精神受到严重创伤已经达到了需要治疗的程度的，由此产生的医疗费用应统一纳入医疗费用中进行估算。这在前文“补偿范围”一节内容中也有论述。除了精神损害之外，其他的损害都应纳入补偿项目。此类项目都是基本的必需的费用，能够解决被害人及其家属的生活危机，但不会给政府造成过重的补偿支付负担。

综上所述，我国的犯罪被害人国家补偿法可规定两类补偿金：第一类是补偿死亡被害人遗属的“遗属补偿金”，包括医疗费、丧葬费以及扶养费之补偿；第二类是补偿重伤害被害人的“重伤补偿金”，包括医疗费、收入损失以及丧失或减少劳动能力所生损害之补偿。

二、补偿金的额度

现行的各国立法例中，有的规定了补偿金的最高限额。包括英国、美国绝大多数州、荷兰等均有补偿金额上限之规定。① 我国台

① 如英国规定，最高限额原则上不超过被害发生时工资的两倍。新西兰立法规定，金钱上之损失及费用开支的补偿，不得超过1000英镑。美国加州法的补偿上限以不超过二万五千美金为限。参见王波：《关于建立我国国家补偿被害人制度的若干思考》，载《黑龙江省政法管理干部学院学报》2001年第4期。

湾地区的被害人保护法则对每一个补偿项目之金额均做了上限规定。①

在理论上，有少数学者对补偿上限之设置持批判和反对意见。但笔者认为，无限制的予以实际损害之补偿是不现实的，事实上再富裕的国家其财政能力也是有限的，犯罪被害事件层出不穷，若对补偿额度毫无限制，国家财政将不堪重负。事实上，再多的钱也都无法抹掉已经发生的不可逆转的悲剧事实和被害人所遭受的精神创伤。犯罪被害人补偿制度是在民事赔偿不能或不足的情形下的补缺型制度，不可能与民事赔偿制度等同视之。犯罪被害人补偿法的作用是有限的，在这段受害人必须面对困难和巨大悲痛的时间里，为受害人及其家庭提供帮助，以减轻他们的经济负担且维持有尊严的生活，而一些经济上的补偿只能作为帮助他们在漫长的恢复时间里重新开始生活的重要的第一步。因此，在补偿之额度上亦应作上限之规定。

我国有学者不赞成为补偿金设置最高限额的做法："因为国家财力的增强以及社会物质生活水平的提高，补偿的最高标准亦应随之进行调整，而立法具有一定的稳定性，如果参照国家赔偿法的计算标准，以某一年度职工平均工资为计算基准，则更具一定的合理性。"② 但同时，该学者表示同意孙谦教授的意见：即"造成被害人部分丧失劳动能力的，支付医疗费、残疾补助费以及其抚（扶）养的人必要的生活费。部分丧失劳动能力的最高限额不超过国家上年度职工平均工资的10倍；全部丧失劳动能力的最高限额不超过国家上年度职工平均工资的20倍。（2）造成被害人死亡的，支付

① 台湾"被害人保护法"第九条所规定的最高限额是：医疗费40万新台币；殡葬费30万新台币；扶养费100万新台币；受重伤被害人丧失或减少劳动能力或增加之生活上需要100万新台币。参见许启义：《犯罪被害人保护法之实用权益》，台北永然文化出版公司2001年版，第145页。

② 卢希起：《刑事被害人国家补偿制度研究》，中国检察出版社2008年版，第162页。

丧葬费、受其抚（扶）养人必要的生活费。最高限额不超过国家上年度职工平均工资的20倍。”① 可见，该学者将补偿金的计算基准和最高限额混为一体了，在孙谦教授的观点中，仍然是有最高限额的，只不过是以国家上年度平均工资为计算基准的20倍。

考虑到我国目前尚处于发展中国家的阶段，财力并非雄厚，人口基数庞大，地域宽广，各地经济发展水平不平衡等现状，我国的被害补偿法不适宜将补偿金最高额度直接规定为一个具体的数额，② 而应该以一个基数乘以一定之倍数来进行计算。平衡各个方面的因素，职工平均工资是一个相对公平合理的可选基准。

而具体到每一个个案的实践中，在最高额度的限制下，到底补偿多少为宜，除了前述的“可归责事由”和“妥当性考量”以外，还需要斟酌被害人受伤害之轻重情况、受抚（扶）养人的生计情况、地方的经济发展水平和生活水平等各个方面的因素综合裁量。同时，犯罪被害人国家补偿法应以帮扶经济生活陷入困难的被害人为最首要的目标，给予最需要物质帮助的被害人以及时有效之扶助为优先考虑导向，因此，对于严重陷入困境的被害人在补偿额度上应给予特殊照顾和考量。

三、补偿金的给付方式

一般来说，补偿金之给付方式可分为两类：一次性全额给付和

① 孙谦：《构建我国刑事被害人国家补偿制度之思考》，载《法学研究》2007年第2期。转引自卢希起：《刑事被害人国家补偿制度研究》，中国检察出版社2008年版，第163页。

② 《韩国犯罪被害者救助法施行令》直接规定补偿金的具体额度：遗属救助金为500万元，根据障害级别不同将“障害救助金”分成相应的不同额度：1.1级为300万元；2.2级为200万元；3.3级为150万元。赵可主编：《犯罪被害人及其补偿立法》，群众出版社2009年版，第342页。

分期给付。一次性给付方式的优点在于，对于减轻和消解因犯罪所遭受之伤害具有直接效果，同时能减少补偿机构工作之负累；分期给付的方式则不具有此优点。故，目前绝大多数立法例规定了一次性给付方式。

不过，对于特殊的受补偿者，一次性全额给付的方式可能带来额外的问题。例如，在受补偿者为未成年人的情形下，由于没有保管和运用大笔金钱的经验和能力，一时得到一笔补偿金之给付，有可能造成其挥霍无度或运用不当之问题；同时，由于未成年人心智尚未成熟，易受欺骗或其他侵害，故其所得补偿金可能面临被他人侵犯之危险。因此在一次给付补偿金之时，宜同时给予补偿金运用之建议或规划。值得一提的是，我国台湾地区的“犯罪被害人保护法”规定，如果申请遗属补偿金之抚养费的受害人为未成年人，于其成年前，其补偿金额得交犯罪被害人保护机构信托管理，分期或以其孳息按月支付之。[①] 笔者认为，为了保护未成年人的利益，避免在他们的成长岁月里可能发生的变故对其产生的利益剥夺，台湾法的上述规定体现了深切而细致的人文关怀精神，值得借鉴。还需要提及的问题是，被害人因重伤无法亲自申请和受领重伤补偿金时，应允许其亲属代位申请和受领。

综上所述，建议我国的犯罪被害人国家补偿法可规定补偿金的一次性给付方式。

四、预付补偿金

在一般情况下，由于涉及事实认定、证据之调查等相关问题，补偿机关得依一定程序需要一段时间方能作出补偿决定，但是因犯

① 许启义：《犯罪被害人保护法之实用权益》，台北永然文化出版公司 2001 年版，第 146 页。

罪而遭受侵害的被害人，往往具有受补偿的迫切性。比如，被害人因犯罪而身受重伤，急需救治，但受害人却无钱交付医药费，若不予及时补偿给付，将可能导致伤势恶化甚至于丧失生命之不幸。再比如，依赖死亡被害人抚（扶）养之遗属，家破人亡，承受着巨大精神痛苦且顿陷生活困境，实有及时给予补偿之必要。

因此，为了满足被害人生活上、医疗上等方面之急迫需要，应及时和有效发挥被害补偿制度之功能和实现本制度之人文关怀精神，因此应授权补偿机构在作成终局补偿决定之前，于一定条件之下，为照顾受害人之特殊需要，允许预先给付一定金额之补偿。

目前大多立法例均有此项规定。韩国法第 14 条规定了“假救助金之支给”：因被害人受伤程度不明或因其他事由不能迅速决定时，得先为支给假救助金之决定，以因应申请人之急需。[①] 法国补偿法规定：补偿委员会委员长因应被害人之需要，亦得为预付补偿金之决定。[②]

此外，由于预付补偿金乃为解决补偿请求者之急迫需要，与终局决定之补偿金数额会有差异，因此在补偿金给付的额度上应较终局补偿决定“多退少补”。若终局补偿决定为不予补偿的，则应将所得的预付补偿金返还于国家。

综上所述，我国的犯罪被害人国家补偿法也应就预付补偿金作出规定。而且，此种预付补偿金与过渡阶段的犯罪被害人国家救助制度中的救助金在支付形式（紧急救助）上具有一定程度的相似性。

---

① 许启义：《犯罪被害人保护法之实用权益》，台北永然文化出版公司 2001 年版，第 62 页。

② 许启义：《犯罪被害人保护法之实用权益》，台北永然文化出版公司 2001 年版，第 52 页。

五、与其他支付之关系

由于犯罪被害人补偿制度具有补充之性质，是一种补缺型制度，因此，如果被害人已依现有制度得以填补其损害的一部分或全部，国家在其所受之损害赔偿以及其他得受之给付范围内，不再予以补偿。所有得到之赔偿或补偿等其他给付均得扣除。

（一）与民事损害赔偿之关系及国家的代位求偿权

犯罪被害人补偿制度作为具有补充性质的制度，其最主要的出发点就在于现行民事损害赔偿制度对犯罪被害人的损害无法填补，包括加害人无资力、资力不足或加害人不明等情况，因而对因犯罪被害人给予物质给付。因此，犯罪被害人首先要致力于直接获得来自加害人的赔偿。若已从加害人处获得赔偿，被害人的需求已得到满足，实无再予以补偿之必要，此种情形下，补偿金额应得扣除自加害人处所得到之损害赔偿之额度。目前各国立法例无一例外均作如此之规定。

若犯罪被害人没有从加害人处获得全部或部分损害赔偿，此时国家自应依本制度之规定而给予相当之补偿。然而国家给予了被害人补偿并不能免除加害人的赔偿责任，因此国家予以补偿之后，于补偿金额之范围内应取得对于加害人之损害赔偿请求权，而得代位行使该项权利，此谓“代位求偿权”（subrogation），亦称“代位追偿权”，各国立法例均有此规定。

代位求偿权可通过多种方式实现：当加害人被判决有罪并需支付赔偿金，补偿机构有权提起民事诉讼要求被告支付补偿金额的全部或一部分；或者是要求其他赔偿义务主体直接支付给补偿机构。我国台湾地区的“犯罪被害人保护法”则规定：检察官为保全求偿权之行使，得对犯罪行为人或其他依法应负赔偿责任之人之财产，向法院申请假扣押。[①] 韩国法则规定，经过审议会委员长通知矫导所长并经加害人同意，得扣除加害人在监所的工作奖金或勤劳补偿金的一部分缴纳国库。[②]

被害人国家补偿制度之设立可以使被害人免予承担加害人不能赔偿之风险以及因为耗时耗力的拉锯式诉讼之漫长等待就能获得全部补偿。但是，这种风险和等待却转嫁给了代表国家的补偿机关，代位求偿权之行使实际上面临重重困难，行使求偿权的结果往往是收效甚微，美国曾有统计数据表明：美国所有州的补偿之追偿权实现之金额均低于已经补偿支付金额的1%。[③] 如何化解这种额外的风险，充实被害补偿金，则成了各国和地区补偿法实践中的重要课题，而美国法的一些规定则为我们提供了有益之借鉴。比如，为了提高实现追偿权的机会，补偿计划通常要求申请者向补偿委员会提供包括以下内容的书面文件：关于其他途径支付的清单，表明进行主张赔偿并且与委员会全力合作的意愿。[④] 这实际上是一个追偿协议（subrogation agreement），给被害人设定了合作义务。有的州法规定，对于被害人获得的赔偿，可通过保证[⑤]或者留置（lien）或托管（trust）[⑥] 的方式为被害人设定义务以确保求偿权之实现。德克萨斯州（Texas）的补偿法则规定：如果被害人没有提交提起损

---

① 许启义：《犯罪被害人保护法之实用权益》，台北永然文化出版公司2001年版，第167页。

② 参见：《韩国犯罪被害者救助法施行令》第11条。赵可主编：《犯罪被害人及其补偿立法》，群众出版社2009年版，第342页。

③ NIJ SUMMARY, supra note 36, at 30.

④ See, e. g., Cal. Gov't Code § 13966. 01 (d) (Deering 1994); Fla. Crim. Injuries Comp. R. 2A - 2. 012; Minn. Stat. Ann. § 611A. 56 (1) (b) (West 1994).

⑤ See, e. g., Ala. Code § 15 - 23 - 14 (b) (1993).

⑥ Cal. Gov't Code § 13966. 01 (b) (Deering 1994); Ind. Code Ann. § 5 - 2 - 6. 1 - 23 (Burns 1993).

害赔偿诉讼档案文件，补偿委员会将重新裁决补偿金之支付。[①]

建议我国的犯罪被害人国家补偿法作出如下规定：国家支付被害人补偿金后，于补偿金额之范围内对加害人或其他应负赔偿责任之人享有代位求偿权。代位求偿权由犯罪被害人补偿审议委员会行使。

（二）与其他社会保障给付之关系

如前所述，犯罪被害人国家补偿法是一种新型的社会法，与其他社会保障法一样以社会连带为基础，体现了社会成员间的社会互助之责任与风险共担之精神，落实的都是国家对国民的物质给付，故，补偿金之给付亦应与其他社会保障制度之给付妥善分配，方得使国家和社会资源公平而妥善的运用；同时，犯罪被害人补偿制度是一种补缺性制度，具有补充其他制度之性质。综上所述，我国的犯罪被害人已依相关之社会保障法获得了或者应该得到相当之给付，于其所得或因得给付金额之限度内，应不予补偿之。如此，可避免犯罪被害人获得双倍补偿，兼顾了国家财政和社会资源的公平分配。

（三）与私人商业保险给付之关系

关于被害人补偿金是否要扣除被害人基于私人商业保险所得或应得的保险赔付之金额，一些国家或地区的补偿法对此作了明确规定，比如，美国法要求补偿委员会扣除被害人已经得到或将要得到的保险支付。[②]英国法、荷兰法也有相同之规定。而我国台湾地区的补偿法实践则认为：商业性保险与社会保险性质不同，不应包含在扣除项目之内，申请人因任意性人身保险所得之给付不得予以减除。[③] 而

---

① Tex. Admin. Code tit. 1, § 61.19 (1992).

② See, e.g., Ohio Rev. Code Ann. § 2743.60 (D) (Baldwin 1993).

③ 许启义：《犯罪被害人保护法之实用权益》，台北永然文化出版公司2001年版，第162页。

日本法、韩国法均无扣除此项给付之规定。

学界中有人支持被害人补偿金应扣除被害人所得或应得的商业保险赔付之金额："因犯罪而遭受被害人受到保险金之给付之后，已经解决因犯罪被害所致生之不幸状态，而且依保险金之给付既已得完全回复被害人所受之损害时，实不应使纳税之国民负担超过损害之补偿金额，自无再予以补偿之必要。"[①] 亦有人持完全相反的看法，比如我国台湾学者谢协昌认为，虽然纯就填补经济上损害的观点而言，若已因保险金之给付而完全填补该项损害似无再予以补偿之必要，然而基于刑事司法及刑事政策上之考量，是否将保险金之给付扣除之实有待商榷。[②]

笔者认为，将被害人所得和应得的商业保险赔付之金额从补偿金中绝对扣除是不公平的。原因在于：同样是因犯罪而遭受被害之人，无个人保险者有受被害补偿之权利，而有个人保险者却因其审慎而富有远见的投保行为而丧失受补偿之权利，这实在有失公平原则。事实上，商业保险金之给付与损害赔偿以及社会保险之给付的性质不同，被害人得受保险金之给付乃基于其先前的保险费之给付，因此该项给付并非被害人单纯获利，若另予以补偿并无双重补偿（double compensation）之问题产生。

如果犯罪被害人补偿制度完全是遵循以需求为基础的路径（need－based approach），那么，包括了商业保险在内的其他任何来源的利益赔偿都应被扣除，因为这些赔偿利益即可完全或部分满足被害人的基本需要。但是，被害补偿的基本理念在于：满足被害人的基本需求（basic needs）和应急之需要应该是最起码的标准和

① ［日］齐藤诚二：《被害补偿制度的基本问题》，风间书局1977年版，第90页。转引自谢协昌：《犯罪被害人体系保护之研究》，中国政法大学2007年博士学位论文，第229页。

② 谢协昌：《犯罪被害人体系保护之研究》，中国政法大学2007年博士学位论文，第229—230页。

首要考虑的目标，但被害补偿的目的显然并不局限于此，如前所述，被害补偿与刑事司法具有密切联系，对于防控犯罪、修复社会伤害、增强民众对刑事司法之信赖等都具有刑事政策层面之意义与作用。所以，犯罪被害人国家补偿制度并非完全遵循以需求为基础的路径，而是各方面因素都需要考量的综合性路径。因此，并不能因为被害人没有陷入经济窘迫之困境就拒绝补偿，也不能因为被害人已获得或应获得商业保险赔付没有了急迫性需求而绝对扣除该赔付金额。

综上所述，被害人所得和应得的商业保险赔付之金额不能绝对从补偿金中扣除，但是，考虑到国家补偿金有限并且尚有大量的生存权都面临危险的被害人更需要补偿帮助的现实，若全然不顾被害人已经获得赔付从而其所受损害已经得到一定程度之填补与回复之事实给予全部补偿，则又与本制度救人于危难之时之首要立法目标不符。因此，此问题之考量需要在社会公平与被害人需求之间进行平衡与斟酌，应优先考虑给予其他具有急迫性补偿需要的被害人以物质帮助，对于已经获得或应该获得商业保险赔付的犯罪被害人，虽然已经获得的或应该获得的赔付不应该全部扣除，但是应该只给予部分补偿，此时凸显更多的是刑事政策面向上的安抚意义而非损害填补之效用。

正如马克思指出，权利永远不能超出社会的经济结构以及由经济结构所制约的社会的文化发展。纯粹的权利本位或纯粹的义务本位观念在法律的现实世界中是行不通的，规范与价值要在政治与经济的现实与圆融之考量中才可能得以实现。因此，此种被害人补偿之平衡考量并没有超脱被害人补偿法之立法目的与意义；相反，这在一个侧面上也反衬了被害补偿法的社会互助与风险共担之精神意蕴。

附带一提的是，有的立法例，比如美国法，规定了应从补偿金额中扣除个人商业保险赔付之额度，在此前提下，如果已经预先扣除部分被害人并没有得到，应重新裁定补偿。[①] 但是，被害人没有得到保险赔付如果是由被害人（申请者）自己的怠慢和消极造成的，补偿机构是否会就此部分裁定补偿呢？也就是说赋予被害人国家补偿请求权之权利是否要求被害人（申请者）先行履行追索（pursue）其他来源之给付的责任（responsibility）呢？对此问题，美国各个州的补偿法的规定有所不同，比如俄亥俄州补偿法规定，在申请补偿之前，申请者应采取合理措施（reasonable steps）去追索赔偿；如果他们没有采取必要措施，补偿委员会将从补偿金总额中扣除应该追索却未追索的部分。[②] 一些州法则要求被害人需显示其已竭尽全力（exhausted）追索其应得的保险支付。[③] 另外一些州的规定则将要求放低：委员会不得要求被害人竭力追索保险赔付，除非申请人已经获得正在获取这些利益，委员会不能仅仅因为申请人有权利从其他渠道获得支付而裁定拒绝补偿。[④]

（四）扣除之项目对于补偿申请和补偿金的影响

在发达资本主义国家，由于各式各样的社会保障制度和保险制度较为完备，被害人据此就可以获得相当额度的支付，因此，这在很大程度上影响了申请被害补偿的意愿或是获准补偿的可能性，故提出补偿申请的案件数量或者实际获得补偿的案件数量只占登记在案的犯罪被害案件数量的很小比例，申请补偿人数有了实质性减

---

① See, e. g. , N. C. Gen. Stat. § 15B－11 (d) (1993); W. Va. Code § 14－2A－14 (f) (1993).

② See, e. g. , Minn. Stat. Ann. § 611A. 54 (1) (West 1994); Ohio Rev. Code Ann. § 2743. 60 (H) (Baldwin 1993).

③ Ind. Code Ann. § 5－2－6. 1－32 (c) (Burns 1994). See also 740 ILCS 45/10. 1 (g) (Michie 1993).

④ Ala. Code § 15－23－9 (1993). See also Ark. Stat. Ann. § 16－90－714 (d) (Michie 1993); Okla. Stat. Ann. tit. 21, § 142. 7 (West 1994).

少，从而减轻了国家补偿之负担。比如在德国，曾有统计显示，所有被害补偿的申请案件，有高达90%者其损害已由医疗保险机制获得填补，毋庸再予以被害补偿。[①] 在美国，私人医疗保险和公共医疗保险覆盖了2/3的暴力犯罪被害人。[②]

但与此同时，对于损害赔偿的扣除，亦即代位求偿权的行使，却并没有减轻政府的补偿负担。通过提起损害赔偿诉讼从犯罪人那里实际获得赔偿的案件并不多。在美国，刑事审判程序和民事审判程序是分开进行的，一般来说，检察官不会在刑事诉讼中要求犯罪人赔偿，法官、缓刑官以及假释官也不会作出此项主张；而被害人也不太愿意（很少）提起民事诉讼，因为这是高成本的、耗费时间的并且结果是不确定的。也因此，虽然采取了一些措施，追偿权的实现也是徒有其表，收效甚微，并没有起到充实补偿金从而减轻国家的被害补偿负担之作用。

就我国而言，由于社会保障制度并不完备，由此似乎可以预见，倘若颁布施行犯罪被害人国家补偿法，在经过广泛宣传并为民众所知晓的情况下，并不会出现如德国、美国等发达国家申请者意愿不强、申请人数不多的现象。另外，我国的刑事附带民事诉讼与刑事诉讼合并进行，也不会出现如美国那样被害人并不愿意提起诉讼的情形。因此，我国的被害人补偿法可以规定，申请补偿者自动放弃刑事附带民事诉讼的，不予补偿。

六、受领补偿金权利之保护

犯罪被害人国家补偿制度是国家针对身处特定境况中的国民的

---

① Weitraud aa. O., S. 90ff.

② SeAla. Code. § 15 - 23 - 9 (1993). See also Ark. Stat. Ann. § 16 - 90 - 714 (d) (Michie 1993); Okla. Stat. Ann. tit. 21, § 142.7 (West 1994).

物质给付，因此补偿金的受领权，为基于特定身份关系的专属权利，因此，大多立法例有关于补偿金不得扣押、让与或供担保之规定，以贯彻保护被害人之意旨。比如我国台湾地区的《犯罪被害人保护法》第26条规定，受领犯罪被害补偿金及暂时性补偿金之权利，不得扣押、让与或供担保。[①] 韩国法第18条也有相似之规定，受救助金支给之权利，不得以让渡或担保提供或押留。[②]

除此之外，一般来说，对于补偿金不得征收捐税。比如，《奥地利联邦犯罪被害人扶助法》第11条规定了“依本法所获得之金钱给付免课所得税”[③]。台湾补偿法实践也对补偿金免征所得税。[④]

我国的犯罪被害人国家补偿法也应作相似之规定：“受领犯罪被害补偿金及预付补偿金之权利不得扣押、让与或供担保。申请人依照本法获得的补偿金免征所得税”。

第六节　国家补偿机构的设置与权限

一、补偿机构之设置

关于补偿机关之样态及究系应采用行政程序或司法程序来进行补偿，在1974年所召开之第十一届国际刑法会议之中所得到结论

---

① 许启义：《犯罪被害人保护法之实用权益》，台北永然文化出版公司2001年版，第212页。

② 《韩国犯罪被害者救助法》第18条，参见赵可主编：《犯罪被害人及其补偿立法》，群众出版社2009年版，第335页。

③ 《奥地利联邦犯罪被害人扶助法》第11条，参见赵可主编：《犯罪被害人及其补偿立法》，群众出版社2009年版，第324页。

④ 许启义：《犯罪被害人保护法之实用权益》，台北永然文化出版公司2001年版，第231—232页。

乃系委由各国立法者自行决定。[①] 考察各国立法例，其所规定的补偿机关不尽相同。有的采取独立设置专门的委员会专司补偿事务，有的规定由司法机关裁决，有的则规定由行政机关处理。比如，英国设立刑事损害补偿局（the Criminal Injuries Compensation Authority）对补偿申请进行裁定，对裁定不服的复查申诉可向刑事伤害补偿申诉委员会提起。德国由地区补偿局处理补偿事务，但因争议引起的诉讼则由社会法院管辖。

而在我国关于被害补偿立法的讨论中，究竟将补偿机关“安放”在何处为宜，则是各论纷呈之局面。有学者认为补偿机关应是民政机关，理由是：民政机关作为我国管理此类补偿性质的机关，具有丰富的工作经验，在实践中能够对救济被害人的补偿范围和标准进行较好把握。[②] 有人认为应“由司法行政部门建立专门的机构”来进行国家补偿基金的管理。[③] 有人倾向于法院，理由在于：一是法院是刑事案件的最终裁判机关，它使案件有了最终结果，已确立了被害人。二是法院审判人员熟悉案情便于确定补偿的数量。三是审判机关有审级设置，可采取两审终局制，有利于对裁定的监督。[④] 有人认为“应由设立在人民检察院内的专门补偿委员会来承担补偿工作。”[⑤] 赵国玲教授认为：“从我国的实际国情出发，以设置在中央综合治理委员会下的由各方面专家组成的专门委

---

① ［日］齐藤诚二：《被害补偿制度的基本问题》，风间书局 1977 年版，第 222 页。转引自谢协昌：《犯罪被害人体系保护之研究》，中国政法大学 2007 年博士学位论文，第 230 页。

② 罗大华、孙政：《论刑事被害人国家补偿制度》，载《河南司法警官职业学院学报》2004 年第 1 期。

③ 郭建安：《论刑事被害人国家补偿制度》，载《河南省政法管理干部学院学报》2007 年第 1 期，第 66 页。

④ 房保国：《被害人的刑事程序保护》，法律出版社 2007 年版，第 372 页。

⑤ 周建华：《论我国犯罪被害人国家补偿制度的构建》，载《华东政法学院学报》2004 年第 5 期，第 51 页。

员会作为被害人补偿主管机构较为适宜。"① 有人甚至认为"宜由政法委牵头，成立有关领导小组，公检法司、民政、财政等部门派人参加，负责组织、协调和审批。"②

笔者认为，综观各国立法例及学术争议，补偿机关之设置之争大致可概括为到底是由司法机关还是由行政机关处理补偿事务为宜？而行政机关中又分为是一般的行政机关还是专门的行政机关之分野。对此问题，本书作者的基本立场是应由专门的行政机关处理补偿事务。理由如下：

1. 司法机关不适宜承担被害补偿工作

如前所述，我国有学者主张关于补偿的决定权应由人民法院行使。对此，笔者不能赞同。如果由法院来裁定补偿，则面临着一个问题：是由民事法庭还是刑事法庭来裁定补偿呢？如果说被害补偿是"损害赔偿"之完全替代，那通过民事诉讼程序向法院请求损害赔偿并无不可，但被害补偿并不是损害赔偿，而是基于社会连带的社会互助和危险共担的国家物质帮扶，因此由民事法庭来裁定补偿事务是不适宜的。在我国，由于刑事附带民事诉讼是由刑事法庭裁判的，似乎应由刑事审判庭来裁决补偿。但是，若由刑事法院办理亦有问题出现，比如有学者认为：若由办理该刑事案件之刑事法院同时审理补偿之事项，则在"因犯罪而遭受被害"的认定上需要另花费相当之时间，恐延迟补偿时效。此外，若另由其他的刑事法院仅独立地处理补偿问题，则其审理结果难保对于原刑事案件审理法院不会产生任何影响。③

结合目前我国法院的审判压力已经不堪重负的现实情况，我们

① 赵国玲：《犯罪被害人补偿：国际最新动态与国内制度构建》，载《人民检察》2006 年第 17 期。

② 卢希起：《刑事被害人国家补偿制度研究》，中国检察出版社 2008 年版，第 171 页。

③ ［日］宫泽浩一：《被害人补偿の制度 -2》，时の法令第 1338 期，第 61 页。转引自谢协昌：《犯罪被害人体系保护之研究》，中国政法大学 2007 年博士学位论文，第 231 页。

认为不宜再为其增添负担。而且刑事审判程序旷日费时，无法满足犯罪被害人急需物质给付的需求，特别是对于身心受到严重伤害急需救治或者是生活都难以为继的被害人来说，诉讼终结之后才可能获得的物质补偿显然是“迟来的正义非正义”，不能达成补偿法本来的立法目的。

2. 一般行政机关难以胜任专业性颇强的补偿事务

如前所述，我国有学者认为补偿机关应是民政机关，理由是：民政机关具有丰富的工作经验。我们认为，行政机关在效率的要求上显然较高，而且在运作上亦较有弹性。但是，被害补偿制度是与刑事司法制度具有密切关联的制度，虽然落实到来自于国家的物质给付，但是与一般的社会保障之行政实务工作相较具有很大不同。被害补偿的决定涉及犯罪事实与被害结果之认定、被害人不当行为对于被害结果的促进性作用（“被害人可归责事由”）、被害人的不当行为与被害结果之间特殊的因果关系、犯罪加害与被害的时空聚合条件以及互动关系等一系列具有刑事司法之专业性的问题，同时补偿事务还关涉到诸如防控犯罪等来自刑事政策层面的考量。因此，一般的社会福利机关没有刑事司法方面的专业背景和经验，显然难以胜任被害补偿工作。

3. 应由专门的行政机关（构）专司被害补偿工作

被害补偿事项有其特殊性及专门性，由其他福利行政机关兼办不具有可行性；同时，司法机关居中裁决争议之中立属性以及不堪办案重负之现状，也不适宜承担被害补偿工作。因此，设置专门的行政机关专司被害补偿工作应是比较合理和可行的选择。

日本学者宫泽浩一亦认为，作成一个全新之行政机关专司补偿事项，由该机关立于第三者的立场来谋求将以援助被害人为中心的机关予以制度化，应属最理想之制度。[①] 我国台湾学者谢协昌对此持赞同意见，并且认为，“另外设置一行政委员会专司办理补偿事项，在制度之运作上乃较为慎重，并且由该委员会的专门、集中研究以及经验累积之下，对于应否补偿、补偿金额多寡以及被害人责任之有无、责任程度的决定上将更能得到一迅速、适当之结果。”[②] 考察各国立法例，大多规定由专门的行政机关专司被害补偿工作。比如，韩国法第11条规定，“为审议、决定有关救助金支给事项，与地方检察厅设犯罪被害救助审议会。”同时，还规定，“审议会受法务部部长之指挥、监督”；[③] 而日本则由各都、道、府、县等行政单位之公安委员会办理；德国法、奥地利法以及美国的大多数州法也规定由专门的行政机关办理被害补偿实务。

由专门的行政机关专司被害补偿裁决事务可防止补偿迟延之弊，有利于达成被害补偿法之立法目的；但是劣势在于新增机构将增添国家财政负担，与当前行政机构精简之改革趋势不符。但是，我们认为，一个关涉庞大的弱势群体（犯罪被害人）之法律利益的、具有正当性和紧迫性之立法基础的机构之组建显然不能仅仅因为行政精简之改革趋势就束之高阁；而且机构之精简对象应是已经臃肿庞杂的或者是并无多少存在必要性的机构。

结合我国具体国情，笔者建议，我国的被害人补偿立法可以考虑在司法行政部门内设立“犯罪被害人补偿审议委员会”作为被害补偿机构。理由在于：目前我国司法行政机关是协调处理各项司法行政事务的机关，其行政职权包含了指导监督法律援助以及有关监

① ［日］宫泽浩一：《被害人补偿の制度－2》，时の法令第1338期，第61页。转引自谢协昌：《犯罪被害人体系保护之研究》，中国政法大学2007年博士学位论文，第231页。

② 谢协昌：《犯罪被害人体系保护之研究》，中国政法大学2007年博士学位论文，第233页。

③ 赵可主编：《犯罪被害人及其补偿立法》，群众出版社2009年版，第334页。

狱管理之事务。一方面，司法行政机关具有了对司法活动之当事人提供帮助的经验积累。另一方面，我国司法行政机关具有狱政事务之相关管理权限。如前所述，加害人（受刑者）之监所劳作收入可充作被害补偿金。因此由司法行政机关统一管理、发放被害补偿金，则可便于管理该项来源的补偿金，不再为其他行政部门增添负担。当然，这将会要求包括了监狱行刑法等相关法律法规相关的修改。①

具体而言，市、地区一级司法行政部门应设置相应的补偿机构——“犯罪被害人补偿审议委员会”（简称“被害补偿委员会”），作为最基层的补偿机构，掌理其管辖范围内的补偿事务。设立于省、自治区、直辖市的补偿机构为“犯罪被害人补偿复审委员会”（简称“被害补偿复审委员会”），其职权体现在两个方面：就有关犯罪被害人补偿事务，指挥监督下级被害补偿委员会；受理不服下一级被害补偿委员会决定的复议申请并作出复议决定。最高级别的补偿机构设立于司法部，其职权主要是指挥、协调和监督全国范围内的被害补偿工作。县一级不设补偿机构，主要是考虑到被害补偿案件数量在县一级不是很多，而且被害补偿案件办理的专业性要求较高，集中到市一级办理，可以更为经济而且能保证办案质量。如此一来，将新设的补偿机构设置于原有机关之内，可降低经费过高及行政组织过于扩编等问题。

考虑到被害补偿事务的专业性，被害补偿委员会和被害补偿复审委员会应采合议制的方式来作出补偿决定以及行政复议。其人员组成应由具有一定执业年限的律师、法官、检察官、医师或者是对犯罪学、被害人学、刑法学、刑事政策学、医学具有一定研究的学

---

① 我国台湾地区的“犯罪被害人保护法”规定了监所作业者之劳作金总额提拨部分金额充作犯罪被害补偿金经费，监狱行刑法、外役监条例、羁押法之相关条款均配合作出修正。参见许启义：《犯罪被害人保护法之实用权益》，台北永然文化出版公司2001年版，第130页。

者共同组成。

二、补偿机构的权限

（一）调查权、审议权和补偿决定权

犯罪被害补偿机构是一个具有独立权限的专门机构，其任务是受理补偿申请并依法审议补偿事项，并作出是否补偿以及补偿金额多少之决定，因此其权限就包含了最基本的审议权和补偿决定权。

由于补偿之决定牵涉到方方面面的因素考量，比如前文所述的被害人可归责事由与其他妥当性事由，都需要通过调查来获取事实资料，因此还应赋予补偿机构以调查权。首先，申请人要向补偿机构提供必要资料并陈述意见，或者是为了了解被害人之受伤程度，补偿机构可要求被害人接受医师诊断，申请人无正当理由对此拒绝的，补偿委员会得驳回其补偿申请或裁定不予补偿。其次，曾参与办理本案的有关刑事司法机关或其他有关机关、团体有提供协助与配合的义务，比如承办侦查、起诉、审理该犯罪案件的警察机关、检察机关和法院，因调查之必要，需其提供有关案件材料时，有关机关有必要之协助和配合义务；其他机关和团体也有此协助与配合义务，比如，为了解补偿申请人（间接被害人）与（直接）被害人的身份关系，需户籍机关提供户籍资料；为了解申请人是否已经得到或应该得到有关社会保险给付，需相关部门提供相关资料。上述协助与配合义务，若无正当理由，不得拒绝。

比如，韩国法第 15 条规定，审议会为审议有关救助金支给事项，必要时可调查申请人及其他关系人或使其受医师之诊断，并照会行政机关或公、私团体使其报告所需事项。若申请人无正当理

由，不依第1项规定之调查或拒绝医师诊断时，审议会可驳回其申请。[①] 我国台湾地区“犯罪被害人保护法”的规定与此非常相似：复审委员会及审议委员会因调查之必要，得通知申请人及关系人到场陈述意见、提出文书或其他必要之资料或接受医师诊断，并得请有关机关或团体为必要之协助。[②]

（二）预付补偿金之决定权

如前文所述，为了满足被害人生活上、医疗上等方面之急迫需要，应及时和有效发挥被害补偿制度之功能和实现本制度之人文关怀精神，弥补一般申请补偿程序缓不济急之弊，因此应授权补偿机关在作成终局补偿决定之前，于一定之条件下，解决申请人生活急难，允许预先给付一定金额之补偿。此为补偿机关的预付补偿之决定权。

值得注意的是，是否裁定给予预付补偿金应属补偿机关的职权裁量事项，属补偿机关之特别权限，意味着被害人对此并不享有普适意义上的请求权，因此，对于此预付补偿之决定不服的，一般立法例均规定不得申请复议或提起行政诉讼。[③] 同时，对于原来之申请是否符合补偿要件，补偿机关尚未作出终局裁决，因此并无申请复议或提起行政诉讼之必要，此亦为简化程序之考量。

（三）代位求偿权

参见本章第六节关于国家的代位求偿权之论述。

---

① 赵可主编：《犯罪被害人及其补偿立法》，群众出版社2009年版，第335页。

② 许启义：《犯罪被害人保护法之实用权益》，台北永然文化出版公司2001年版，第200页。

③ 比如我国台湾的“犯罪被害人保护法”第21条规定，“关于暂时性补偿金之决定，不得申请复议或提起行政诉讼”。参见许启义：《犯罪被害人保护法之实用权益》，台北永然文化出版公司2001年版，第203页。

综上所述，我国的犯罪人国家补偿法应规定补偿机构具有调查权、审议权、补偿决定权、预付补偿金之决定权和代位求偿权。

第七节　补偿程序

补偿程序包括补偿案件的申请、审理和决定以及不服决定的救济程序四个方面。为了切实保障被害人的被害补偿请求权，实现被害补偿制度的立法目的，一般来说，补偿程序应尽量简化、快捷并确保公平。

一、补偿申请

原则上，补偿申请应由有权受补偿之人提出，但是请求权人有特殊状况不能亲自申请的，可由他人代为提出申请，例如请求权人为未成年人或身受重伤或其他不便提出申请之理由，可由父母、监护人或其他适当之人代为提出。

提出申请的方式应规定需要提交申请书，申请书主要载明申请人的基本信息以及与申请补偿相关的信息，并附上必要资料和文件。

申请之时效问题，为了顾及补偿正确性及证据等相关资料搜集的迫切性，以免拖延时日造成补偿裁定上的困难，各国立法例多有规定自得请求人知悉日起，超过一定期间便不得请求补偿。比如，韩国法规定，若经过认知该犯罪被害发生1年或该犯罪被害发生5年，不得申请。[①] 其中部分之立法例更规定，必须于一定期间内未迟延向司法机关通报犯罪被害事实，方得允许补偿申请之提出，比如前述的美国法所规定的申请人“及时报案”之义务。

我国的被害补偿法也应规定犯罪被害人及时报案的义务，建议规

① 赵可主编：《犯罪被害人及其补偿立法》，群众出版社2009年版，第334页。

定:“若明知该犯罪被害发生却未在1个月内未报案的，不得申请补偿。因不可抗力或其他原因导致不能报案的除外。”同时应规定申请国家补偿的时效，建议规定:“申请人申请国家补偿的时效为2年，自公安机关、人民检察院、人民法院告知其享有国家补偿请求权之日起计算。但犯罪行为发生超过20年的，不得再申请国家补偿。”

至于向具体的哪一个补偿申请机关申请，我们认为，为了便于与刑事司法机关的协作以及方便申请人，向犯罪地、被害人住所地或居住地的补偿机关申请均可。若申请人向两个以上有管辖权的补偿机关提出申请的，由先受到补偿申请书的补偿机关办理。管辖不明或者有争议的，协商解决；协商不成的，由共同的上一级补偿机关指定办理。

补偿申请属于本机关受理，申请材料齐全、符合要求的，承办机构应当受理。申请材料不齐全或者不符合要求的，承办机构应当在收到补偿申请材料的当日，告知申请人补正。不予受理的，应说明理由。

二、补偿审理

在受理了补偿申请后，补偿机关将对与补偿决定有关的事实进行调查和审议，包括：被害人的行为是否成立“可归责事由”等法定的排除补偿或限制补偿之事由，有无需要妥当性考量之事由，是否有已经获得或应得的社会保险给付，等等。其他机关、团体应该配合与协助。必要时，还可通知证人、鉴定人甚至是加害人到场。

我国的被害补偿法也应规定相关的配合与协助义务。对于被害人的受害情况、被害人的行为、加害人的经济情况等案件信息应由相关的办案机关提供，具体而言：被害案件处于侦查阶段或者案件已撤销的，由该案的侦查机关负责提供；被害案件处于审查起诉阶段或者已决定不起诉的，由办理该案的人民检察院和侦查机关负责提供；被害案件处于审判阶段或者审判终结的，由审判该案的人民法院负责提供，人民检察院和公共机关应予以必要的协助。被害人是否获得了其他来源之给付的信息应由民政部门、社会保障部门等机关、团体提供。上列机关、团体在接到补偿机关的协助要求后应在 7 个工作日内提供材料。

三、补偿决定

补偿机关经过审查，采取合议制的方式作出决定是否补偿以及补偿额度。为了避免时间拖延严重影响请求权人之权益，因此各立法例均规定补偿机关应自受理之日起一定时间期限内作出决定。

此外，补偿申请人自收到补偿决定之日起本得受领补偿金额之给付，但是若怠于行使此一受领权限过久，则不仅造成补偿机构不必要的程序上、保管上之负担，而且于该情形的补偿必要性似乎已经不再存在，因此亦有立法例对于受领补偿之权利特别规定其行使之期限，超出该期限则该项权利将罹于时效而消灭，例如，我国台湾地区的"犯罪被害人保护法"第 24 条规定，犯罪被害补偿金及暂时补偿金之领取，自通知受领之日起逾二年，不得为之。[①] 日本法也有相似之规定。

建议我国的被害补偿法也对补偿的决定期限作出如下规定："补偿机关应当自受理补偿申请之日起一个月内依照本法的规定作出补偿决定。案情复杂的，可延长半个月。"同时应规定："补偿机关逾期未作出补偿决定的，申请人可以自期间届满之日起十天内向上一级补偿机关申请复议"；"决定不补偿的，应说明理由，并告知申请人具有提起行政复议的救济权利。""被害补偿委员会应

① 许启义：《犯罪被害人保护法之实用权益》，台北永然文化出版公司 2001 年版，第 210 页。

在给予补偿决定作出之日起三个工作日内发放补偿金。”

四、不服补偿决定之救济

当被害补偿机关作出拒绝补偿或减额补偿之决定时，将对补偿申请人的利益产生实质性影响，申请人可能对此不服。对此情形，为避免事实认定错误或者是判断错误做出不当补偿决定损及申请人之权利，因此，在绝大多数的立法例中，都有规定申请人不服之救济途径。①

各立法例规定救济途径各有不同：或者申请原补偿决定机关再行审理；或向原补偿机关之上级机关申请复议。比如，我国台湾地区的“犯罪被害人保护法”规定由补偿复审委员会受理不服补偿委员会决定之复议事件，② 除了前述救济途径外，还有的立法例规定可向法院提起诉讼，例如德国法规定，由社会法院管辖犯罪被害补偿法之公法上争议之事件。③

就我国的被害补偿立法而言，笔者建议：采取向被害补偿复审委员会提起行政复议之救济模式比较合理。复议的内容应包括是否违法和是否妥当两个方面。复议程序应遵循公正、公开、及时、便民原则，同时要有错必纠。建议规定：“申请人对补偿决定有异议的，可以自收到决定书之日起十日内向被害补偿复审委员会申请复议”；“补偿复议机关应当自收到复议申请之日起二个月内作出决定。此决定为终局性决定”。

---

① 新西兰法为一个极为特殊例外之立法例。其规定，刑事补偿法庭所作成之决定，除无管辖权外，不得上诉，且法庭之程序及其决定不受审查或撤销。参见谢协昌：《犯罪被害人体系保护之研究》，中国政法大学 2007 年博士学位论文，第 237 页。

② 许启义：《犯罪被害人保护法之实用权益》，台北永然文化出版公司 2001 年版，第 176 页。

③ 赵可主编：《犯罪被害人及其补偿立法》，群众出版社 2009 年版，第 314 页。

结 语

犯罪被害人的权利在过去长期受到忽视，以犯罪（人）为中心建构的刑事司法体系将被害人“遗忘”了，伴随着被害人权利运动的蓬勃开展，被害人得到了重新“发现”和“承认”，其权利保护在今日强调尊重人性尊严及落实人权保障的现代民主国家中日益受到重视。而关于犯罪被害人国家补偿制度的建立，可视为犯罪被害人权利保护体系建立开始的最基础部分，因为，被害人权利保护是一个系统，被害人的诉讼程序权利保护和被害心理创伤之复健也是被害人权利保护体系的不可或缺的部分。

犯罪被害人遭受犯罪侵害而得不到损害赔偿的情况下，对被害人进行国家给付之物质帮扶，还仅是对“第一次被害”的弥补。然而，在现代刑事诉讼程序中，被害人的权利却在经历着“二次被害”，亦即被害人在“一次被害”中遭受了身体和精神的巨大伤害，在刑事司法侦查、审判的过程当中，被害人被要求一次又一次回忆和说明自己的被害经过与细节，其情境往往是撕心裂肺、泣不成声；再若警察、法官的询问态度和询问方式不当，情形会更加悲愤，上述情境都会对被害人造成“二次被害”。更有甚者，为保护被告人、犯罪嫌疑人的刑事诉讼程序权利而设置的质证环节，犯罪被害人必须暴露在曾经加害自己的犯罪人面前接受质证，此种“二次被害”有时甚至不亚于第一次被害。

由于犯罪被害人是犯罪发生的最直接的当事人，若排除犯罪被害人的参与，犯罪的侦查、起诉和审判之进行必将面临极大的障碍，而且被害人的程序权利以及实体利益也可能因此受损，既然犯罪被害人的参与对于犯罪的追诉、审判如此重要而不可或缺，则如何使犯罪被害人避免遭受前述的“二次被害”亦是极为重要的课题。如何从制度的建立及设计上找到避免被害人受到“二次被害”的最佳程序方案，这是被害人权利保护体系中的重要一环。

犯罪被害人的精神和心理因为遭受犯罪侵害而受到巨大打击，被害补偿虽然能在一定程度上缓解生活困难和心灵创伤，但并不能解决所有的问题，有的被害人可能由于心理的仇恨不能有效消解和释放而发生角色转化，“恶逆变”为犯罪加害人，此为“三次被害”。因此，被害人心理之康复是犯罪被害人权利保护体系的又一个重要组成部分，建立为被害人提供心理复健援助与服务的机构和组织，这是国家和社会的责任，应以法律制度的方式予以保障。

被害补偿具有很大程度的救急性质，不是长期的扶贫政策，对于生活陷入极度困难、相当时间之内无法自拔的犯罪被害人来说，被害补偿金之给付也只能是杯水车薪，缓一时之急难，因此针对被害人的长期的社会保障也是被害人权利保护体系的一环，被害补偿之后的社会保障之接续与弥合就显得尤为重要。

综上所述，关于被害人权利保护体系，除了本论文所论述的犯罪被害人国家补偿制度的建立之外，不论现在或未来，不论是既有的制度或其他相关的制度，均仍存在着极大的努力空间，建构更为完善的犯罪被害人保护体系，任重而道远。

参考文献

一、中文类参考文献

(一) 著作类

[1] 陈忠林:《刑法散得集》,北京:法律出版社,2003年版。

[2] 黄富源、张平吾:《被害者学新论》,台北:台湾铭传大学出版社,2008年版。

[3] 张甘妹:《犯罪学原论》,台北:台湾汉林出版社,1985年版。

[4] 赵可主编:《犯罪被害人及其补偿立法》,北京:群众出版社,2009年版。

[5] 张智辉、徐名涓编著:《犯罪被害者学》,北京:群众出版社,1988年版。

[6] 王佳明:《互动之中的犯罪与被害——刑法领域中的被害人责任研究》,北京:北京大学出版社,2007年版。

[7] 许启义:《犯罪被害人保护法之实用权益》,台北:台湾永然文化出版股份有限公司,2001年版。

[8] 陈兴良:《陈兴良刑法学教课书之规范刑法学》,北京:中国政法大学出版社,2003年出版。

[9] 高铭暄、马克昌主编:《刑法学》,北京:北京大学出版社、高等教育出版社,2000年版。

[10] 马克昌:《比较刑法原理》,武汉:武汉大学出版社,

2002 年版。

［11］张明楷：《刑法格言的展开》，北京：法律出版社，2003 年版。

［12］刘明祥：《紧急避险研究》，北京：中国政法大学出版，1998 年版。

［13］胡玉鸿：《“个人”的法哲学叙述》，济南：山东人民出版社，2008 年版。

［14］沈宗灵：《现代西方法理学》，北京：北京大学出版社，1992 年版。

［15］谢晖：《法律的意义追问——诠释学视野中的法哲学》北京：商务印书馆，2003 年版。

［16］白建军：《犯罪学原理》，北京：现代出版社，1992 年版。

［17］赵可：《被害者学》，北京：中国矿业大学出版社，1989 年版。

［18］赵国玲主编：《中国犯罪被害人研究综述》，北京：中国检察出版社，2009 年版。

［19］谢瑞智：《刑事政策原论》，台北：文笙书局，1978 年版。

［20］王思源：《犯罪被害人的权利与救济》，北京：法律出版社，2008 年版。

［21］齐延平：《人权与法治》，济南：山东人民出版社，2003 年版。

［22］张文显：《法哲学范畴研究》，北京：中国政法大学出版社，2001 版。

［23］肖泽晟：《宪法学——关于人权保障与权力控制的学说》，北京：科学出版社，2003 年版。

［24］黄荣坚：《刑罚的极限》，台北：元照出版公司，1999

年版。

[25] 梁根林:《刑事政策研究系列》, 北京: 法律出版社, 2004 年版。

[26] 柴发邦主编:《体制改革与完善诉讼制度》, 北京: 中国人民公安大学出版社, 1991 年版。

[27] 李海东:《刑法原理入门》, 北京: 法律出版社, 1998 年版。

[28] 张明楷:《刑法学》(第二版), 北京: 法律出版社, 2003 年版。

[29] 高桂金:《利益衡量与刑法之犯罪判断》, 台北: 元照出版有限公司, 2003 年版。

[30] 汤啸天、张滋生、叶国平、王建民:《犯罪被害人学》, 兰州: 甘肃人民出版社, 1998 年版。

[31] 沈宗灵:《现代西方法理学》, 北京: 北京大学出版社, 1992 年版。

[32] 董鑫、朱启昌、廖钟洪:《刑事被害人学》, 重庆: 重庆大学出版社, 1993 年版。

[33] 康树华主编:《犯罪学通论》(第二版), 北京: 北京大学出版社, 1998 年版。

[34] 储怀植:《犯罪学》, 北京: 法律出版社, 1997 年版。

[35] 程荣斌主编:《中国刑事诉讼法教程》, 北京: 中国人民大学出版社, 1997 年版。

[36] 韩忠谟:《刑法原理》, 北京: 中国政法大学出版社, 2002 年版。

[37] 麻国安:《被害人援助论》, 上海: 上海财经大学出版社, 2002 年版。

[38] 蔡汉贤:《社会立法析评》, 台北: 中国社会行政学会, 2000 年版。

[39] 杨建顺:《日本行政法通论》，北京：中国法制出版社，1998 年版。

[40] 萧榕主编:《世界著名法典精选》（宪法卷），北京：中国民主法制出版社，1997 年版。

[41] 荣维毅、宋美娅主编:《反对针对妇女的家庭暴力——中国的理论与实践》，北京：中国社会科学出版社，2002 年版。

[42] 卢希起:《刑事被害人国家补偿制度研究》，北京：中国检察出版社，2008 年版。

[43] 时正新、廖鸿:《中国社会救助体系研究》，北京：中国社会科学出版社，2002 年版。

[44] 多吉才让:《中国最低生活保障制度研究》，北京：人民出版社，2000 年版。

[45] 江亮演:《社会救助的理论和实践》，台北：桂冠图书公司，1990 年版。

[46] 北京大学法学百科全书编委会:《北京大学百科全书·刑法学·犯罪学·监狱法学卷》，北京：北京大学出版社，2003 年版。

[47] 夏勇:《朝夕问道——政治法律学札》，上海：上海三联书店，2004 年版。

[48] 罗豪才主编:《行政法学》，北京：北京大学出版社，1996 年版。

[49] 陈新民:《中国行政法学原理》，北京：中国政法大学出版社，2002 年版。

[50] 龙宗智:《相对合理主义》，北京：中国政法大学出版社，1999 年版。

（二）译著类

[1] [意] 杜里奥·帕多瓦尼:《意大利刑法学原理》（注评版），陈忠林评译，中国人民大学出版社，2004 年版。

［2］［德］汉斯·约阿希姆·施耐德（主编）：《国际范围内的被害人》，许章润等译，北京：中国人民公安大学出版社，1992年版。

［3］［英］詹姆斯·迪南：《解读被害人与恢复性司法》，刘仁文、林俊辉等译，北京：中国人民公安大学出版社，2008年版。

［4］［法］E. 迪尔凯姆：《社会学方法的规则》（第2版），胡伟译，北京：华夏出版社，1998年版。

［5］［日］曾根威彦：《刑法学基础》，黎宏译，北京：法律出版社，2005出版。

［6］［德］克劳斯·罗克辛：《德国刑法学总论》（第1卷），王世洲译，北京：法律出版社，2005年版。

［7］［美］昂格尔：《现代社会中的法律》，吴玉章等译，北京：中国政法大学出版社，1994年版。

［8］［英］史蒂文·卢克斯：《个人主义》，阎克文译，南京：江苏人民出版社，2001年版。

［9］［德］古斯塔夫·拉德布鲁赫：《法律智慧警句集》，舒国滢译，北京：中国法制出版社，2001年版。

［10］［日］西原春夫：《刑法的根基与哲学》，顾肖荣等译，北京：法律出版社，2004年版。

［11］［美］H. W. 埃尔曼：《比较法律文化》贺卫方、高鸿钧译，北京：清华大学出版社，2002年版。

［12］［意］恩里科·菲利：《犯罪社会学》（第2版），郭建安译，北京：中国人民公安大学出版社，2004年版。

［13］［日］大沼保昭：《人权、国家与文明》，王志安译，北京：三联书店，2003年版。

［14］［英］哈耶克：《经济、科学与政治——哈耶克思想精粹》，南京：江苏人民出版社，2000年版。

［15］［德］马克斯·韦伯：《经济与社会》（下卷），林荣远

译，北京：商务印书馆，1997 年版。

[16]［英］霍布斯：《利维坦》，黎思复、黎延弼译，北京：商务印书馆，1995 年版。

[17]［法］卢梭：《社会契约论》，北京：商务印书馆，1980 年版。

[18]［英］哈特：《法律的概念》（中译本），北京：中国大百科全书出版社，1996 年版。

[19]［日］山口厚：《刑法总论》，付立庆等译，北京：中国人民大学出版社，2009 年版。

[20]［日］大谷实：《刑法总论》，黎宏译，北京：法律出版社，2003 年版。

[21]［日］大须贺明：《生存权论》，林浩译，北京：法律出版社，2001 年版。

[22]［美］H. W. 刘易斯：《技术与风险》，北京：中国对外翻译出版公司，1997 年版。

[23]［英］戈登·休斯：《解读犯罪预防——社会控制、风险与后现代》，刘晓梅、刘志松译，北京：中国人民公安大学出版社，2009 年版。

[24]［德］卡尔·拉仑茨：《法学方法论》，陈爱娥译，北京：商务印书馆，2004 年版。

[25]［德］黑格尔：《法哲学原理》，范杨、张企泰译，北京：商务印书馆，1961 年版。

[26]［美］E. 博登海默：《法理学——法律哲学与法律方法》，邓正来译，北京：中国政法大学出版社，1999 年版。

[27]［英］威廉·韦德：《行政法》，徐炳等译，北京：中国大百科全书出版社，1997 年版。

[28]［英］吉米·边沁：《立法理论——刑法典原理》，李贵芳等译，北京：中国人民公安大学出版社，1993 年版。

（三）论文类

［1］卢映洁：《论被害人补偿制度中排除条款的适用问题——以德国法为说明》，《法学论丛》，2002 年第 3 期。

［2］吴从周：《论法学上之“类型”思维》，载《法理学论丛——纪念杨日然教授论文集》，台湾：台湾月旦出版社 1997 年版。

［3］冯军：《刑法中的自我答责》，《中国法学》，2006 年第 3 期。

［4］黎宏：《被害人承诺问题研究》，《法学研究》，2007 年第 1 期。

［5］徐昕：《论私力救济与公力救济的交错——一个法理的阐释》，《法制与社会发展》，2004 年第 4 期。

［6］梁玉霞：《刑事被害补偿刍议》，《法商研究》，1998 年第 4 期。

［7］谢协昌：《犯罪被害人保护体系之研究》，中国政法大学博士论文。

［8］赵国玲：《犯罪被害人补偿：国际最新动态与国内制度构建》，《人民检察》，2006 年第 17 期。

［9］大谷实：《犯罪被害人及其补偿》，黎宏译，《中国刑事法杂志》，2000 年第 2 期。

［10］徐健：《“社会国家”思想、公众舆论和政治家俾斯麦——近代德国社会保障制度的缘起》，《安徽史学》，2007 年第 4 期。

［11］孙长春、陈淑智：《法哲学视野下的犯罪被害人国家补偿》，《太原理工大学学报》，2006 年第 1 期。

［12］张翔：《基本权利的受益权功能与国家的给付义务》，《中国法学》，2006 年第 1 期。

［13］张嘉尹：《基本权理论、基本权功能与基本权客观面

向》，《当代公法新论——翁岳生教授七秩诞辰祝寿论文集》（上册），台北：元照出版公司，2002年版。

[14] 李建良：《基本权利理论体系之构成及其思考层次》，载《宪法理论与实践》（一），台北：学林文化实业有限公司，1999年版。

[15] 菅从进：《论基本权利的受益权能及其主要指向》，《广西社会科学》，2008年第10期。

[16] 谢协昌：《论犯罪被害人权利保护之理论基础》，（台湾）《刑事法杂志》，2007年第51卷第1期。

[17] 黎宏：《论正当防卫的主观条件》，《法商研究》，2007年第2期。

[18] 王利明：《建立和完善多元化的受害人救济机制》，《中国法学》，2009年第4期。

[19] 孟庆丰：《涉众型经济犯罪问题探讨》，《公安研究》，2007年第11期。

[20] 劳东燕：《公共政策与风险社会的刑法》，《中国社会科学》，2007年第3期。

[21] 杨正万：《论被害人诉讼地位的理论基础》，《中国法学》，2002年第4期。

[22] 王志华：《犯罪被害人二次被害研究》，中国政法大学博士论文。

[23] 王思斌：《转型中的中国社会救助制度之发展》，《文史哲》，2007年第1期。

[24] 刘深甲、田丹威：《和谐社会背景下司法救助制度之完善》，《法律适用》，2008年第6期。

[25] 李文华、王文鑫：《试论我国司法救助之价值及其实现》，《经济与社会发展》，2006年第2期。

[26] 蔡进良：《给付行政之法的规制》，《宪政时代》，2000

年第1期。

［27］丽贝夫·J. 库克：《国家根据〈消除对妇女一切形式歧视公约〉负有的说明责任》，黄列译，《外国法评译》，1998年第2期。

［28］孙谦：《构建我国刑事被害人国家补偿制度之思考》，《法学研究》，2007年第2期。

［29］车浩：《复数法益下的被害人同意——“优势法益说”之提倡》，《中国刑事法杂志》，2008年第9期。

［30］王若阳：《刑事被害人制度之比较》，《外国法评译》，1999年第2期。

［31］金鑫、唐锴：《犯罪被害人救助制度立法问题思考》，《中国检察官》，2009年第1期。

［32］陈彬、薛竑：《刑事被害人国家补偿制度价值取向研究》，《现代法学》，2008年第5期。

［33］陈彬：《由救助走向补偿——犯罪被害人救济路径的选择》，《中国法学》，2009年第2期。

［34］陈彬、李昌林：《论建立刑事被害人救助制度》，《政法论坛》，2008年第4期。

［35］郑尚元、雇春海：《社会法的界定论》，载《中国法学会社会法学研究会2007年年会论文集》。

［36］余少祥：《社会法：维系民生之法》，《今日中国论坛》，2009第1期。

［37］郑尚元：《社会法的存在和社会法理论探索》，《法律科学》，2003年第3期。

（四）报纸与互联网文献

［1］刘振会：“建立刑事被害人国家救助制度之构想”，2009年11月1日访问：http：//rmfyb. chinacourt. org/public/detail. php? id = 116082。

[2] 田丹威："完善司法救助制度：和谐社会的呼唤"。2009年11月10日访问：http：//rmfyb. chinacourt. org/public/detail. php？id = 117104。

[3]"坚持以人为本，沐浴人权之光——《国家人权行动计划(2009—2010)》中期综述"，2009年12月4日 http：//www. gov. cn/jrzg/2009 - 12/04/content_ 1480569. htm，2009年12月19日访问。

[4] 最高人民法院《人民法院第三个五年改革纲要（2009—2013)》。2009年5月20日访问：http：//www. court. gov. cn/html/article/200903/25/680. shtml。

[5]"江西试行刑事被害人救助实施办法：有能力赔偿要追偿"，2009年11月20日 http：//www. law - star. com/cacnew/200911/300048535. htm，2009年12月5日访问。

[6]"福州4类刑事被害人可获司法救助 救助金额最高2万元"，《人民日报》2007年1月25日。

[7]"济南对特困当事人实施执行救助"。2009年1月16日访问：http：//rmfyb. chinacourt. org/public/detail. php？id = 124273。

[8] "司法人文关怀的样本"，http：//rmfyb. chinacourt. org/public/detail. php？id = 113621。

[9]"特困当事人感受到司法温暖——威海市环翠区法院建立司法救助基金制度纪实" 2008年9月19日 http：//rmfyb. chinacourt. org/public/detail. php？id = 122446. 2009年3月29日访问。

[10] "立法救助被害人：无锡开先河"，2009年5月25日《检察日报》；2009年10月15日：http：//rd. chinawuxi. gov. cn/cwhhk/14jd04q/s14jcwh/d13chy/1011962. shtml。

[11]"制度遭遇'瓶颈'犯罪被害人补偿救助呼唤国家立法提速"，http：//fazhi. cixi. gov. cn/art/2009/6/16/art_ 742_ 314684. html，2009年10月20日访问。

[12]《尹蔚民在全国人力资源和社会保障工作会议上的工作

报告（摘要）》http：//www. gov. cn/gzdt/2009 - 02/20/content_1237105. htm；《尹蔚民出席人力资源社会保障部务虚会并讲话》http：//www. cnss. cn/yjpt/ldhd/zy/bwld/200907/t20090729_238466. html。

［13］《南方日报》评论员文章："刑事被害人国家救助任重而道远"，2007 年 1 月 10 日《南方日报》第 A02 版。

［14］"少男嫌家贫乱棍弑父"，2009 年 12 月 15 日《新快报》。

［15］2009 年 12 月 2 日访问：http：//msn. people. com. cn/GB/170494/10214962. html。

［16］2009 年 12 月 2 日访问：http：//www. gdjyj. gd. gov. cn/news_ view. asp？newsid = 3010。

［17］"东莞台商被杀案开审 凶手当庭请求判死"，《南方都市报》，2009 年 9 月 8 日。

［18］"立法救助被害人：无锡开先河"，《检察日报》，2009 年 5 月 25 日，第 5 版。

［19］《无锡市刑事被害人特困救助条例》，2009 年 5 月 31 日 http：//fzb. wuxi. gov. cn/lfgz/fggzkd/375234. shtml. 2009 年 7 月 19 日最后访问。

［20］"邱兴华案受害人家属贫困潦倒，赔偿遭遇法律白条"，2007 年 1 月 4 日 http：//news. sina. com. cn/c/1/2007 - 01 - 04/083811949318. shtml. 2009 年 5 月 26 日最后访问。

［21］"狂徒王府井劫杀的哥 3 死 6 伤，听到死刑竟露笑意"，2006 年 5 月 30 日 http：//news. xinhuanet. com/legal/2006 - 05/30/content_ 4621441. htm. 2009 年 5 月 26 日访问。

二、外文参考文献

［1］Kunz，Stefanie，a. a. O.

［2］Bayrische LSG Urteil vom 24. 2. （1988）.

［3］Strong，577 N. E. 2d 163（Ohio Ct. Cl. 1988）.

[4] In re Ewing, 515 N. E. 2d 666 (Ohio Ct. Cl. 1987).

[5] Weitraud, aa. O. , S. 90ff.

[6] Megaree, E. I. (1982). Psychological Determinants and Correlates of Criminal Violence. In M. E. Wolfgang and N. A. Weiner (eds.) Criminal Violence, Bererly Hills: Sage.

[7] Tatjana H. rnle: "Distribution of Punishment": The Role of Victim's Perspecive", 3 Buff. Crim. L. Rev 175.

[8] D. C. Mun. Regs. , tit. 28, § 2309. 9 (1992), Fla. Victim Comp. Program Rules, r. 2A – 2. 003 (h) and Minn. R. § 7505. 2900 (1994).

[9] Schulz – Lüke/Wolf, Opferentsch? digungsgesetz, Kommentar, § 2Am. 5.

[10] Faude, a. a. O.

[11] BSG vom 7. 1 (1979).

[12] Vgl. Faude, Selbstverantwortung und Solidarverantwortung im Sozialrecht, Bonn, S. 483 (1983); vgl. Zacher.

[13] British Scheme, supra note 10, 6 (c).

[14] Regina v. Criminal Injuries Comp. Bd. , ex parte Thompstone and Crowe, (1984) 1 W. L. R. 1234.

[15] Alaska Stat. § 18. 67. 080 (c) (1991). See also Del. Code Ann. tit. 11, § 9006 (b) (1987); Haw. Rev. Stat. § 351 – 31 (c) (1985 & Supp. 1992); Nev. Rev. Stat. Ann. § 217. 180 (1) (Michie 1992); N. J. Stat. Ann. § 52: 4B – 10 (c) (1986).

[16] Ohio Rev. Code Ann. § 2743. 60 (E).

[17] Fla. Stat. Ann. § 960. 065 (2) (b) (West Supp. 1994).

[18] Minn. Stat. Ann. § 611A. 53 (2) (d) (West 1987 & Supp. 1994)。

[19] Idaho Code § 72 – 1016 (7) (b) (1989 & Supp. 1994) 。

[20] Bundesrat - Drucksache 352 - 74, S.15 zu §3.

[21] 42 U.S.C. § 10602 (b) (2) (1988).

[22] Lesley J Friedsam , Legislative Assistance to Victims of Crime : The Florida Crimes Compensation Act , Florida State University Law Review , Winter , 1984.

[23] Brooks, The Case For Creating Compensation Programs to Aid Victims of Violent Crimes, 11 Tulsa L. J. 1976.

[24] Shapland, J. Victims, the criminal justice system and compensation. Unpublished report to the Home Office, discussed at p. 308 in P. Rock (1990) Helping Victims of Crime: The Home Office and the Rise of Victim Support in England and Wales. Oxford: Clarendon Press. (1981).

[25] SUSAN KISS SARNOFF, Paying For Crime: The Polices and Possibilities of Crime Victim Reimbursement , Praeger Publishers, 1996.

[26] Peggy M . Tobolowsky, Crime Victim Rights and Remedies, Carolina Academic Press, 2001.

[27] Duff, P. (1988) Criminal injuries compensation, Oxford Journal of Legal Studies. 18.

[28] N. J. Stat. Ann. § 52: 4B - 36 (West 1994).

[29] N. C. Gen. Stat. § 15B - 25 (1993).

[30] Donald P. Kommers. The Constitutional Ju - risprudence of the Federal Republic of Germany. Duke University Press, 1997: 363.

[31] WilliamAiken, "The Right to Be Saved from Starvation," in WorldHunger and Moral Obligation, WilliamAiken and Hugh LaFollette (eds.), Englewood, Cliffs, NJ: prentice - Hall, 1977.

[32] Marx, G. (1995) "The Engineering of Social Control: The Search for the Silver Bullet", in J. Hagan and R. Peterson (eds.), Crime and Society, Stanford, CA: Stanford University Press.

[33] Giddens, Anthony. 1991. Modernity and Self - identity: Self and Society in the Late Modern Age. Cambridge: Polity Press.

[34] Garland. (1996), "The limits of the Sovereign State: Strategies of Crime Control in Contemporary Society", British Journal of Criminology, 36, 4.

[35] Garland, D. (2001) The culture of Crime Control: Crime and Social Order in Contemporary Society. Oxford: Oxford University Press.

[36] Sanford Kadish, Fifty Years of Criminal Law, California Law Review, vol. 87, 1999.

[37] Crawford, A. (1999) The Local Governance of Crime: Appeals to Community and Partnerships. Oxford: Oxford University Press.

[38] Garland, D. (2001) The culture of Crime Control : Crime and Social Order in Contemporary Society . Oxford: Oxford University Press.

[39] Hughes: Understanding Crime Prevention: Social Control , Risk and Late Modernity. Buckingham : Open University Press.

[40] Florian Tennstedt, Sozialgeschichte der Sozialpolitik in Deutschland, S. 141.

[41] Lesley J Friedsam , Legislative Assistance to Victims of Crime : The Florida Crimes Compensation Act , Florida State University Law Review , Winter , 1984.

[42] CVCB HANDBOOK, supra note 56.

[43] Cal. Gov't Code § 13960 (b)(West Supp. 1994).

[44] Stats, Gregory R. "Changing Conceptualiztions of Professional Criminals: Implications for Criminology Theory" Criminology15. 1977.

[45] FLA. BUREAU GUIDELINES, ? 10L - 2. 02 (4) (1986).

[46] NEW YORK STATE CRIME VICTIMS BD. 1991 - 1992 ANNUAL REPORT 39 (1992).

[47] NIJ SUMMARY, supra note 36, at 30.

[48] White, G., Social Security Reforms in China: Towards an East Asian Model? In R. Goodman, G. White, & H. - J. Kwon (Eds.), The EastAsian Welfare Model: Welfare Orientalism and the State, London; NewYork: Routledge. 1998.

[49] Cooper v. Dep't of Employment Serv., 588 A. 2d 1172 (D. C. 1991).

后　记

本书是在笔者博士论文的基础上修改完成的，还记得论文完成的那一刻刚好是2010年的元宵节，当时，窗外烟花绽放的绚丽光芒投映在我的电脑屏幕上，颇有些欢庆圆满的意象，但感受着热烈祥和节日气氛的我却并无如释重负之轻快。岁月匆匆，转瞬间两年的时间已过，虽然论文已经顺利通过答辩并经过了断断续续的修改，出版在即，思绪里仿佛亦萦绕着刚刚踏进大学校门的那一刻心间对自己所修法学专业的彷徨与景仰之情。这是因为，我的母校，我的大学，我此生将魂牵梦萦的地方——位于重庆市歌乐山麓和嘉陵江畔的西南政法大学，她拥有的辉煌与厚重让我这个西政学子从未有一刻的时间里能够自负和懈怠。

本篇论文的完成，承载了太多人对我的期待、恩情与关爱，他们是我的老师、同学和亲人，我不知道自己的论文能否让他们感到满意与欣慰，但无论如何，我要表达对他们深深的谢意。

感谢我的第一导师刘家琛教授，他公务繁忙，但一直对我的论文保持着关注和督导，从论文选题到写作直至修改完成定稿，整个过程都得到了导师的悉心指导和帮助。他极为丰富的实务经验和对宏观大局准确把握的视角，引领着我时刻不忘论文写作的实践意义，避免“太学究”的风格与进路。感谢我的第二导师陈忠林教授，博士学习期间，他严密而精准的逻辑推理思维、渊博深厚的法学功底给了我深深的学术“震撼”和启发，因之对自己易于感性思考的思维方式之不足有了深切的自省并试图改进，受益于此，本篇论文的写作也才得以顺利完成。

感谢陈泽宪教授、刘宪权教授、梅传强教授、朱建华教授、李永升教授、王利荣教授，他们在论文答辩期间对本篇论文的修改和完善提出了不少宝贵意见。感谢李培泽教授对我于西政学习期间在生活和学习上无微不至的关怀，本论文的写作得到了她的鼓励和帮助。

感谢博士同班同学陈小彪、邓多文、陈伟、徐德华、赵永林，在共同学习的过程中给了我许多的启迪和关照。感谢师弟魏志栋为我的论文修改提出的宝贵建议。感谢中国检察出版社的安斌先生和马力珍老师为本论文的出版工作付出的辛劳和热忱。

感谢我的父母双亲，二十三年的求学生涯，他们给了我最无私的关爱和支持，本篇博士论文的完成，融入了他们对我的理解与支持，我希望自己今后能够努力回报他们的养育之恩。

感谢我的先生汪斌华博士，在我的论文写作期间，工作繁忙的他给了我悉心的生活照顾，他的工科思维视角时不时为我的论文思考提供了独到的启发，而他作为“工科男”所具备的严谨务实的行事风格和踏实平和的生活态度让我在艰苦的论文写作过程中感受着温暖和希望，此种心境帮助我度过了人生中这一段难忘的岁月。

从 1997 年秋天踏进西南政法大学校门成为一名法科学生开始到今天已经有差不多八年教龄的法学教师，我的法学研读生涯已有十五个春秋，那些年，我的青春亦随之飘逝，蓦然回望，不禁有些恍然与忧伤，再也回不到背着沉重的双肩书包去图书馆安安静静的坐上一天的时光了，但静坐书斋专研法学论著、于课堂上向学生传递法学知识与法治理想、关切社会现实并尽力为居于弱势角落的人们提供法律帮助，应该是我作为一个法学学子从现在就要开始的工作和生活。做一个具有理想主义气质却又脚踏实地、阳光快乐的人，漫漫路途，始于脚下。

董文蕙

2012 年 4 月 15 日

图书在版编目（CIP）数据

犯罪被害人国家补偿制度基本问题研究/董文蕙著．—北京：中国检察出版社，2012.5
ISBN 978-7-5102-0645-0

Ⅰ.①犯…　Ⅱ.①董…　Ⅲ.①被害人-国家赔偿法-研究-中国
Ⅳ.①D922.114

中国版本图书馆CIP数据核字（2012）第065485号

犯罪被害人国家补偿制度基本问题研究

董文蕙　著

出版发行：中国检察出版社
社　　址：北京市石景山区鲁谷东街5号（100040）
网　　址：中国检察出版社（www.zgjccbs.com）
电　　话：(010)68630384(编辑)　68650015(发行)　68636518(门市)
经　　销：新华书店
印　　刷：三河市西华印务有限公司
开　　本：A5
印　　张：10.5印张　　插页4
字　　数：270千字
版　　次：2012年5月第一版　　2012年5月第一次印刷
书　　号：ISBN 978-7-5102-0645-0
定　　价：32.00元
